한국 도시 60년의 이야기 1

손정목 지음

한국 도시
60년의 이야기
1

손정목 지음

머리말

1945년 8월 15일, 광복이 된 그날 필자는 한 시골 구제중학의 졸업반 학생이었다. 그로부터 정확히 60년의 세월이 흘렀다. 지난 60년간 실로 대단한 시대를 체험했음을 실감한다. 좌우익 대립, 정부 수립, 6·25 전쟁, 3·15 부정선거, 4·19, 5·16, 제1공화국, 제2공화국, 제3공화국 ……. 그중에서도 서울을 비롯한 도시지역이 겪었던 변화는 훨씬 더 컸고 엄청난 것이었다. 광복 당시 채 100만이 안 되었던 서울의 인구는 일찌감치 1,000만 명을 넘었다. 그곳에서 전개된 것은 바로 흥미진진한 드라마의 연속이었다.

필자는 그 숱한 드라마의 와중에서 한쪽의 당사자로 있었거나 가장 근거리에서의 관찰자일 수 있었다. 여기, 나의 체험한 바를 엮어 이야기책으로 발간한다. 이야기책이기 때문에 간혹은 중복되기도 하고 옆길로 빠져 배회하기도 했다. 그러나 여기서 이야기된 내용에는 단 한 점의 거짓도, 꾸밈도, 과장도 없음을 확인한다. 그러므로 이 책은 비록 이야기책이기는 하나 한국 도시의 발자취에 관해서는 거의 유일한, 그리고 가장 착실한 실록(實錄)임을 자처한다.

이제 80을 바라보는 나이에 또 하나의 일을 이룩했다는 감회에 젖고 있다. 그동안 이 책의 내용이 연재된 잡지 ≪서울≫ 및 ≪도시 문제≫ 편집진들에게 깊이 감사하고 있다. 나에게 남겨진 세월을 결코 헛되지 않게, 알차게 지낼 것을 다짐하면서 머리말을 갈음한다.

광복 60년이 되는 해의 여름에
손정목

한국 도시 60년의 이야기 1 | 차례

2권 | 차례

미군정 3년간 중요 시장들이 임명된 경위

미군정기의 행정

1945년 8월 15일, 한국을 식민지로 지배해 온 일본이 태평양전쟁에서 패배하고 한반도 3,000리 땅에 광복이 돌아왔다. 그런데 지금의 시점에서 생각해 보면 실로 어이없는 일이지만, 38선을 경계로 한반도 남반부의 점령과 통치를 담당하게 된 미군 측은 조선에 관해서 거의 아는 것이 없었다. 따라서 조선 통치에 관해 사전에 아무런 준비도 갖추지 않은 채 제대로 된 정보도 없이 무턱대고 한반도에 상륙하였고, 군사적으로 점령하였다.

한반도 통치의 총책임자였던 하지 중장은 미 육군 내에서 참모학의 권위자로 알려졌고 필리핀 전투와 오키나와 전투에서 혁혁한 전공을 세운 전쟁 영웅이었다고 한다. 그러나 그는 전쟁 영웅이었을 뿐 한반도 사정에는 어두웠고, 정치니 행정이니 하는 것은 전혀 경험한 일이 없는 인물이었다. 그의 지휘 아래 한반도에 들어온 미 제

24군단 장병들도 사정은 마찬가지였다. 더욱더 어이없는 것은 그들이 데리고 들어온 통역들의 대다수가 일본인 2세들이었고, 따라서 영어와 일본어에는 능통하였으나 한국말은 전혀 못하는 그런 무리들이었다는 점이다.

하지 중장을 비롯한 미 제24군단 주력부대가 인천을 거쳐 서울에 들어온 때는 9월 9일이었고, 제7사단장 아놀드 소장이 군정장관에 임명된 때는 그로부터 3일이 지난 9월 12일이었다. 미군정에 의한 한국의 통치행위는 광복된 지 한 달도 더 넘은 9월 19일부터 시작되었다. 9월 19일에 처음으로 민정장관과 중앙청 각 국장이 미국 군인으로 임명된 것이다. 이때 임명된 민정장관은 프레스코트라는 대령이었고 각 국장 자리를 맡은 자들은 대령에서 대위까지의 미국 군인들이었다. 그러나 미국인들만 가지고는 중앙정부의 기능을 움직일수가 없었다. 빠른 시일 내에 한국인 중에서 사람을 골라 미국인 국장의 파트너가 되도록 해야 했다. 즉, 한 개 국장 자리에 미국인과 한국인, 이렇게 두 사람의 국장이 있어야 하는 것이었다.

하지 중장을 비롯하여 처음으로 한국 땅에 상륙한 미국 고급 장교들이 애초에 생각했던 것은 그들이 남양의 여러 섬에서 보아온 미개인들과 한국인이 별로 다를 바 없으리라는 것이었다. 즉, 나뭇잎 같은 것으로 음부만을 가린 채 움집 같은 것을 세워 살면서 야마 열매 같은 것을 날것으로 따서 먹는 미개인들이거나, 겨우 그 정도는 벗어났을지라도 거의 대동소이한 문맹자 집단으로 생각했던 것이다. 그런데 막상 그들이 한국에 와서 보니 실로 뜻밖이었다. 가장 먼저 놀랐던 것은 거리를 다니는 한국인들 중에 적잖은 이들이 그들과 똑같은 양복을 입고 넥타이를 매고 있다는 것이었다. 두 번째로 놀란 것은 한국인 중에도 다년간 구미 각국에 유학하여 영어를 유창하게 할 뿐 아니라 미국의 유명 대학에서 박사학위를 딴 인물이 적잖게 있음을 알게 된 일이었다. 이용설·이훈구·유억겸·이철원·오정수·조병옥 등의 인물이 천거되어 한국 측 국장 자리에 임명되었다. 오늘날의 장관에 해당하는 직책이었다. 그들 거의가 미국에 유학한 바 있고 영어 실력은 미국인들과 다름이 없었다. 이렇게 하여 한반도 남반부의 중앙정부가 구성되었다.

　각 도의 경우도 마찬가지였다. 주로 영관 장교들로 미군 측 지사가 임명되었다. 경남 지사 C. S. 하리스만이 육군 준장이었다. 이어서 한국인 지사들이 차례로 임명되었다. 경기에 구자옥(具滋玉), 강원에 박건원(朴乾源), 충북에 윤하영(尹河英), 충남에 황인식(黃仁植), 전북에 정일사(鄭一史), 전남에 최영욱(崔永旭), 경북에 김의균(金宜均), 경남에 김병규(金秉圭), 제주에 박경훈(朴景勳) 등이었다. 그들이 임명되는 데도 모두 숨은 이유들이 있었지만 여기서는 생략한다. 다만 당시의 지사들 신분에는 몇 가지 특징이 있었다. 첫째가 미국 유학 경험자들이거나 최고 학부 출신자들이라는 점이다. 구자옥·윤하영·황인식·정일사·최영욱이 미국 유학 귀국자들이었고 강원의 박건원, 제주의 박경훈은 경성제국대학 졸업자, 경북의 김의균은 변호사 시험에 합격한 변호사였다. 그들은 미국 유학을 했거나 일류 대학 출신자들이라서 거의가 영어 회화에 능통했으며 그 회화력이 바로 미군정 당국자와의 친교 또는 신임과 비례 관계에 있었다. 그중 경북의 김의균과 경남의 김병규 두 지사만은 예외로서 영어에 능통하지 않아 미군 지사와의 사이가 매끄럽지 못했고, 그 결과 두 사람 모두 임명된 지 1년도 못 되어서 사표를 내고 만다. 후임으로 경북에는 미국 유학파인 최희송(崔熙松)이, 경남에는 일본 게이오대학 이재과를 졸업한 김철수(金喆壽)가 임명되었다.

초기 지사들의 두 번째 특징은 거의 대다수가 독실한 기독교 신자들이었다는 점이다. 경기의 구자옥은 일제시대 YMCA 총무를 지냈고 충북의 윤하영은 예수교장로회의 목사 출신, 충남의 황인식은 기독교 학교인 공주 영명학교 교장을 지냈고 전북의 정일사는 미국 생활 23년으로 미 육군대학을 졸업한 미국인이었다는 점, 전남의 최영욱은 광주 서석병원 원장을 지낸 의학박사였을 뿐 아니라 전남 기독교계의 지도적 인물이었다.

서울 초대 시장 이범승과 2대 시장 김형민

8·15 광복 당시까지 서울은 경성부(京城府)라는 이름의 한 개 지방행정 단위에 불과하였다. 그리고 그 우두머리는 부윤(府尹)이라고 불리고 있었다.

광복 당시의 경성 부윤은 당연히 일본인이었고 부청 직원의 과반수가 일본인이었다. 부장(현재의 국장)·과장의 대다수는 일본인이었고 한국인은 거의 없는 실정이었다. 광복이 되어서도 한 달 가까이는 일본인 간부·직원들이 출퇴근하고 있었다. 그런데 미군이 서울에 진주해 온 다음날, 아직 군정청의 군정장관·민정장관이나 각 국장들도 임명되기 이전인 9월 10일에 킬로프 소령이라는 자가 서울의 군정 책임자로 부임해 온다. 그는 부임해 오자마자 바로 일본인 부윤을 비롯한 일본인 직원 전원을 축출해 버리고 부(府) 행정을 시작한다. 그는 당시 부청에 재직하고 있던 한국인 중 비교적 높은 자리에 있던 직원으로 전형위원회를 구성하도록 하고 그들에게 부장·과장 등의 간부를 천거하게 하였다. 차마 그들이 한국인 부윤을 추천할 수는 없어, 부장, 과장, 각 구청 장만 천거하였다. 훗날 제2공화국 당시의 국회(참의원) 부의장이 되는 소선규가 동대문구청장으로, 유명한 형법학자였고 훗날 문교·법무부 장관 등을 역임하는 황산덕이 성동구 청장으로 천거·임명되었다. 과장들은 거의 과원들의 투표로 뽑았고 이렇게 투표로 천거된 자가 전형위원 회를 거쳐 임명되었다.

광복 후 초대 서울시장 이범승
(재임기간 1945.10.~1946.5.)

그런데 문제는 한국인 부윤을 누구로 하느냐였다. 앞서 언급한 전형위원회가 합의해서 부윤 추천위원회를 구성하였다. 교육계 대표로 동덕여고 교장 조동식, 금융계 대표로 조흥은행 영업부장 장우식, 상공회의소 이동선 소장, 변호사 이종성, 의사회장 임명재 등이 부윤 추천위원으로 위촉되었다. 이들 추천위원들이 모여 숙의한 결과 우선 경성 부윤이 될 자격으로 세 가지 기준을 세웠다. 첫째, 친일을 하지 않은 인물, 둘째, 아무런 정당·정파에 속하지 않은 인물, 셋째, 학식·덕망이 높은 인물이라는 것이었다. 위 세 가지 기준을 놓고 검토를 하다가 이범승(李範昇)이라는 인물로 낙착되었다.

이범승은 1885년에 서울에서 출생하여 일본 교토제국대학 법학과를 1916년에 졸업하고 동 대학원에서 법제사를 연구하다가 귀국하여 자비로 종로도서관을 설립·운영하였다. 지금의 탑골공원 서쪽 담벼락에 붙어서 단층의 한옥 건물이 있었다. 구한 말에 한국군 군악대가 창설되어 독일인 음악가 에케르트(F. Eckert)를 초빙해 와서 처음으로 서양음악을 전수받았던 건물이었다. 그는 이 건물을 수리·개

조하여 종로도서관을 운영한 한편으로 보성전문학교(현 고려대학교)에 출강하였다. 1926년에 조선총독부 식산국에 들어가서 황해도 산업과장 등을 역임한 후 1940년에 퇴관하고 나서는 거처를 경기도 의정부에 옮겨 일제 말기를 소리 없이 보내고 있었다. 1945년 8월 15일에 광복이 되자 그곳 주민들의 천거로 자치위원장이 되었고 그 인연으로 미군정청에 의해 양주 경찰서장에 임명되어 재직하고 있었다.

양주경찰서장이 일약 경성 부윤(서울시장)이 되어서 부임해 온 때는 1945년 10월 25일이었다. 그가 부임해 온 것과 때를 같이하여 미국인 시장이었던 킬로프 소령이 사임하고 그 후임으로 윌슨 중령이 부임해 온다. 이범승은 그의 부친이 구한 말에 법관을 지낼 정도로 원래가 양반 출신인 데다가 성품이 강직하여 미군 시장인 윌슨과는 사이가 좋지 않았다고 한다. 우선 직접으로는 대화가 되지 않았다. 이범승은 독법과(獨法科) 출신이라 독일어는 잘했지만 영어는 유창하지 못했던 것이다. 두 시장간에는 통역이 따로 붙어야 했다. 그런 저런 이유 때문에 이 시장은 반 년 남짓 재임하다가 사직해 버린다(이범승은 1976년에 작고하였다. 그의 흉상이 사직공원 옆 종로도서관 입구에 자리하고 있다). 이범승이 부윤 자리에서 물러나자 마땅한 후임자를 구하지 못하였다. 부윤 자리는 약 50일간이나 비어 있었고 여러 사람이 물망에 올랐을 뿐이었다.

김형민(金炯敏)이 제2대 부윤이 된 때는 1946년 6월 20일이었다. 그는 그때까지 전혀 이름이 알려지지 않았던 무명의 인물이었다. 김형민은 1902년에 전북 익산에서 태어났다. 그의 백부가 목사였을 정도로 독실한 기독교 집안이었다. 그는 향리에서 미션계 중학을 마치고 미국인 선교사의 주선으로 도미하여 하와이에서 고등학교를 다녔다. 그 후 오하이오 주 위슬레안대학을 졸업하고, 미시간대학에서 교육행정학으로 석사를 받았다. 잠깐 일본 도쿄 주재 터키 대사관에서 근무하다가 1935년 5월에 귀국하여 개성의 송도(松都) 고등보통학교 영어 교사가 되었다. 1941년에 교사 생활에서 물러났으며 일본 경찰의 요시찰 인물로 지목되어 약 2년 정도 감옥 생활도 했다고 한다. 광복이 되자 3·1사라는 이름의 석유 대리점을 경영하였고 석유 배급을 타기 위해 경성부

초대 서울특별시장 김형민

청과 군정청을 드나들었다. 그는 유창한 영어 회화 실력 때문에 군정청 간부들의 눈에 들었고 경성부윤 교섭을 받았다는 것이다.

미군정하의 서울시 행정이라는 것이 그렇게 어려운 자리는 아니었다. 김형민은 대인관계가 원만하여 2년 반이나 그 자리를 지킨다. 1946년 9월 28일에 경성부가 서울특별시가 되면서 그는 초대 서울특별시장이 되었고 1948년 8월 15일에 대한민국 정부가 수립되어 윤보선이 서울특별시장에 임명되는 1948년 12월 15일까지 그 자리를 지킨다. 그는 시장 자리에서 물러난 후에도 석유 판매 회사인 3·1사를 경영하였고 90세가 훨씬 넘도록 장수하였다. 1998년 5월 2일 새벽에 작고했다.

양성봉 부산시장

광복된 지 3개월이 지나도 부산부 한국인 부윤은 임명되지 않았

다. 양성봉(梁聖奉)이 부산부 부부윤에 임명된 때는 1945년 11월 26일이었고 이어 1946년 1월 24일에 부윤으로 승진되었다. 1900년생인 그는 부산 제2상업(현 부산상고)을 졸업한 후 부산에서 미국인 얼빈(한국명 魚乙彬)이 경영하던 약업(藥業)회사에 근무하는 한편 YMCA 간부로 활약했다.

키가 크고 미남이었던 그는 인품도 유순하여 대인관계가 좋았다고 한다. 그런 대인관계 때문에 그는 1939년 5월 21일에 치러진 부산 부의회 의원 선거에서 당선한 바 있다. 그러나 선거 직후에 전개되었던 치열하고도 추악한 부의장 선거가 말썽이 되어 많은 부의원 당선자가 구속되어 유죄 판결을 받았거나 의원직 사퇴라는 비운을 겪었다. 양성봉도 이 사건에 연루되어 구속되었고 실형은 받지 않았으나 의원직 사퇴 처분을 받은 탓으로, 실제 의원 생활은 해 보지 못한 채 광복을 맞이하게 된 것이었다.

그런 경력밖에 지니지 않은 자가 일약 부산 부윤이 된 것은 그 자신이 영어 회화를 잘한다는 점도 있지만 그의 누나인 양한라 여사의 강한 작용이 있었다는 설이 유력하다. 당시 부산 사회의 여류 명사였던 양한라는 김우영(金雨榮) 변호사의 후처였지만 김 변호사와 결혼하기 전에는 미국인 얼빈의 부인이었다는 것이다. 교토제국대학을 나온 김우영 변호사는 일제시대 만주에서의 활동 때문에 훗날 반민족행위자로 구속되기도 하지만, 첫째 부인인 여류 화가 나혜석(羅惠錫)과 이혼한 사실 등으로 더욱 유명했던 인물이다. 양한라는 영어 회화가 대단히 유창했던 관계로 미군지사 하리슨 준장과의 교분이 각별했고, 그녀의 주선으로 일개 백두청년에 불과했던 그의 동생이 부산 부윤이 되었다는 것이다.

양성봉은 행정은 전혀 몰랐으나 부드러운 대인관계 때문에 부하들을 잘 다루었고 비교적 평이 좋았다. 그는 군정이 끝날 때까지 부산 부윤이었다가 대한민국 정부 수립 후 잠시 강원도 지사를 지내고 1949년에 경상남도 지사를 지내다가, 6·25 전쟁으로 정부가 부산에 내려가 있을 때 지사 관사를 대통령 관저로 제공하는 등의 공로로 1953년 10월에서 1954년 6월까지 농림부 장관을 지낸다.

임홍재 인천시장

군정 초기의 지방청 기관장 선출에서 가장 이색적인 것이 인천의 경우였다. 인천에 미군 부윤으로 스틸맨 소령과 그의 보좌관이 부임한 때는 1945년 9월 10일 경이었다. 인천항을 통해 대량의 미군 부대가 들어오게 되어 있었으니 인천의 행정권을 빨리 장악해 둘 필요가 있었던 것이다. 그런데 스틸맨 소령은 당시에 여전히 출퇴근하고 있었던 일본인 간부들(부윤, 과장, 계장)을 데리고 모든 것을 상의했기 때문에 일본인들에게는 후하고 한국인들은 소외시키는 그런 처사를 하고 있었다. 당시 인천에는 50여 명의 동총대(동회장) 가운데 대다수가 일본인이었고 겨우 일곱 명의 한국인 동총대가 있었는데, 그들 일곱 명이 모여 두 명의 대표를 뽑아 스틸맨을 찾아가도록 했다. 그들 동총대 대표의 말을 들은 스틸맨 소령의 지시로 "앞으로 3일 이내에 전 부민이 동총대를 직접 선출하고 새로 선출된 동총대들이 모여 한국인 부윤을 선출하도록" 결정되었다.

이렇게 지시된 3일간 많은 동에서는 반상회를 열어 새 반장을 선출하고 그 반장들이 다시 동총대를 선출하였다. 그러나 여러 동에서는 매 가구마다 한 표씩 무기명 투표하여 새 총대를 뽑기도 했다.

여하튼 3일 내에 50여 명의 새 총대가 모두 선출된 것이다. 1945년
10월 7일에 이렇게 선출된 새 동총대들에 부청 내 각 과장을 더하여
98명이 모여 우선 부윤 후보자 일곱 명을 뽑았고, 일곱 명의 후보자
를 놓고 다시 한 명을 뽑았다. 새로 선출된 동총대 중에는 모스크바
공산대학을 나온 조봉암(曺奉岩), 조선공산당 정치국원이었던 이승엽
(李承燁), 전 판사였던 김세완(金世玩) 등이 들어 있었고 그들 모두 7인
의 부윤 후보자 중에 포함되어 있었다.

　　98명이 배부된 용지에 기록 날인한 투표 결과 당시 부 농정과장
이었던 임홍재(任鴻宰)와 전 판사 김세완이 가장 많이 득표한 것으로
나타났다. 다시 두 사람을 놓고 결선투표를 한 결과 임홍재가 새 부
윤으로 당선되었다. 1차 투표에서 조봉암·이승엽 등이 다수 득표하
지 못한 이유는 7인 후보 가운데 이들 외에도 두 명의 좌익계 대표가
더 있었는데 "그들의 감투욕 때문에 단일 입후보자를 내지 못하고
동상이몽의 야심에서 실패를 자초했기" 때문이었다고 하며, 결선투
표에서 임홍재가 당선된 이유는 좌익계 동총대들이 전 판사였던 김
세완을 기피했기 때문이었다고 한다.

　　한국 정부 수립 후 초대 농림부 장관을 지내고 1956년 5월에 실
시된 대통령 선거에 입후보하여 이승만의 최대 정적이 되었고 마침
내 간첩으로 몰려 희생된 조봉암, 당시 김일성·박헌영과 더불어 8인
의 조선공산당 정치국원 중 하나였고 6·25 전쟁 중 공산 치하였던
3개월간 서울특별시 인민위원회 위원장이었던 이승엽, 일제하에는
인천지원 판사, 훗날(1959년) 대법관, 심계원장(현 감사원장) 등의 요직
을 맡게 되는 김세완 등이 미군정하 인천 부윤 자리를 놓고 다툰 결
과 무명의 일개 속관에게 패배했다는 사실은 이 땅의 정치사에서 거
의 묻혀져 있는 흥미로운 사실이 아닐 수 없다.

임홍재는 일제하에 간이 교원양성소를 나온 3종 교원이었다가 보통문관 시험에 합격하여 인천부를 위시한 경기도내 여러 부·군의 속관[判任官]을 지낸 인물이었다. 그는 1946년 10월 초에 미군정에 의하여 서울특별시 부시장으로 임명되었는데, 10만 인천 부민의 요망에 따라 부임치 않고 그대로 인천 부윤에 재임한다. 그러나 1947년 1월 16일에 사회과장 김 모의 중대한 과실로 인책 사임하였다. 그는 시장직을 사임한 후 한 신문사의 사장으로 있다가 6·25 때 북으로 납치되었다고 한다.

대구시장의 경우

미군정 시대 행정 운영의 특징 중 하나는 고문제도(顧問制度)라는 것이었다. 중앙정부에도 고문회의라는 것이 있었고, 도·부·군·읍·면 등 각급 지방정부에도 고문제도가 있었다. 그리고 고문정치·고문회의의 특성상, 그것이 잘 활용되는 경우도 있었지만 명목상 존재하기는 했으나 전혀 활용되지 않고 방치된 경우도 있었다. 초대 경상북도 지사 김의균의 임명이 고문회의의 추천에 의한 것이라는 점을 통해, 당시 경상북도에서는 고문제도가 비교적 무게 있게 운영된 것임을 짐작할 수 있다. 미군이 대구에 진주한 때는 1945년 10월 1일이었고, 미군 진주가 있자 바로 존 P. 콘치 대위가 대구부윤에 임명되었으나 조선인 부윤은 공석으로 두었다. 이경희(李慶熙)가 조선인 대구부윤으로 임명된 때는 1946년 1월 하순이었고, 대구부 고문회의의 추천에 의해서였다고 한다. 이경희라는 인물은 일제시대부터 대구·경북 관계에 근무했던 사람이고 대구 부윤으로 추천

되었을 때에는 경상북도 부지사로 있었으며, 개인적으로는 당시 대구 영남일보사 사장이고 대구 조선인 사회의 실력자였던 이순희(李淳熙)의 친형이었다고 전해지고 있다.

그러나 당시 영어로 의사소통을 할 수 없었던 조선인 고급 관리가 모두 그러했듯이 이경희도 단명이어서, 겨우 재임 5개월 만인 1946년 7월 3일에 퇴임하고, 후임으로는 달성 군수로 있던 권영세(權寧世)가 부임해 온다. 권영세는 1945년 10월부터 약 2개월간 대구부 부부윤을 역임한 경력이 있는 인물이었다. 그러나 권 부윤 역시 영어 회화에는 능통하지 않아 미국인 부윤과의 인화에 문제가 있었는지, 채 1년도 재임하지 못하고 1947년 4월에 사퇴하고 만다.

한보용(韓普容)이 대구 부윤에 임명된 때는 1947년 5월 2일이었다. 그는 대구·경북 출신이 아니었다. 1900년에 함경남도 정평에서 태어나 보성전문학교, 일본 메이지대학에서 수학한 후 1926년에 미국으로 건너가 캔자스 주 임포리아대학(Emporia State University) 상과를 졸업한 후 뉴욕대학 대학원에서 사회학을 전공하였다. 1932년에 귀국한 다음에는 조선일보사에서 정치부장도 맡았다가 중국에 가서 상업도 경영하다가, 1946년에 귀국하여 ≪민주일보≫에서 주필로 있었다는 것이 경력의 전부였다.

한보용의 경력을 보면서 강하게 느끼는 것은 미군정하에서 대구부윤 정도를 하려면 영어 회화능력이 필수적인 조건이었고, 해당 지역사회에 그런 적임자가 없으면 외지에서 영입해 오는 한이 있더라도 그런 인물로 채워야 했다는 점이다[참고로 한보용이 대구부윤으로 부임할 당시 경상북도 지사는 최희송(崔熙松)이었다. 최희송도 평안남도 출생이며, 메사추세츠 주립 공과대학을 나와 미군정장관실 비서차장으로 있다가 경북 지사로 간 인물이었다].

흔히 대구·경북은 보수적·배타적 기질이 강한 지방이라고 평가되고 있다. 그런 기질의 대구 지방이었을지라도 미군정 아래에서는 영어를 잘한다는 이유 하나만으로 평남 출신 도지사, 함남 출신 부윤을 받아들일 수밖에 다른 방법이 없었다는 점을 실감한다. 한보용은 대한민국 정부 수립 후까지 대구시장 자리를 지킨다.

■■■ 참고문헌

손정목. 1992. 『한국지방제도·자치사연구(상·하)』, 일지사.
_____ . 2003. 「미군정기 중앙정부가 형성되는 과정」. ≪향토 서울≫, 제63호.
_____ . 2003. 「미군정기 지방정부가 형성되는 과정」. ≪도시역사문화≫, 제2호, 서울역사박물관.
미군정 관보 및 법령집. 기타 각 시도 발행 시사·도사 등과 당시의 일간지들.

특별시와 광역시의 유래

특별시가 되기까지

이 지구상에는 현재 약 160개의 국가가 있다. 나라마다 수도가 있고 수도마다 이름이 있다. 도쿄 도니 베이징 시니 하는 것이 그 이름이다. 그런데 그 숱한 이름 중에서 특별시라는 이름을 붙인 수도의 예는 단 하나도 없다. 특별시를 영어로 번역하면 Special City가 된다. 지금 이 지구상에는 몇 천·몇 만 개의 '시'가 있지만 Special City라는 이름은 어느 곳에서도 찾을 수 없다. 생각해 보면 실로 희한한 이름이다. 그런데 1,000만 서울시민 중에서 특별시라는 이름이 왜 생겼는지, 언제 생겼는지를 아는 사람은 거의 없다. 시민만이 아니다. 시청 간부들도 마찬가지라고 생각한다.

조선왕조시대 서울의 공식 명칭은 한성부(漢城府)였다. 대한제국 시대에도 마찬가지였다. 1910년에 일제가 한반도를 그들의 식민지로 하면서 종전까지 한성부였던 서울의 공식 명칭을 경성부(京城府)

로 고쳐 버린다. 그리하여 일제 35년간 서울은 경성부라고 불려지게 된다.

8·15 광복이 되자 그때까지 경성부에 근무했던 일본인 직원들은 모두 떠나갔고 한국인 직원들만 남았다. 이렇게 남게 된 한국인 직원들은 일제가 써왔던 경성부라는 이름을 싫어했고, '서울시'라고 부르기 시작했다. 서울이란 낱말은 공식 명칭이 경성부였던 일제시대에도 한국인 시민들이 즐겨 써온 이름이었다. '시'라는 명칭은 미국인들이 시청을 시티홀이라고 한 것에서 시티를 번역한 것이었다. 서울시 직원들이 이렇게 '서울시'라고 부르기 시작하자, 당시 유일한 일간신문이었던 ≪매일신보≫ 1945년 9월 14일자 기사에서는 이것이 미군정청의 지시에 의한 공식 명칭이라고 보도할 정도였다.

이렇게 시 직원들이 서울시라고 부르고 구청에 내려가는 공문서에도 서울시라는 이름을 쓰고 있었는데도 불구하고 그것은 공식 명칭이 되지 못한다. 당시의 중앙정부였던 미군정청 지방행정처가 경성부라는 일제시대 이름을 그대로 쓸 것을 고집했기 때문이다. 또 이범승 서울시장은 조선시대의 한성이라는 이름이 좋다고 하여 스스로를 한성시장이라고 하고 다녔다. 시장이 '한성'이라고 했으니 당시의 경찰국은 숫제 한성경찰처라는 간판을 달 정도였다(얼마 안 가서 '수도경찰청'이 된다). 말하자면, 광복 후 1년간 서울시는 공식 명칭이 없는 상태로 지낸 셈이었다.

미군정청 공보부가 각 언론기관에 특별 발표라는 것을 보도한 때는 광복 후 만 1년이 지난 1946년 8월 14일이었다. 특별 발표의 내용을 요약하면 다음과 같다.

1. 극동(極東) 역사상 처음으로 한 도시가 시민이 원하는 자치를

하게 되고 자치헌장을 가지게 되었다. 즉, 조선의 수도 서울이
바로 그 도시인 것이다.

2. 서울은 미군정장관 A. L. 러치 소장이 오늘 발표한 헌장에 의하
여 경기도 관할에서 독립하고 '자유독립시'가 된다.

3. 앞으로 서울 자유독립시의 고급 관리들은 이 헌장에 정해진
절차에 따라 선거로 임명되고, 시 행정도 헌장의 정하는 바에
따라서 행하여진다.

4. 다만 헌장이 선포되고 선거가 이루어질 때까지 잠정적으로는
현재의 서울시 간부가 그대로 시 행정을 관장한다.

　왜 이렇게 엉뚱한 내용이 특별 발표되었는가? 군정청 공보부장
의 말에 의하면, 그것은 광복 1주년 기념일에 미군정장관이 서울시
민에게 주는 특별 선물이라고 했다. 왜 이런 선물이 내려졌는가?

　광복이 되고 미군정이 실시되기 시작한 때가 1945년 9월 초순부
터이다. 그리고 1948년 8월 14일까지 3년간에 걸쳐 미군정이 실시되
었다. 그런데 미군정은 정말로 무능한 정부였다. 사전에 아무런 정보
도, 준비도 없었으니 무능할 수밖에 없었다. 미국 본토에서 구호양곡
을 들여와서 한국인이 겨우 굶어죽지 않을 정도의 식량정책, 그리고
최소한의 치안대책밖에 하지 않았으니 국민들의 불평불만이 이만저
만이 아니었다. 이런 이야기가 남아 있다.

　당시 한국의 지배자는 군정장관보다 윗자리에 있었던 '주조선
미군 사령관 하지 중장'이었다. 그리고 하지 중장의 집무실 겸 거처
는 반도호텔 801호실이었다. 지금은 롯데호텔이 들어서 있는 그 자
리에 반도호텔이 있었고, 하지 중장 외에도 미군 고급 장교들의 집
무실 겸 거실로 쓰였다.

　굶주린 서울시민 일부가 반도호텔 앞에서 데모를 했다. 쌀을 달

1960년대까지도 우리나라 최대 규모의 호텔이었던 반도호텔

라는 데모였다. 시위 군중의 소리가 커지자 8층에 있던 하지 중장이 창문을 열고 내려다보다가, "쌀이 없으면 빵을 먹으면 되지 않느냐. 왜 굳이 쌀만 달라는 것이냐"라고 했다는 것이다. 이 말은 순식간에 온 나라 안에 퍼졌다. 하지 중장이 실정을 그렇게 모르고 있으니 국민들의 생활이 곤란해질 수밖에 없지 않느냐는 것이었다.

물론 하지 중장이 그런 말을 했을 까닭이 없다. 비슷한 이야기가 프랑스 대혁명사에도 나와 있으니, 프랑스에서의 이야기를 누군가가 모방해서 퍼뜨린 이야기였을 것이다. 그렇지만 그런 거짓말이 나라 안 전체에 퍼질 정도로 미군정의 인기가 없었다는 것만은 알 수 있다. 군정 당국자들도 '자기들이 인기가 없다. 한국 국민들이 자기들을 싫어하고 있다'는 것을 너무나 잘 알고 있었다. 그리고 서울 시민이 전체 국민의 여론을 좌우한다는 것도 알고 있었다. 그리하여 광복 1주년 기념일에 선물을 주어야겠다는 생각을 했다. 그 선물이 '서울 자유독립시'라는 것이었다. Freedom Independent City라는 이름의 선물이었다.

그런데 아무리 특별 발표였기는 하나 발표만으로는 부족했다. 법령으로 공포가 되어야 효력이 발생하는 것이었다. 미군정법령 제106호 「서울특별시의 설치」가 공포된 때가 1946년 9월 18일이었다.

군정법령의 원문은 영어였고 그것이 한국어로 번역되었다. 법령 제106호 제2조의 영문은 다음과 같았다.

Section II. (Seoul established as Independent City)
The City of Seoul in hereby established as an independent city, the capital of Korea, on the governmental level of a province, with all the powers, duties, functions and right of a province.

영어 원문은 Independent City였다. 즉, 독립시였던 것이다. 그때까지 경성부는 경기도 지사의 지휘, 감독 아래에 있는 경기도의 지방 관청이었다. 그것을 승격시켜 독립시킨다는 것이었다. 경기도 관할에서 독립하고 경기도 지사의 감독에서도 벗어난다는 뜻이었다. 그런데 그것을 번역하는 군정청 공무원이 고민을 했다. 그의 상식으로는 '독립시'라는 이름은 도저히 생각할 수가 없었다. 고민하고 또 고민하다가 불쑥 생각난 말이 있었다. '특별부제(特別府制)'라는 말이었다. 1930년대 말에 경성부가 점점 커져 가자 경성부 의회의 건의를 받은 일본인 부윤(府尹)이 경기도 관할에서 벗어나는 특별부제를 연구해 보겠다고 했고, 그것이 당시의 신문지상에 크게 보도된 일이 있었던 기억이 되살아난 것이다. 그래서 다음과 같이 번역을 했다.

제2조 (특별시의 설치)
서울시는 조선의 수도로서 특별시로 한다. 서울시는 도(道)와 동등한 직능과 권한을 가진다.

마지막 제5조에 효력이 발생하는 날짜가 규정되었다. "본 법령은 공포 후 10일에 효력을 발생한다"라는 것이었다. 서울의 공식 명칭이 서울특별시가 된 것은 1946년 9월 28일이었다.

군정장관이 8월 14일에 발표한 특별 발표 내용에 서울은 고유의 헌장(憲章)을 가진 자치정부가 된다고 되어 있었다. 서울특별시는 당연히 고유의 헌장을 가졌어야 했다. 군정청에서 전문을 보내 미국 서부, 샌프란시스코 시의 헌장을 가져왔다. 샌프란시스코 시 헌장을 모델로 하여 서울특별시 헌장이 만들어졌다. 그리고 군정장관이 서울특별시장에게 새 헌장을 수여하는 행사를 치렀다.

헌장 수여식은 서울 천도 553주년 기념일인 1946년 11월 21일 오전 10시, 당시의 서울중학(현 경희궁지) 강당에서 거행되었다. 고려 교향악단의 주악이 울리는 가운데 미국인 시장 브라운 중령의 식사, 한국인 시장 김형민의 연혁 소개가 있은 후 군정장관 헬믹 준장이 흰 명주로 싼 헌장을 김 시장에게 수여하였다. 이어서 하지 중장 대리 브라운 소장, 민정장관 존슨 박사, 3·1 운동 때 민족대표 33인 중의 한 분이었던 오세창 등의 축사가 차례로 있었으며, 부시장(예정자) 소선규의 내용 설명이 있은 후 산회하였다. 장장 두 시간이 걸린 수여식이 끝난 후 이날을 축하하여 서울운동장에서는 축구와 농구 경기, 국제극장에서는 영화 상영과 관현악 연주가 있었으며, 시립병원에서는 1주일간 무료로 진료하고, 기념마크 도안을 모집하는 등 축하행사가 계속되었고, 시의 기구도 크게 확장되었다.

서울특별시 헌장은 이 나라 최초의, 그리고 거의 완전한 자치법령이었다. 시장을 비롯한 여러 직책을 선거로 선출하게 되어 있었고 시 참사회라는 의결기관도 규정되어 있었다. 그러나 좌우익이 첨예하게 대립했던 당시의 혼란한 사회정세 아래에서 시장 선거·참사회 의원 선거 같은 것이 실현될 수는 없었다. 헌장에 규정된 체제를 한 번도 갖추어보지 못한 채 3년간에 걸친 미군정이 끝났고 대한민국 정부가 수립되었다. 대한민국 정부가 수립된 후에도 서울특별시라는 이름은 그대로 계승되어 오늘에 이르고 있다. 그리고 오늘날 1,000만 서울시민의 의식 속에는, '나는 특별시민이다'라는 야릇한 자부심이 심어지게 된 것이다.

직할시에서 광역시로

특별시라는 것이 처음으로 나타났을 때 일반 국민과 서울시민은 각각 다른 뜻으로 받아들였다. 일반 국민은 지금까지 소속했던 도(道)의 관할에서 벗어나 도와 동등한 권능을 가지게 되는 형태가 바로 특별시 제도라고 해석한 데 대해, 서울시민은 수도이기 때문에 부여된 특별한 제도라고 해석한 것이다.

부산시민들이 부산도 경남도에서 독립하여 특별시가 되어야 한다는 생각을 하게 된 때는 대한민국 정부가 수립된 직후부터의 일이었다.

부산 출신 국회의원들이 중심이 된 부산특별시 승격안이 최초로 제안된 것은 대한민국 정부 수립 후 1년째 되는 1949년 7월 국회에서였는데, 이때의 제안은 분과위원회에서 부결되고 본회의에는 상정도 되지 못했다. 두 번째는 6·25 전쟁으로 중앙정부와 국회가 부산에 내려가 있을 때인 1951년 6월 국회에서 제의되었다. 「지방자치법」 제2조 2항 다음에 "인구 50만 이상의 시에 대하여는 법률로서 특별시로 지정할 수 있다", "전항의 특별시에 대하여는 서울특별시에 관한 규정을 준용한다"는 조항을 새로 넣자는 「지방자치법」 개정안과 함께 별도로 「부산특별시 지정에 관한 법률안」을 상정한 것이다. 그런데 이 법률안이 상정되자 경상남도와 경남도 의회 및 지방자치단체 업무를 관장하는 내무부가 강력한 반대 운동을 전개하였다. 경남도 가 반대한 이유는, 전국에서 가장 도세(道勢)가 강했던 경남에서 부산 시가 독립해 버리면 도세가 가장 빈약해진다는 이유 때문이었고, 내 무부가 반대한 이유는 경남의 도세가 약해지면 중앙정부가 경남도에 많은 액수의 보조금을 지급하게 된다는 것이었다. 결국 정부가 서울 로 환도한 후에 다시 심의키로 하고 부산 피난 중에는 표결하지 않는 다는 보류안이 통과되어 버린다.

1953년 8·9월에 중앙정부와 국회가 환도하자 부산특별시 승격 안이 다시 대두되었다. 인구가 100만에 육박하고 있던 부산시민의 여망을 배경으로 한 부산 출신 국회의원들의 맹렬한 운동이 전개되 었다. 그런데 이때에는 경상남도와 내무부만이 반대한 것이 아니라 서울 출신 국회의원과 서울특별시 동(洞)연합회가 맹렬히 반대한다. 서울특별시 동연합회에서는, "한 나라의 특별시는 한 개로 족한 것 이니만큼, 수도의 권위를 위해서라도 부산시의 승격을 적극 반대한 다"라는 진정서를 국회에 제출했다.

그리하여 부산 출신 국회의원을 중심으로 1954년 3월 국회에 제 출된 「지방자치법」 개정안에는 "인구 50만 이상의 시에 대하여는 법 률로서 직할시로 지정할 수 있다", "전항의 직할시에 대하여는 서울 특별시에 관한 규정을 준용한다"로 바뀌어 있었다. 부산특별시를 고 집하다가는 서울 출신 국회의원들의 반대를 이겨낼 수 없다는 판단 때문이었다. 그러나 이때의 제안도 내무부와 경상남도의 강한 반대 에 부딪쳐 두 번이나 표결에 붙였는데, 가부표(可否票)가 각각 과반수 에 미달하여 결국 미결되고 만다.

부산직할시 촉진 시민대회가 워낙 강하게 나오자 그 절충안으로 우선 부산시 구(區) 설치에 관한 법률안이 통과되었다(1956.12.17.). 1960년에 4·19가 나고 새로 선출된 국회(민의원)에서 이 문제가 다시 대두된 것은 당연한 일이었다. 부산의 인구수는 이미 100만을 넘고 있었다. 그러나 어떻게 된 것인지 이 제안은 자치법 개정안 기초 단계에서 부결되어 버린다.

1961년에 5·16 군사 쿠데타가 일어나자 부산직할시 문제가 다시 대두되었다. 인구수가 120만에 달한 당시의 부산시는 일반의 다른 시와는 모든 면에서 현격한 차이가 있었고 그 시세(市勢)가 일반의 도세(道勢)를 오히려 능가하고 있었으니, 언제까지나 중앙과 도의 이중감독 아래에 두어서는 안 된다는 여론이 비등하고 있었다. 그러나 부산시민들에게 있어 무엇보다도 다행이었던 것은, 쿠데타를 일으킨 박정희 소장이 부산 소재 군수기지 사령관을 역임하였기 때문에 직할시 승격을 향한 부산시민들의 강한 의지, 그리고 부산시가 제대로 발전하기 위해서는 경남도의 관할에서 벗어나야 한다는 필요성을 충분히 인식하고 있었다는 점이다.

1962년 9월 5일에 있었던 행정구역정리심의회에서 부산의 직할시 승격 문제와 행정구역 대폭 확장안이 만장일치로 통과되고 각의(국무회의)를 거쳐 최고회의에 회부되었다. 1962년 12월 21일 법률 제1173호로 부산직할시 승격에 관한 법률이 공포되어 1963년 1월 1일을 기하여 실시되었다. 즉, 부산직할시는 국회가 아니라 국회가 없는 상태하에 군사 정부 최고회의에서 가결되어 통과된 것이었다. 이때의 「부산시 정부직할에 관한 법률」 제1조와 제2조는 다음과 같다.

제1조 (목적) 본 법은 부산시를 정부의 직할하에 둠으로써 시 행
   정의 건전한 발전과 행정 능률의 향상을 도모함을 목적으

로 한다.

제2조 (부산시의 지위) 부산시는 정부의 직할하에 둔다.

위의 제1·2조에서 알 수 있듯이 부산의 직할시 승격 요건으로 인구수가 100만을 넘었기 때문이라는 것을 규정하지 않았으며, 또한 그와 같은 취지의 지방자치법 개정도 없었다. 그러나 이때 승격을 합리화하는 요건으로 인구수 100만 이상이라는 것이 널리 대외적으로 홍보되었다. 그리하여 다른 대도시도 인구수 100만을 넘으면 직할시가 될 수 있다는 암묵의 양해가 성립되게 된 것이다. 이에 따라 대구시와 인천시는 1981년 7월 1일, 광주시는 1986년 11월 1일, 대전시는 1989년 1월 1일부터 각각 직할시가 되었다. 그리고 1994년 9월 20일자 법률 제4789호로 자치법이 개정되어 직할시라는 호칭이 광역시로 바뀌어 오늘에 이르고 있다.

참고로 여러 가지 면에서 한국의 제도와 비교되는 일본의 경우는 특별시·광역시라는 것이 없다. 수도 도쿄는 도(都)라고 불려지고 있으나 부·현(府·縣)과 비슷하며, 휘하에 23개 구(區)와 많은 수의 시·정·촌(市·町·村)을 거느리고 있다. 구와 시·정·촌은 각각의 의회를 가지며, 수장(首長)은 선거로 선출되고 있다.

또 「지방자치법」 제252조의 19는 대도시에 관한 특례를 규정하여 인구 50만 이상의 시 가운데 정령(政令: 우리나라의 대통령령에 해당한다)에 의하여 지정되는 시는 주민 복지에 관한 업무, 도시계획에 관한 업무 등 주민의 일상생활과 관계되는 대부분의 업무에 관하여 부·현의 감독을 받지 않고 중앙정부에 직할한다고 규정하고 있다. 이른바 지정도시제도이며 현재는, 오사카·교토·요코하마 등 11개의 도시가 지정되어 있다고 알고 있다. 그러나 비록 지정도시가 되었다

하더라도 소속된 부·현에서 독립하지는 않으며, 그 명칭도 지정시로 불리지 않는다. 즉, 우리나라의 경우는 일단 광역시가 되면 지적상에 서도 소속했던 도에서 독립하는데, 일본의 지정시는 그렇지 않다. 예를 들면 요코하마는 지정시이지만 가나가와 현 요코하마 시이며, 가나가와 현에서 독립한 요코하마 지정시가 되는 것이 아니다. 또 산하에 구(區)를 두고 있지만 모두 행정 편의상의 이른바 행정구(行政區)이며, 도쿄 도처럼 구의회를 두는 특별구가 아니다.

■ ■ ■ 참고문헌

부산직할시. 1974. 『부산시지(상)』.
손정목. 1992. 『한국지방제도·자치사연구(하)』. 일지사.
미군정 관보 및 법령집. 대한민국 관보·신문·법령집·연표.
역대 국회 (본회의·분과위원회) 속기록.
일본 판 『도시문제사전』, 『육법전서』 등.

공창(유곽)이 폐지된 과정

일제시대의 공창제도

여성이 금품을 받고 성을 제공한 역사는 남성우위 시대 또는 부계사회와 더불어 시작된 것으로 보인다. 그러므로 한반도에서도 매춘(賣春)의 역사는 고대까지 거슬러 올라가겠지만, 결코 공인된 것은 아니었고 어디까지나 비밀리에 이루어졌다.

불특정 다수인을 상대로 금품을 받고 성을 제공하는 직업이 매춘업이며, 조선왕조 말기까지 우리나라에는 공인된 매춘업이라는 것이 없었다. 즉, 상대가 누구이든 금품만 받으면 성을 제공하는 것을 업으로 하는 공인된 여자가 없었던 것이다. 음녀의 대표로 전해지는 어우동(於又同) 같은 여인도 상대하는 남자는 특정인이었지 불특정 다수인이 아니었으며, 성을 즐겼을 뿐이지 팔지는 않았던 것이다. 또 갈보니 은군자라는 말로 표현되는 무리라든가 사당패와 같은 경우 불특정 다수인을 상대로 매춘을 한 것은 사실이지만, 그것은

일제시대 서울 신정유곽

어디까지나 은밀한 행위였고 공인되지는 않았다. 즉, 정부가 정식으로 허가한 것은 아니었다.

일본에서는 일찍부터 유곽(遊廓)이라는 공인된 매춘업이 있었다. 도쿄의 요시하라 유곽, 교토의 시마바라 유곽으로 대표되는 일본의 유곽은 1585년부터 공인된 매춘제도였으며, 1924년 당시 일본 국내에는 모두 544개소의 유곽이 있었다고 한다.

한반도의 매춘업은 일제가 들여온 것이며, 부산에 최초의 유곽이 생긴 때는 1902년 7월 24일이었다. 이것이 훗날 미도리마치(綠町) 유곽으로 발전한다. 인천에 시키시마(敷島) 유곽이 생긴 것도 1902년 12월이었다. 서울에 소재한 일본인 거류민단이 사기와 같은 수법을 써서 현재의 중구 묵정동에 8,300평의 토지를 확보하여 마을 이름을 신정(新町)이라 하고 이른바 신정 유곽을 만든 것은, 1904년에서 1905년에 걸쳐서였다. 용산에 미생정(彌生町) 유곽이 생긴 때는 1906년이었다. 대구에는 1908년에, 목포와 대전에는 1910년에 유곽이 생겼다.

일제시대의 매춘업은 원칙적으로 유곽, 즉 공창(公娼)이었다. 공창이라 함은 외부와 격리된 지역에 매춘업자를 집중시켜 그것을 유곽이라 하고 그곳에서만 성을 팔 수 있게 하는 제도이다. 이른바 집단격리제(集團隔離制)였던 것이다. 유곽에서는 경찰의 엄중한 감독하에 공정가격에 의하여 성이 매매되었고 그에 상응한 세금도 부과되었다. 일제시대 서울에는 중구 관내에 두 개, 용산구 관내에 두 개의 유곽이 있었다. 왜 두 개씩이냐 하면 일본인 전용, 한국인 전용이 따로따로 있었기 때문이다.

공창업을 집단화하여 유곽을 만든 표면적 이유로 풍기 유지 및 성병 예방이라는 두 가지 점을 두었지만, 경찰의 입장에서는 감독의 용이성, 특히 그들이 말하는 부정(不逞) 조선인, 즉 독립사상가이거나 사상가 정도는 아니라 할지라도 식민정책에 불만을 가진 자를 색출하기에 더할 나위 없이 편리한 제도였기 때문이다.

여하튼 일제시대 한반도 내 대부분의 도시에 유곽이 있었다. 당시 매춘문제의 권위자였고 폐창 운동의 선봉에 섰던 이토히데요시(伊藤秀吉)는, 1929~1930년 당시 한반도 내에는 모두 25개의 유곽이 있었고 공창 영업자가 510명(일본인 303, 한국인 207), 창기 수가 3,170명(일본인 1,798 한국인 1,372)이라고 집계하고 있다.

한반도 내에 당국의 허가를 받지 않고 세금도 내지 않는 사적 매춘업, 즉 사창(私娼)이 생긴 것은 1920년대 중반기부터의 일이었다. 이상(李箱)의 소설 「날개」가 ≪조광(朝光)≫ 1936년 9월호에 발표되었는데, 이 작품의 무대가 된 "33번지의 18가구"라는 것은 분명히 사창의 집단가옥이고, 주인공의 아내는 사창이었다. 그녀는 술집 작부도 카페 여급도 아닌 보통의 여인이었지만, 밤이 되면 진한 화장을 하고 외출하여 카페 같은 데서 진을 치고 있다가 남자를 낚아 오는 사창이었던 것이다.

이렇게 1920년경부터 사창이 생겨나고 있기는 하였으나 일제시대 매춘업의 주종은 공창이었고, 공식 발표보다 훨씬 많은 수의 창기가 유곽에서 매춘업에 종사하고 있었다. 그렇게 창기의 수가 많았던 주된 원인은 가난이었고, 빈곤의 극에 달한 부모가 딸아이를 유곽에 팔아넘긴 것이 대부분이었다. 믿어지지 않겠지만 일제시대의 소개업에서는 부동산 거래보다도 인신매매 소개가 더 큰 비중을 차지하고 있었다. 당시 각 도(道)에서 시행된 「소개영업취재규칙」이라는 것을 보면 인신매매 소개가 그 대종을 점하고 있었음을 알 수 있다.

여자가 한번 매춘업계에 들어서게 되면 그 생활은 실로 처참한 것이었다. 영업주[抱主]의 학대와 착취, 유객들의 횡포, 알코올중독, 성병 등에 시달릴 대로 시달리다가 마침내는 폐결핵 등 각종 질병을 얻어 결국 30세를 겨우 넘긴 젊은 나이에 사망하고 마는 것이 일반적인 현상이었다. 물론 그때에도 유곽에서의 생활을 견디다 못해 도주하는 창녀들이 있었다. 이렇게 도주해 버리면 경찰망을 통하여 전국에 수배되어 결국은 잡히게 되어 있었으며, 일단 잡히게 되면 사기죄로 징역을 살아야 했다. 즉, 일단 돈을 받았으면 빌린 돈을 모두 갚을 때까지 유곽 주인이 시키는 대로 따라야 하며 그것을 견디지 못하고 도망가는 행위는 사기죄가 된다는 것이었으니, 지금의 상식으로는 도저히 납득할 수 없는 그런 제도가 공창제도였던 것이다.

중앙정부·지방자치단체가 매춘 행위를 인정하고 거기서 세금까지 거둬들이는 제도를 폐지하려는 운동, 즉 폐창(廢娼) 운동은 매우 일찍부터 일어나고 있다. 국제폐창동맹회가 결성된 때는 1875년이었고, 2년 후인 1877년 9월에는 스위스 제네바에서 제1회 대회가 개최되었다.

1918년에 제1차세계대전이 끝나고 국제연맹이 결성되자 국제연맹 가맹국들간에 폐창 운동이 번져나갔다. 일본에서도 폐창 운동이 일어났고 한반도 내에서도 주로 개신교를 중심으로 활발한 폐창 운동이 전개되었다. 신간회(新幹會)의 자매단체였던 근우회(槿友會)가 폐창 운동의 선봉에 섰다. 그러나 그런 운동이 있었음에도 불구하고 1945년에 광복이 될 때까지 일본에서도, 한반도 내에서도 공창은 없어지지 않았다. 한국인 여성을 강제로 연행해 가서 일본 군인의 위안부로 할 정도였으니 공창제도가 없어질 리 없었던 것이다.

공창이 폐지되는 과정

8·15 광복이 되자 공창가에 대대적인 개편이 일어났음은 당연한 일이었다. 우선 일본인 유곽업자들과 창녀들은 이 땅을 떠나간다. 이렇게 일본인들이 버리고 간 일본 유곽들을 한국인 유곽업자들이 접수해 버린다. 서울의 경우 신정 유곽과 용산 미생정 유곽은 쌍림동의 한성 유곽에서 일제 때부터 공창을 경영해 왔던 한국인들이 나누어 접수했으며, 일부는 폭력조직 같은 세력들이 인수하여 운영했을 것으로 추측된다. 지방의 유곽들도 마찬가지였다. 다만 이렇게 포주와 창녀가 교체되는 과정에서 유곽의 이름도 바뀐다. 대구의 야해가키쬬(八重垣町) 유곽은 자갈마당으로 불리게 되고 대전의 가스가마치(春日町) 유곽은 중동 10번지로 바뀌어 불렸다. 여하튼 일본인 창녀들이 물러간 뒷자리는 한국인 여자들에 의해 쉽게 채워졌다. 당시는 모두가 극도의 생활난에 허덕이고 있었기 때문이다.

미군정은 공창제도를 인정하지 않았다. 남녀평등, 인권 옹호 등을 표방하고 평화의 사도(使徒)임을 자처했던 미군정청이 공창제도를 그대로 방치할 리가 없었다. 광복 다음 해인 1946년 5월 17일 미군정 당국은 법령 제70호로 「부녀자의 매매 또는 매매계약 금지령」을 발표한다. 영어의 원문은 "Sale or Contracts for Sale of Female Persons Prohibited"였다. 이 법령을 요약하면 다음과 같다.

제1조 앞으로 부녀자를 매매하거나 또는 매매계약을 맺는 일체의 행위는 금지한다.
제2조 부녀자의 매매에 관하여 발생한 어떠한 종류의 채권·채무도 그 효력을 상실한다. 인신매매와 관계된 부녀자의 금전적·물질적 의무는 완전히 없어진다.
제3조 부녀자 매매에 관한 쌍방의 당사자는 모두 같은 죄로 처벌한다.
제4조 본 법령에 위반한 자는 군정 재판소에 의해 처벌을 받는다.
제5조 이 법령은 발표 후 10일이 경과하면 효력을 발생한다.

이 군정법령 제70호는 바로 1921년 9월 스위스 제네바에서 개최된 국제연맹 제2회 총회에서 28개 선진국 사이에 체결된, 「부인 및 아동의 매매금지에 관한 조약」을 구체화한 것이었다.

당시의 모든 기관·단체, 매스컴과 일반 시민들도 이 법령에 의해 유곽이 없어지는 것으로 알았다. 모든 신문이 공창 폐지를 기사로 보도했고 사설로 환영했다. 당시 서울시내에는 신정 유곽에 293명, 그 동쪽 한성 유곽에 280명, 용산의 미생정에 126명, 합계 699명의 창녀가 있었고, 매춘업자(유곽 주인)는 모두 184명이었다고 한다.

그런데 어떻게 된 영문인지 유곽은 없어지지 않았다. 몸값에서부터 자유로워진 창녀들 가운데 극히 일부분이 유곽을 떠났을 뿐이고 나머지는 그대로 남아 여전히 매춘 행위를 하고 있었고, 남자 유객들은 여전히 유곽을 드나들고 있었다. 문제는 돈으로 성(性)을 팔고 있느냐, 서로가 좋아해서 연애를 하고 있느냐였다. 경찰이 매춘 현장을 덮쳤다고 하더라도 "나는 돈을 준 일이 없다. 나는 돈을 받은 일이 없다. 우리는 성을 매매하고 있는 것이 아니라 서로가 좋아서 애정을 교환하고 있는 것이다"라고 우긴다면 단속하고 처벌할 방법이 없었던 것이다. 창녀와 업자의 관계도 마찬가지였다. 금전거래를 확인할 방법이 없는 것이 문제였다. 공창업의 존폐는 전적으로 창녀들의 자유의사에 좌우되어 버린 것이다. 또 사실상 창녀들의 입장에서는 유곽을 나가서도 갈 곳이 없었던 것이다.

미군정 당국의 체면이 말이 아니게 되었다. 미군정뿐만 아니었다. 그동안 폐창을 주장해 왔던 부인단체들의 입장도 말이 아니게 되었고, 매스컴 또한 마찬가지였다. 조선여자국민당(당수 임영신)은 그해(1946년) 6월 1일에 모임을 갖고 "부녀자 매매금지령은 탈법적(脫法的) 소지가 있다. 숫제 공창제도 자체를 폐지하는 법령을 새로 만들어 공포하라"는 성명서를 발표한다. 좌익계인 조선부녀총동맹은 6월 22일에 모임을 갖고 갈 곳이 없어서 못 벗어나는 창녀들에 관한 대책을 협의했다. 그러나 그런 협의를 아무리 해도 뾰족한 방법이 있을 리가 없었다.

남조선과도입법의원(南朝鮮過度立法議院)이라는 것이 개원된 때는 1946년 12월 12일이었다. 미군정하이기는 하나 조선인에 의한 입법기능이 있어야 한다는 취지의 임시 기구였다. 의원 수는 57명이었고, 의장은 김규식(金奎植) 박사였다.

미군정청이 초안한 새로운 공창폐지법령이 입법의원에 상정되어 통과된 때가 1947년 10월 28일이었다. 그리고 미군정장관이 「공

유곽이 폐지된 날 아침, 창녀들이 무리지어 앞날을 걱정하고 있다(1948.2.14.).

창제도 등 폐지령」을 인준·공포한 때가 그해 11월 14일이었다. 남조선 과도 정부 법률 제7호는 공포한 날로부터 3개월 후에 효력이 발생하도록 규정되어 있었다.

공창제도폐지령이 효력을 발하게 되는 1948년 2월 14일 아침, 수십 명의 경찰관이 경비하는 가운데 간밤에 마지막 밤을 지낸 유객이 빠져나가고, 각 업체들은 조용히 간판을 내렸다. 이렇게 폐업하는 날 서울의 유곽에는 585명의 창녀가 있었고 그중 485명이 성병 보균자였다고 한다.

그런데 유곽의 간판을 내렸어도 창녀들은 떠나지 않았다. 일종의 농성 투쟁이었다. 그러나 이번에는 군정 당국도 양보하지 않는다. 법률 제7호가 효력을 발생한 지 한 달 남짓이 지난 3월 19일에 미군정장관은 「공창제도 등 폐지령」이라는 이름의 행정명령 제16호를 발포한다.

그 내용을 요약하면, 앞으로 10일 이내에 ①모든 창녀들을 유곽 건물 밖으로 퇴거시킬 것, ②유곽업자들도 유곽 건물을 명도하고 다른 곳으로 옮겨 갈 것, ③경찰은 위 두 가지가 지체 없이 진행됐는지 확인하여 앞으로 15일 이내에 그 결과를 민정장관에게 보고할 것이었다. 행정명령 제16호의 발포로 제도로서의 공창은 이 땅 안에서 완전히 그 막을 내리게 된다. 부산에 유곽제도가 생긴 지 48년, 그리고 서울 신정 유곽이 생긴 때부터는 44년 만에 폐지된 것이다. 그러나 그것이 바로 엄청난 사창 시대의 시작이라는 것을 예견한 사람은 아무도 없었다.

일본의 공창(유곽) 역시 8·15 패전 후 일본이 미군의 점령하에 들게 되자 제도 자체가 없어진다. 그러나 제도가 없어졌을 뿐이지 실체가 없어진 것은 아니었다. 유곽은 여전히 문을 열고 있었고 유객들이 출입했다. 유곽이라는 공식 용어를 쓸 수 없게 된 대신 아카센(赤線)이라고 불렸다. 매춘이 집단적으로 이루어지는 지역 일대가 붉은 선으로 두른, 특별 단속 대상인 지역이라는 뜻이다. 공인 매춘의 역사가 뿌리 깊게 계속해 온 것이었으니 일본의 공창제도는 정말로 끈질기게 버틴 것이다. 아카센이 없어진 때는 1958년이었다. 그 후는 이른바 사창 시대, 즉 아오센(青線)이 오래도록 지속된다.

■■■ 참고문헌

손정목. 1996. 『일제강점기 도시사회상 연구』. 일지사.
戶川猪佐武. 1982. 『素顔の昭和(戰後 편)』. 角川文庫.
미군정 법령집 및 미군정 관보.

6·25 전쟁과 서울

적치 3개월간의 서울 생활

인민군대의 서울 점령

1950년 6월 25일 새벽 4시, '폭풍'이라는 암호를 신호로 북한군은 38선 전역에서 기습 공격을 감행하였다. 우리 국군은 밀리고 또 밀릴 수밖에 없었다. 저쪽은 2년여에 걸친 충분한 사전 준비가 있었다. 장병은 훈련이 잘 되어 있었을 뿐 아니라 그 수도 월등하게 많았다. 장비에 있어서도 저쪽은 소련제 전차와 비행기를 갖추고 있었는데 이쪽은 대포뿐이었다. 대포도 성능이 약해 아무리 쏘아도 전차를 멈추게 할 수 없었다. 당시의 상황을 다음과 같이 기술한 글을 읽을 수 있다.

북한군이 사용하던 경기관총(따발총)

국경(38선) 전역에서 기습 공격을 받았다. 적은 전차·중포·비행기를 가진 큰 병력인 데 비해 이쪽은 전차·비행기가 한 대도 없었다. 적의 전차를 향해 아무리 대포를 쏘아대도 끄덕도 하지 않았다. 전선과의 연락은 두절되고 전반적인 전황은 파악할 수 없다. 전해져 오는 연락은 모두가 패전과 구원 요구뿐이었다.

그런데 그와 같은 패전·퇴각의 상황이 서울시민을 포함한 전체 국민에게는 일체 알려지지 않았을 뿐 아니라 오히려 거꾸로 전달되어 있었다. 개성에 이어 의정부가 함락되고 적군이 창동·우이동을 거쳐 미아리로 접근하고 있던 중에도 대한민국 중앙방송은 "적을 격퇴하고 있다", "싸움에 이기고 있으니 서울시민은 조금도 동요하지 말라"는 말만 되풀이하고 있었다.

이승만 대통령 내외가 비서관 한 명을 데리고 특별 열차로 서울역을 떠난 때가 6월 27일 새벽 3시였다. 그날 새벽 4시에 국회가 긴급 소집되었다. 전체 210명 국회의원 중 연락이 되어 모일 수 있었던 사람은 약 반수인 100여 명이었다. 여기에 참석한 국방부 장관 신성모, 참모총장 채병덕도 정확한 전황을 설명하지 않았다. 소란한 함성과 욕설이 오가는 가운데 "국회의원 전원은 100만 애국시민과 더불어 수도를 사수한다"는 내용을 결의한다. 결의문을 전달하기 위해 의장 신익회, 부의장 조봉암을 앞세운 몇몇 대표가 대통령 관저인 경무대로 갔다. 훨씬 앞서 주인이 떠나 버린 경무대는 한두 명의 경찰관이 빈집을 지키고 있을 뿐이었다. 이 보고를 들은 국회의원들은 소리 없이 흩어질 수밖에 없었다.

대한민국 정부가 수원을 거쳐 대전으로 옮겨간 때는 전쟁이 일어난 이틀 후인 6월 27일 오후였다. 한강 인도교와 철도교가 동시에 폭파된 때는 28일 오전 2시 15분이었고, 인민군이 탱크를 앞세워 서울시내에 들어온 때는 28일 새벽이었다. 적군이 38선에서 전쟁을 일으킨 지 만 3일 만에 서울이 점령되어 버린 것이다.

서울시 임시 인민위원회

전쟁이 일어났던 당시 서울시민은 150만을 약간 넘었고, 그중 10분의 1, 즉 15만 명은 한강 남쪽인 영등포구에 살고 있었다. 한강 이북에 살고 있던 140만 명 중에서 한강을 건너 피난을 간 사람은 약 40만 명이었다고 한다. 그중 80퍼센트가 광복 후 월남자들이었고 나머지 20퍼센트(약 8만 명)는 고급 공무원·자본가·정치인, 군인·경찰관 가족이었다.

피난민 가운데 광복 후 월남자 수가 많았던 이유는, 그들은 공산 정권의 실태를 이미 충분히 체험하였으므로 도망가지 않고 서울에 남아 있다가는 죽는다는 사실을 알고 있었기 때문이었다. 서울이 수복되는 9월 28일까지 공산 정권 3개월간을 체험하게 된 약 100만 명 정도의 서울시민 대다수는, '설마 생존이야 위협받을려고 ……' 하는 생각을 가지고 있었다.

순식간에 서울을 점령하는 데 성공한 북한 정부는 바로 서울시청을 점령하고 공산주의에 의한 통치를 시작한다. 그때까지 걸려 있던 서울시청이라는 간판이 내려지고 서울시 임시 인민위원회라는 간판이 걸렸다. 각 구청은 각 구 임시 인민위원회가 되고 각 동사무소에도 ○○동 인민위원회라고 쓰인 흰 종이 간판이 붙여졌다. 여기서 임시 인민위원회라고 한 것은 선거에 의한 정식 인민위원회가 아니라 선거를 치르기 전의 임시라는 뜻이었다. 서울시 임시 인민위원회 위원장으로 부임해 온 사람이 이북 정권의 사법상(법무부 장관)을 지낸 이승엽(李承燁)이었다.

그는 1905년에 경기도 부천에서 뱃사공의 아들로 태어났다. 인천 상업학교 재학 중 3·1 운동에 참가했다가 퇴학당한 후 서울과 일본의 여러 학교를 다니지만 졸업은 못하고 중퇴만 한 인물이었다. 1923년경에 고려공산청년회에 가입한 후 줄곧 공산주의자로 활동하였고 그동안 두 차례에 걸쳐 약 7년간 형무소에 수감되기도 했다. 1945년 광복이 되자 박헌영(朴憲泳) 등과 더불어 조선공산당 재건에 참여해서 1946년에 남조선노동당 중앙위원을 역임했고, 1948년 7월에 월북하여 그해 9월, 조선인민공화국 제1차 내각의 사법상(司法相)이 되었다. 1949년에는 조선노동당 중앙위원회 비서를 역임했다. 그가 간첩죄라는 죄명으로 이북 정권에 의해 처형된 때는 1953년 8월이었다. 박헌영의 처형보다 3년이나 앞선, 숙청 제1호였다.

거리의 모습

인민군에 의하여 점령되고 인민위원회 통치에 들어간 서울은 당장에 빨간색으로 변해 버린다. 중심부와 변두리를 가릴 것 없이 거리의 모든 벽면은 공산주의를 찬양하는 붉은 벽보가 차지했다. "인민해방군 만세! 김일성 장군 만세! 김책 장군 만세! 서울 인민위원회 위원장 이승엽 동무 환영 만세! 최용건 장군 환영 만세!" 등의 벽보였다. 시내 중심가에 들어가면 모임을 알리는 벽보도 눈에 띄었다. '민주조선 법률가동맹 회합', '민주조선 미술가동맹 모임' 같은 직능단체끼리의 모임, 그리고 '무참히 학살된 제주도민 유가족 모임', '애국·민주 ○○군민 모임' 등 지역별 모임의 벽보도 눈에 띄었다. 붉은 완장을 두른 청장년들은 불심검문을 했다. 수상한 점이 발견되지 않는 자에게는 의용군으로 지망하라고 권유하였다. 그러나 말이 권유이지 사실상 강제 연행이었다.

삼삼오오 떼를 지어 다니는 인민군 장교들, 특히 여자 군인들의 모습이 필자의 기억에 남는다. 간혹 오산 등지에서 잡혀온 미군 포로들의 행렬, 그리고 신부·수녀들, 특히 외국인 신부·수녀들이 잡혀와 떼를 지어 끌려가는 광경을 본 일도 있다.

그러나 거리를 오가는 사람의 수는 눈에 띄게 줄었다. 젊은 사람들은 남녀 가릴 것 없이 집안에 꼭꼭 숨어 버렸고 극도의 식량 부족 때문에 보행도 삼갈 수밖에 없었다. 특별히 왔다 갔다 해야 할 볼일도 없었을 것이다. 그런데 당시의 서울 거리에서 그래도 활기를 띠는 곳이 있었다. 바로 동대문시장이었다. 시민 모두가 기아선상을 헤매었으니 식량을 구하러 시장에 나왔고, 동대문시장에 가면 그래도 먹을 거리를 구할 수 있었다.

광복절에는 인민위원회가 주최한 성대한 기념행사가 거행되었다. 그리고 그날을 계기로 서울은 죽음의 도시로 변해 버린다. 식량부족은 극에 달하고 있었고 경계가 삼엄해져서 거리를 오가는 사람을 거의 찾아볼 수 없게 되었다. 골목 입구에는 붉은 완장을 두른 두세 명의 청년들이 으레 지키고 있었다. 그런 분위기 속에서 살아남기 위해서는 그들에게 가담할 수밖에 없었다. 민주청년동맹, 부녀동맹 등에 가입하는 자가 늘어났다. 그들은 서울 수복 후에 이른바 부역자로 치부되어 적잖은 곤욕을 치르게 된다.

공산군 점령 초기에는 시내 여러 곳에서 이른바 인민재판이라는 것이 전개되었다고 하는데, 필자는 그것을 한 번도 목격한 적이 없다. 전해지는 바에 의하면 동장, 파출소 소장, 판사·검사들이 끌려와 죄상이라는 것이 낭독되고, "인민의 적이니 총살형이 마땅하다"고 하면 모인 군중이 "옳소"라는 강요된 구호와 박수를 치고, 공산군들은 군중이 보는 앞에서 총살형을 집행했다는 것이다. 그러나 인민재판은 얼마 안 가서 없어진다. 평이 좋지 않고 오히려 민심이 흉흉해지는 원인이 된다고 판단했기 때문일 것이다.

공보처 통계국이 1953년 7월 27일 현재로 집계한 6·25 사변 종합피해 조사표에 실린 민간인 인명피해 상황표에 의하면, 서울에서만 9만 5,000명 이상이 사망·학살·납치·행방불명되었다고 집계되어 있다. 학살 8,800명을 보통의 사망에 포함시키지 않고 별도로 집계한 점에서 이 전쟁의 잔학상을 알 수 있다. 판사·검사·경찰관·형무관, 군 장교로 부대에서 낙오된 자, 우익 청년단장과 대원, 동회장과 동직원들까지도 인민재판과 기타의 방법으로 학살된 것이다. 그리고 행방불명자가 3만 6,062명으로 집계되어 있다. 행방불명자 중에는 인민위원회에 붙어 그 심부름을 하다가 월북한 자도 있었고, 인민군 (의용군)으로 강제 연행되어 끌려간 자도 있었다.

단장의 미아리고개

행방불명자 중에는 이북에 납치된 인물도 포함되어 있다. 현재 대한적십자사가 보관하고 있는 「6·25 사변 피납치인사 명부」에 의하면, 서울에서만 1,500명에 달하는 인사가 이북으로 납치되었다고 집계되어 있다. 필자는 여러 구의 구지(區誌)를 만들면서 피납자 명부를 거듭 되풀이해서 보았다. 그리고 그 숱한 이름 중에서 필자가 그 이름을 알고 있는 정치가·대학 교수·의사·변호사·판사·검사·기업가·언론인의 이름을 발견할 수 있었고, 그 이름들을 통해 한국전쟁이 이 나라의 인재 손실에 미친 영향의 크기를 실감할 수 있었다. 종로구의 경우를 예로 들면 다음과 같다.

이승만·김구와 더불어 광복 전후 이 나라를 영도한 3대 거두 중한 분이었던 김규식 박사를 비롯하여, 제헌 국회의원 이상의 정치인 17명, 서울대학교 총장(최규동)·고려대학교 총장(현상윤)을 비롯하여 중·고등학교 교장 이상 교육자 11명, 신문사 편집국장·주필 이상의 언론인 6명, 이 나라를 대표하는 문필가 3명(춘원 이광수, 수필가 김진섭, 평론가 유자후), 현직 판사·검사 17명, 변호사 32명, 의사 11명, 저명한 목사 4명, 중앙청 과장 급 이상 고위공직자 34명, 동회장 7명, 3·1 운동 33인 대표의 하나인 최린을 비롯하여 중추원 참의 이상의 친일파 7명이다. 전국 변호사의 총수가 겨우 100명을 넘을까 말까하는 시대에 32명의 변호사가 종로구에서만 납치되어 갔다는 사실에 치가 떨리는 아픔을 느끼는 것이다.

그들 납치인사들의 북송이 시작된 것은 UN군이 인천에 상륙하고 서울을 향해서 침공해 온 1950년 9월 중순에서 하순에 걸쳐서였다. 그런데 이들을 북으로 데리고 간 주된 행로가 돈암동~미아리고개~우이동~의정부였다. 「단장의 미아리고개」라는 노래는 6·25 전쟁이 끝나기 전인 1951년 말 반야월(半夜月)이 작사하고 이재호(李在鎬)가 작곡하였으며, 가수 이혜연이 불러 온 나라 안에 퍼졌다. "미아리 눈물고개 임이 떠난 이별고개"로 시작하는 이 노래는 약 50년이 지난 오늘날에도 모든 국민의 심금을 울린다.

국군과 UN군이 서울을 탈환한 때가 9월 28일이었다. 인천상륙작전 후 2주일, 서울이 적에게 점령된 지 만 90일 만의 일이었다. 중앙청 내에 있던 국회의사당에서 환도식(還都式)이 거행된 때는 9월 29일 정오였다. 서울시내 모든 교회당의 종이 평화를 축복하면서 울리고 있었다.

7월 16일의 미군기 용산 폭격

1950년 6월 25일 새벽부터 북한의 전면 공격을 받은 대한민국 정부가 수원을 거쳐 대전으로 옮겨간 것은, 사변이 일어난 이틀 후인 6월 27일 오후의 일이다. 한강 인도교와 철도교가 동시에 폭파된 때는 28일 오전 2시 15분이었다. 인민군이 탱크를 앞세워 서울시내에 들어온 것은 28일 새벽이었고 그때까지 서울시청이었던 건물은 서울시 인민위원회로 그 간판이 바뀐다. 이 당시 강북에 거주했던 서울시민의 수는 약 135만 명 정도였고, 한강을 건너 남쪽으로 피난을 떠난 시민의 수는 겨우 40만 명 정도에 불과했다고 한다. 즉, 100만 명 정도의 강북 시민이 인민군 치하에 그대로 남은 것이었다.

7월 4일에서 10일을 전후한 시기, 전선은 수원·오산·평택을 거쳐 대전으로 내려가고 있었다. 표면상의 평온 속에서도 시내 한 곳에서만은 부산한 전투가 계속되고 있었다. 한강 위에 걸린 철도교량이었다. 용산과 노량진을 잇는 철도교량은 복선 한 개, 단선 두 개로 세 개가 있었고, 세 개 모두 한강 인도교가 파괴된 6월 28일 오전 2시 15분에 동시에 파괴되었다. 그런데 인민군 사령부는 파괴된 세 개 철교의 응급 복구를 시작하여 7월 3일 아침까지 복구가 완료되고 있었다. 그리하여 병력과 군수물자 수송이 철도편으로 전개되고 있었다. 그런데 매일 아침이 되면 미군 폭격기가 와서 철교의 일부를 파괴해 버렸다. 폭격기가 파괴를 끝내고 떠나버리면 그때부터 다시 임시 긴급 복구 작업이 전개된 것이다.

"아침이 되면 미국 비행기가 날아와서 파괴하고 저녁이면 재빨리 임시 복구하여 물자를 수송하고"를 되풀이하는 상태가 약 10일 정도 계속되었을 때, 아마 7월 10일경에 인민군 고사포부대가 효창공원 언덕에 주둔하기 시작한다. 이때부터 한강철교 파괴를 위한 미군 비행기는 고사포의 사격을 받게 되었고, 따라서 저공비행을 못하게 된다. 당시 용산구 내 한강변 거주자들에게는 미군기 습격, 고사포 응사, 미군기 추락 또는 폭격 성공 귀환 장면이 매우 재미있는 구경거리였다고 한다.

당시 필자는 대학생이었고, 현 중구 신당동에 거주하고 있었다. 그날, 즉 7월 16일 오전에 필자는 남산을 넘어 용산구 후암동에 거주하는 교수님 한 분을 찾아갔다. 무엇인가 정보를 얻기 위해서였다. 거기서 점심 대접을 받고 다시 남산 언덕을 도보로 넘어오고 있었다. 남산 능선에 올라선 찰나였다. 요란한 비행기의 굉음에 놀라 뒤를 돌아봤더니 남쪽 하늘 일대가 온통 대형 폭격기로 뒤덮여 있었다. 나는 너무나 놀라서 그 자리에 풀썩 주저앉았고, 되풀이된 폭격의 모습을 처음부터 끝까지 구경할 수 있었다. 필자의 한평생에서 가장 무서웠던 체험 가운데 하나로 기억하고 있다. 이 공습으로 용산 일대가 잿더미가 되었다. 이날 미 제5공군이 대형 폭격기 약 50대로 용산 일대를 완전히 쑥대밭이 되게 한 데는 몇 가지 이유가 있었다.

첫째, 용산역 뒤에 위치해 있던 철도 시설, 조차장, 공작창을 완전히 파괴해 버리는 것이었다. 인민군의 보급 루트를 원천봉쇄해 버린다는 계산이었다.

둘째, 조선서적인쇄주식회사 공장을 파괴하는 일이었다. 한국전쟁이 일어났던 1950년 6월 25일 당시 통용되고 있던 지폐는 100원 권·50원 권·10원 권·1원 권 등 네 종류였으며, 모두 조선은행 발행이었다. 광복 후인 1945년 9월부터 이 지폐의 인쇄·발행을 전담해 온 것은 용산구 용문동 38번지에 있었던 조선서적인쇄주식회사 공장이었다. 한국전쟁이 워낙 급하게 일어났고 중앙정부가 허겁지겁 서울을 탈출한 탓에 미처 이 지폐 인쇄시설을 파괴하지 못하고 떠나온 것이었다. 한국 정부의 입장에서는 전쟁이 끝난 후의 경제 복구를 위해서도 지나친 인플레 현상을 막아야 했다. 그러기 위해서는 무엇보다도 먼저 조선서적주식회사 인쇄공장이 파괴되어야 했던 것이다. 인민군대가 더 이상의 지폐를 인쇄하지 못하게 하기 위해서였다.

셋째, 조선서적인쇄공장과 마주보고 있던 육군 병기창이었다. 당시 육군 병기창이 어느 정도의 무기를 생산해낼 수 있었는지 알려주는 일체의 자료가 없다. 다만 추측할 수 있는 것은, 신규 생산은

폐허가 된 충무로

모르되 전차·대포·박격포·기관총·소총류의 수리 정도는 충분히 할 수 있는 시설이었을 것이라는 점이다. 그리하여 이 병기창 또한 중요한 폭격 대상이었던 것이다.

넷째, 효창공원 언덕에 설치되어 있던 고사포 진지의 파괴였으니, 미군 측으로 봐서는 당연한 공격 목표였다.

한국전쟁에 미군이 개입한 초기, 7월 1일에서 7월 20일까지의 기간에 가장 문제가 되었던 것이 미 공군 및 오스트레일리아 비행기에 의한 오폭 또는 오격이었다. 엉뚱한 곳을 폭격하고 인민군을 공격한다는 것이 한국군 행렬을 향해 기총소사를 퍼붓는 일이었다. 태평양전쟁이 끝나고 만 5년간의 공백이 있었기 때문에 태평양 상공을 날았던 숙련된 공군 장병들 대부분이 귀국·제대하고, 군복을 새로 입게 된 장병들로 교체되어 있었다. 용산 폭격은 그들에게 있어서는 처음 시도해 보는 대규모 폭격이었다.

당시의 마포·용산 일대에는 조선서적인쇄공장을 닮은 대규모 건물군이 너무나 많았다. 마포에 있던 서울형무소 건물과 형무소 벽돌공장, 청파동 3가에 있는 선린상업학교, 효창동에 있던 철도관사 등의 건물들이 모두 조선서적인쇄공장과 비슷하게 보였다. 미군기는 이들 건물군을 향해 마구 대형 폭탄을 퍼부었고, 건물을 바로 때린 폭탄보다 이웃한 개인 집에 떨어진 폭탄이 더 많았다.

국방부 정훈국 전사편찬위원회가 1951년 10월에 발행한 『한국동란 1년지』 「일지편」, 그리고 국방부 전사편찬위원회가 1979년에 발행한 『한국전쟁사』 2권에 실린 연표를 보면, 1950년 7월 16일란에 "B29 편대 50기 이상 서울 조차장 폭격"이라고만 짤막하게 기술되어 있다. B29라면 1945년 8월에 일본의 히로시마와 나가사키에 원자폭탄을 투하한 비행기이며, 1940년대 초부터 1959년까지 미 공군이 보유했던 대형 전략폭격기였다. 좌우 날개의 길이가 70m에 달하였고 항속거리도 굉장히 길어, 당시는 이 폭격기를 가리켜 '하늘의 요새'니 '날으는 항공모함'이니 하는 말로 불렀을 정도로 대형 고성능의 폭격기였다. 이런 대형 폭격기 편대 50기 이상이 용산역 뒤에 있던 철도 조차장을 폭격했다는 것은 무엇을 말하는가?

이 폭격은 당시 용산에 거주했던 모든 주민은 물론이고 서울시내 거주자 모두에게 잊을 수 없는 것이었다. 폭격 개시 시간은 오후 2시경, 폭격은 아마 40분에서 한 시간 이상이나 계속되었을 것이다. 폭격 목표는 철도 조차장뿐이 아니었고, 조선서적주식회사 인쇄공장 및 육군 병기창, 고사포 진지 등 4개소였다. 그리고 피해 지역은 용산구 이촌동에서 후암동까지, 서쪽으로는 원효로를 지나 마포구 도화동·공덕동에 이르렀다. 용산역 건물, 용산에 있던 철도국 건물, 용산·마포의 두 개 구청도 모두 이때의 폭격에 의해 소실된 것이다.

아마 이 폭격 당시 용산·마포에 거주했던 주민은 모두가 죽음을 각오했을 것이다. 수많은 건물이 파괴되고 많은 수의 사망자를 낸 대폭격이었다. 7월 16일의 이 폭격으로 용산역 구내의 철도 시설 중 많은 부분이 철저히 파괴되었다. 그러나 폭격이 있고 난 후에도 (그 수가 훨씬 줄기는 했지만) 군수물자를 실은 화물열차는 여전히 용산역을 출발하여 한강 철교를 건너고 있었던 것이다.

국방부 정훈국이 1953년에 발간한 『한국전란 1년지』 제4부 「통계편」을 보면, 한국전쟁 당시 미군 폭격 때문에 사망한 서울시민은 4,250명, 부상자는 2,413명이었다고 집계되어 있다. 그리고 구별 내역을 보면 용산구의 사망자가 1,587명으로 37.3퍼센트, 부상자가 842명으로 34.9퍼센트를 점하고 있다. 폭격 사망자 총수 1,587명, 부상자 842명의 거의 전원은 바로 7월 16일 오후에 있었던 대폭격의 결과였던 것이다.

당시 아직 서울에 머물러 있었던 필자는 용산 폭격이 있은 뒤에 적잖은 전쟁고아가 거리를 방황하는 것을 보았으며, 거지들의 모습도 눈에 띄게 많아졌음을 생생히 기억하고 있다. 지금도 간혹 이때의 폭격을 이야기하는 노인들을 만날 수 있다. 한평생을 통하여 가장 무서웠던 체험이었다는 것이다.

1·4 후퇴에서 재탈환까지

중공군의 참전과 1·4 후퇴

서울이 수복되어 환도식을 거행한 때는 1950년 9월 29일이었다.

서울시내 각 동사무소의 사무가 개시된 것은 10월 4일부터였고, 10월 19일에는 한강 임시가교의 준공식도 거행되었다. 그리고 한강 임시가교의 준공식이 거행된 다음날(10월 20일) 한국군 제1, 7사단과 미육군 제1 기갑사단은 평양을 완전 점령했다. 미 제7사단 선발대가 만주와의 국경에 있는 혜산진을 점령한 때가 11월 21일이었고, 그날 서울~평양 간에는 전화도 개통되었다. 한국 국민 모두는 빠르면 10일 후, 늦어도 2주일 후쯤이면 한반도가 완전 통일될 것이라고 믿고 있었다. 이 시점까지는 모든 것이 순조로웠고, 약 50만에 달하는 중공군이 이미 한·미 양군의 후방까지 침투해 있는 줄은 그 누구도 알지 못했다.

1950년 11월 25일 정오는 운명의 날, 운명의 시간이었다. 이날 오후에 잡힌 적군 포로는 한글도 일본어도 모르는 중국인이었다. 흰 천으로 덮개를 하여 눈처럼 산에 엎드린 50만 중공군의 이른바 인해전술이 시작되었다. 한·미 양군에 대한 전면 후퇴명령이 내린 때는 12월 1일이었다. 영하 30도를 가리키는 혹한 속에 이루어진, 문자 그대로 천신만고의 후퇴작전이었다. 중공군의 대부대가 전선에 투입되었고 한·미 양군을 주축으로 한 유엔군의 전면 후퇴가 시작된 것을 알게 된 서울시민 중, 권세와 부를 가진 부류는 12월 초순부터 대구·부산으로 가족을 피난시키기 시작한다.

한국전쟁 발발 직후부터 미 8군 사령관으로 임명되어 부산 교두보 작전을 수행했던 워커 중장이 서울~의정부 간 국도 상에서 교통사고로 사망한 때는 12월 23일이었고, 그 다음날 이승만 대통령은 서울시민에 대한 피난명령을 내렸다. 이기붕 서울특별시장이 서울시내 비전투원의 피난 권고 담화문을 발표한 때는 12월 25일이었고, 그 다음날 미 본국 육군 참모차장으로 있던 리지웨이 중장이 새로운

남으로 남으로 향하는 피난민의 행렬(1·4 후퇴 당시)

미 8군 사령관으로 임명되어 한국에 도착했다. 당시의 기록에 의하면 12월 말까지 이미 80만 이상의 서울시민이 한강을 건너 남하·피난했다고 기술되어 있다.

인민군·중공군에 의한 이른바 정월공세는 1950년 12월 31일에 개시되었다. 1951년 1월 1일, 38선 일대에는 공산군의 큰 무리가 밀물처럼 남으로 향하고 있었다. 리지웨이 8군 사령관은 1월 3일 아침에 유엔군 전 병력의 한강 도강, 수원~양평선 진지로의 철수를 명령했다.

유엔군이 한강을 건너 수원~양평선으로 철수하는 데는 여러 가지 문제가 있었다. 끊임없이 이어지는 피난민 대열도 큰 문제 중 하나였다. 한강에 가설된 부교(浮橋)를 이용한 시민도 있기는 했으나, 그들 대다수는 얼음이 덮인 한강을 도보로 건넜다. 당시(1월 2~3일) 의 광경을 『미 육군전쟁사』에서는 다음과 같이 기술하고 있다.

> 유엔군이 가설한 두 개의 주교에서는 군용 차량들이 하루 종일 끊임없이 남하하였기 때문에 피난민용의 좁은 다리는 사람으로 덮여 다리가 보이지 않았다. 그래서 더러는 다리를 건너는 도중 강물에 빠지는 경우도 있었다. 끊임없이 흘러가듯 하는 피난민의 행렬은 (서울 탈환 후) 겨우 3개월도 지나지 않아 다시 유랑민이 된 사람들이었다. …… 남으로 통하는 길은 모두 메워져 있었고 남하 행렬의 끝을 볼 수가 없었다. UN의 구호기관이 전력을 다하여 식량과 의복을 배급하고 의료활동을 하였으나 그 혜택을 입은 사람은 극소수에 지나지 않았다. 많은 불행한 사람은 전쟁의 희생이 되어 죽어가고 있었다.

이 차마 눈 뜨고 볼 수 없는 모습을 주시했던 미 8군 사령관 리지웨이 중장도 그의 회고록에서, '현대 인류의 대비극'이란 제목 아래 다음과 같이 기술하고 있다.

> (한강)부교의 상·하류에는 인류의 일대 비극이 연출되고 있었다. 혹한설풍 중에 수많은 피난민이 채 굳어지지 않은 얼음 위를 미끄러지고 넘어지면서 건너고 있었다. 그중에는 얇은 얼음 속에 빠지거나 넘어져서 몸을 일으킬 수 없으리 만큼 고통스러워하는 사람도 있었으나, 이 비참한 행렬 가운데에는 누구 한 사람 이웃을 돌볼 여력이라고는 없었다. …… 그러나 눈물을 흘리는 사람이나 흐느껴 우는 사람이 없었다. 눈을 밟는 신발 소리만 가팔랐고, 탄식만을 남긴 채 피난민들은 문자 그대로 묵묵히 묵묵히 걸어가고 있었다.

1·4 후퇴 후 3월 중순까지의 서울

1·4 후퇴 당시, 즉 1951년 1월 4일부터 서울이 완전하게 한국
정부와 UN군의 지휘 아래 장악되는 5월 중순까지, 서울에서는 어떤
일이 전개되었으며, 피해는 얼마나 되었던가. 당시의 한국 측 및 미
군 측의 전쟁사에 의하면 거의 예외 없이 다음과 같은 취지의 기록
을 남기고 있다.

> 1·4 철수 당시 한국군·유엔군이 철저하게 청야작전(淸野作戰)을 수
> 행했기 때문에 서울 쪽으로 침공한 중공군은 식량을 비롯한 보급
> 품의 현지 조달이 불가능하게 되었으므로 …… 공격이 둔화될 수
> 밖에 없었다.

위에서 언급한 청야작전이라 함은 "거부 행동"이라고도 표현
되어 있는데, 부대가 어느 지역에서 철수할 때 다음에 침공해 들어
오는 적이 이용할 수 있는 식량·무기 등은 물론이고 건물 등의 시
설도 모두 파괴해 버리고 떠나간다는 것이다. 1812년 가을에 프랑
스 나폴레옹군이 모스크바를 침공했을 때, 나폴레옹이 도착한 그곳
은 완전히 초토화가 되어 있었다. 러시아군이 철수할 때 취했던 철
저한 청야작전으로, 나폴레옹이 데리고 간 45만의 대병력이 먹을
것도 입을 것도 휴식을 취할 주택도 추위를 면할 땔감도 없었다는
것은 너무나 유명한 이야기이다.

1·4 후퇴 후의 서울은 완전히 죽음의 도시가 되었다. 그렇게 죽
음의 도시가 된 데는 세 가지 이유가 있었다.

첫째, 국군과 UN군이 철수할 때 감행한 청야작전 때문이었다.

둘째, 미군기에 의한 폭격이었다. 이때의 폭격은 건물을 대상으

로 하지 않았다. 이동하는 공산군을 발견하면 그 일대를 가차 없이 폭격했고, 당시 공산군의 이동은 전적으로 야간에만 이루어졌다. 물론 한강 도강도 밤에 이루어졌다. 따라서 UN 공군기는 야간에 한강 나루터에 엄청나게 많은 조명탄을 쏘고 그 불빛에 공산군 부대가 잡히면 나루터 일대를 맹폭함으로써 부대를 섬멸시켰다. 이러한 야간 폭격으로 서빙고를 비롯한 많은 나루터 일대의 민가가 파괴·소실되었다. 수도 서울의 입장에서 다행이었던 것은 이들 공산군의 대공격이 주로 춘천~원주를 연결하는 중부전선에서 전개되었고, 서울을 포함한 서부전선에는 그 세력이 미약했다는 점이다. 중공군의 전술이 다수 병력에 의한 산악전이었기 때문이다.

셋째, 약탈이었다. 1·4 후퇴 당시 서울(한강 이북)에 남아 있던 인구수는 약 13만 정도였으며, 그 대부분은 가난하고 오갈 데 없는 노인들이었다. 그리고 그들이 생존할 수 있었던 까닭은 빈집털이에 의한 식량 보급과 땔감 확보였다. 빈집털이에는 당연히 공산군의 대병력이 합세한다. 그들 또한 보급선이 끊겨 굶주리고 혹한에 떨었으니, 별 수 없이 보급투쟁이라는 이름의 빈집털이에 가세할 수밖에 없었던 것이다.

미국·일본·한국 등 서방세계에서 발행된 '전쟁사'들은 1951년 1월 4일에서 3월 중순까지의 서울을 가리켜 한마디로 '무법의 도시'라고 표현하고 있다. 법이 지배하지 않는 공백의 도시였던 것이다. 이때 서울에 남은 13만 시민은 거의가 노인이었는데, 그중에 젊은 처녀 하나가 섞여 있었다. 바로 오늘날 한국을 대표하는 작가 박완서였다. 그녀는 이때 서울에 남아서 지냈던 3개월간의 체험을 자전적 소설『그 산이 정말 거기 있었을까』에서 상세히 소개하고 있다. 물론 그도 또한 보급투쟁이라는 이름의 약탈 생활을 실제로 체험하고 있었다. 그리고 당시의 서울을 그려 "신문도 방송도 떠도는 말도 접할 것이 없었다"라고 하고, "그럼 지금 서울은 진공 상태인가?"라는 질문을 던지고 있다.

여하튼 이렇게 아무런 법도 지배하지 않는 70일간을 지낸 서울 시내의 모든 집들은 앙상하게 벽체와 기둥만을 남기고 있었고, 부엌의 가재도구, 요·이불과 같은 침구류와 장롱 속의 의류는 민간인·공산군에 의한 분탕질 끝에 엉망진창이 되어 있었다.

서울 재탈환

북한 인민군 병력에다가 45만이라고도 하고 50만이라고도 하는 중공군 대병력이 가세한 1951년 전반기의 한국전쟁은, 크게 정월공세, 2월공세, 춘계공세의 세 번으로 나누어진다. 2월공세가 끝나면서 중공군을 포함한 적의 병력은 한강 이북으로 후퇴하고 있다. 보급이 안 되었기 때문이다. 서울의 정면, 정확히 말하면 사평리·동작동·노량진·영등포로 연결되는 한강 남안에는, 2월 초순 이래로 백선엽(白善燁) 준장이 지휘하는 한국군 제1사단이 진을 치고 정찰과 공격 훈련을 되풀이하고 있었다. 그들의 정찰에 의하면 2월 말까지만 하더라도 서울 일대에는 중공군·북한군의 대부대가 잠복해 있음이 확인되었는데, 3월 7일경부터는 그들 병력이 눈에 띄게 감소되는 것을 알 수 있었다. 그리고 이러한 적 병력의 후퇴는 그 뒤에도 계속되어, 3월 11일 이후에는 외곽 방위선의 병력 배치도 몇 사람 정도밖에 보이지 않았다. 아마도 서울시내에는 낙오병 일부와 정찰대만이 남아 있는 것이 아닐까 하고 추측될 정도였다.

3월 14일 밤 한국군 제15연대 제3대대 제9중대 제3소대장 이석

원 중위가 수색대를 이끌고 서울시내로 잠입해 봤더니, 시내에는 사람들의 그림자가 보이지 않았고 날아오는 총탄도 없었다. 이 중위가 이끄는 수색대(2개 분대)는 거침없이 서울역 앞을 거쳐 중앙청을 향했는데, 중앙청 앞에서 처음으로 기관총으로 대항하는 중국병 세 사람을 만나 곧바로 사살해 버렸다. 중앙청 옥상에 태극기를 달고 "만세"를 불렀으나 아무 곳에서도 적의 총탄은 날아오지 않았다. 수색대는 발머리를 돌려 시청·반도호텔에 가 보았으나 적의 부대는 만나지 못했고, 서성거리는 북한 인민군 병졸 하나를 잡아 포로로 삼고 본대로 귀환하였다.

이 중위는 이 사태를 본대에 보고하고 바로 뒤돌아 다시 한강을 건너 용산역전에 진을 치고 대기하였다. 이 보고를 접한 제1사단장 백선엽은 즉시로 미 제1군단장 밀번 소장에게 서울 탈환의 허가를 청했으며, 즉석에서 승낙을 받았다.

서울 공격부대인 제15연대는 15일 오전 5시 30분, 제2대대 제6중대를 선두로 여의도를 거쳐 한강 북안에 상륙하였다. 오전 9시에 제1대대 제3중대가 양화진 나루에서 합정동에 도착했더니, 오전 11시 25분에 앞서 간 제6중대가 중앙청을 점령하여 적군 세 명을 잡았다는 보고를 접할 수 있었다. 공산군의 잔병들은 하나씩 둘씩 모두가 항복하였고, 시가전 한 번 없이 오후 2시를 약간 지나 서울을 완전히 탈환하였다. 어떤 전쟁사는 3월 15일의 서울 모습을 다음과 같이 기록하고 있다.

> 서울은 이렇게 하여 한국전쟁 개막 이래로 네 번째의 주인 교대를 기록하게 된 것이나, 시가의 모습은 처참하였다. UN군은 1월에 후퇴할 때 서울의 군사시설을 파괴하고 떠났으나 그 후에도 포 폭격과 공산군의 파괴가 가해져서 시가는 문자 그대로 폐허

그 자체였다. 상점가·주택가는 붕괴되고 건물의 잿더미에서 전화선·전기선이 헝클어진 머리카락처럼 늘어졌고, 전기도 수도도 멈추어 있었다. 개전 당시의 인구 150만여 명은 겨우 20만 명으로 줄었고, 그 20만 명도 방공호에 숨어 굶주림과 피로에 지쳐 헐떡이고 있었다.

6·25 전쟁 당시 서울특별시장은 이기붕(李起鵬)이었다. 1949년 6월부터 1951년 5월 8일까지 서울특별시장이었던 것이다. 그는 서울 600년 역사상 가장 불행한 시장이었다.

이기붕 시장을 수반으로 한 행정건설대 300명이 다시 서울에 들어간 때는 3월 18일이었고, 3월 20일부터 행정을 개시했다. 그들이 조사한 당시의 서울 잔류 시민은 13만 40명이었다. 이렇게 들어간 서울시 행정건설대원과 잔류 시민들에게 또 한 번의 철수명령이 내려진 때는 4월 25일이었다. 공산군의 춘계공세로 서울의 안전이 다시 위급해졌기 때문이다. 그러나 이때의 적의 공세는 우이동~삼송리~수색선에서 저지될 수 있었고 시내까지는 들어오지 못한다. 4월 30일의 전투가 그 고비였고 그들은 다시 북으로 후퇴한다. 서울 철수는 그것이 마지막이었고 바로 복귀할 수 있었다.

시체 치우기부터 시작한 전재 복구

전적지 정리: 시체 처리와 대청소

전쟁이 끝나고 난 서울 거리는 폐허라는 말밖에 다르게 표현할 용어가 없었다. 서울 경찰국이 가장 먼저 한 일은 시체를 처리하는 일이었다. 시내 이곳저곳에 흩어져 있던 공산군의 시체, 잔류 시민으로서 굶어죽은 시체, 그 밖에 폭격·총상 등에 의한 시체를 모아 공동묘지에 매장했다. 1951년 5월 7일자 《동아일보》에서는 이렇게 서울시 경찰국이 처리한 시체가 1,600여 구라고 보도하고 있다.

서울시 행정건설대 중 약 40명이 선발대로 서울에 들어 온 때는 5월 16일이었고, 그 후에도 계속 10여 명씩 들어왔다. 그들이 한 일은 우선 전재지 정리였다. 시체는 이미 처리되고 있었지만, 되풀이된 폭격에 의해 파괴된 건축물의 잔해, 도로·교량·하천·상수도·하수도·시가지·가로수·가로등 같은, 처리하고 치워야 할 것이 너무도 방대했다. 한 예로, 폭격으로 쓰러진 가로수만도 12만 1,200주였다고 하니 다른 것의 양을 짐작할 수 있을 것 같다.

서울시 행정건설대가 들어왔다 한들 그 숫자는 불과 200~300명 정도에 불과하였다. 전국 각지에 피난 가 있던 서울시 직원이 모두 복귀한 때는 그로부터 2년이 더 지난 1953년 9월 25일이었다고 기록되어 있다. 공산군 춘계공세가 끝난 뒤 서울시 행정건설대가 재차 들어왔을 때의 서울시민 총수는 약 20만 전후였고, 전원이 노약자 또는 여자들이었으므로 전혀 노동력이 될 수가 없었다.

당시의 피난민들은 크게 두 부류로 나눌 수 있다. 권력층이나 경제력이 있는 층은 이미 1950년 12월 중순경에 대구·부산·경주 등지에 내려가 비교적 안정된 생활을 하고 있었다. 이들은 1952년이 되어서야 하나씩 둘씩 서울로 돌아왔고, 특히 일부 특권층은 휴전이 되고 난 뒤인 1953년 8월 이후에 귀경한다. 가수 남인수가 부른 「이별의 부산정거장」은 1953년 마지막 귀경자들의 애환을 노래한 것이다.

경상도나 전라도에 아무런 연고가 없고 가진 것도 별로 없는 층은 경기도의 수원~평택 일대, 충청남북도 일대의 농촌 마을이나 각 도시별 피난민 수용소에서 지냈다. 그리고 그들은 하루가 바쁘게 서울에 들어가야 했다. 서울에 돌아가야 그래도 집이 있고 비록 지겟벌이이기는 하나 일거리가 있었다. 그러나 1951~1952년 당시는 도강증(渡江證)이 있는 군속이나 공무원이 아니면 한강을 건널 수 없었다. 미군 헌병·한국인 헌병이 지켜 서서 도강증 검사를 한 후에라야 도강이 허용되었다. 그러나 이곳에도 이른바 '사바사바'라는 것이 있었다. 박완서의 자전적 소설『그 산이 정말 거기 있었을까』에는 한강 도강을 결행한 자의 말을 다음과 같이 소개하고 있다.

> 아무리 검사를 심하게 해도 삼팔선 넘기에다 대면 약과죠, 뭐. 이남 사람들은 물러 터지니까요. 돈에 무르고, 정에 무르고, 법에 무르고요.

또 제 아무리 감시가 심했다 해도 깊은 밤 나룻배를 타고 건너오는 것을 막을 길은 없었다. 행주·양화진·노량진·서빙고·잠원 등, 한강 이남의 각 나루터 근처에는 이들 '도강을 엿보는 피난민'들로 북새통을 이루고 있었다. 그리고 나룻배를 몰래 얻어 타거나 헤엄을 쳐서 한밤중에 소리 없이 한강을 건넜다. 서울시 경찰국은 1951년 3월부터 1952년 2월까지의 1년간, 한강을 몰래 건너다가 빠져 죽은 사람의 수가 60명으로 집계되었다고 1952년 3월 12일에 발표하고 있다.

종로	26,113	중구	25,134	동대문	34,576
서대문	37,144	용산	21,475	성동	44,808
마포	31,728	성북	26,190	영등포	74,458

1952년 2월 11일에는 당시 서울에 살고 있던 전 시민에게 시민증을 발급하였다. 오늘날의 주민등록증에 해당하지만, 당시의 주민들에게는 공산당이 아님을 증명하는 딱지로서 생명 다음으로 소중한 것이었다. 이때 주민증이 발급된 시민의 총수는 32만 1,626명이었는데, 구별 내역은 앞 쪽의 표와 같다.

이렇게 시민증을 발급받은 시민이 32만 1,626명이었다 하더라도 영등포구 7만 4,458명을 빼면 강북 시민은 24만 7,000명에 불과했고 그 전부가 노약자 아니면 여자들, 그것도 젊은 여자는 거의 없는 실정이었다. 이런 정도의 노동력으로 산더미같이 쌓여 있는 시가지의 잔해, 콘크리트와 벽돌조각, 흙더미, 뒤엉킨 전신주 등을 제거하고 운반할 수는 없었다. 행정건설대가 들어온 지 1년이 더 지났는데도 서울 거리는 여전히 폐허 그 자체였다. 시 간부들이 궁리 끝에 생각해낸 것이 강변 나루터에서 한강 도강을 기다리는 무리들 중에서 힘깨나 쓸 만한 사람을 골라 도강을 시키는 일이었다. 이렇게 도강케 한 장정들을 국민반 단위로 묶어 구청장 책임 아래 전재지 정리를 시킨다는 계획이었다.

트럭 같은 것이 있을 리가 없었고, 사람의 힘으로만 치우고 운반해야 했다. 적어도 20만 명 이상의 인력이 20일 이상 동원되어야 할 양이었다. 20만 명 정도의 사람을 모아 한강을 건너게 한다는 것도 쉬운 일이 아니었다. 김태선 시장이 직접 미군 헌병대장을 찾아가 교섭을 했다. 그런 다음 20만 명의 인부를 한강 남쪽 변에서 모집

중구	9월 8일~13일	종로	9월 15일~20일
용산·마포	9월 22일~27일	성동	9월 29일~10월 4일
동대문·성북	10월 6~11일	영등포	10월 12일~18일

했다. 이렇게 선발된 자들에게는 '서울 전적지 정리자(戰迹地整理者)'라는 어마어마한 직함이 붙었다. 그들은 각 구청 청소담당 책임자 인솔하에 한강을 건넜다. 1952년 9·10월의 일이었다. 각 구청별로 도강 일자를 달리했다. 한강부교 위를 대규모의 인부가 한꺼번에 건널 수 없었기 때문이었다. 각 구청별 도강 일자는 앞 쪽의 표와 같다(≪동아일보≫, 1952.9.5.).

한 개 또는 두 개 구에 월요일~토요일까지 일주일씩 배당한 것이었다. 이렇게 들어온 인력을 각 국민반별로 묶어 동원하였다. 1953년 9월에 시사통신사에서 발간한 『서울재건상』이라는 책자에는 이때 동원한 인력과 복구한 수량이 다음과 같이 기록되어 있다.

> 피해적지 정리 작업은 국민반원 및 의용 소방대원이 동원 실시되어 총면적 80만 4,870평을 정리하였다. 동원된 인원수는 국민반원 21만 8,353명, 의용 소방대원 6,603명이었다.

서울의 피해 조사

서울시 행정건설대원이 전적지 정리라는 이름의 대청소를 하면서 병행해서 한 일은 전쟁피해 조사였다. 한국전쟁으로 서울은 얼마나 피해를 입었던가? 서울시 행정과 직접 관련된 부분만 소개하면 다음과 같다(1952년도 서울시 『시세일람』 기타 참고).

인명피해

폭격 등에 의한 사망, 학살·납치·행방불명 등 인명피해가 12만 9,908명이었다. 이 숫자에는 군인·경찰은 포함되지 않았으며, 부상자도 제외되었다.

주택 피해

6·25 전에 서울에는 모두 19만 1,000여 동의 주택이 있었다. 그런데 전쟁으로 완전히 불탔거나 파괴된 주택이 3만 4,742동, 반쯤 타버린 주택이 2만 340동이었으며, 피해 연건평은 182만 358평으로 집계되었다. 결국 전쟁으로 서울시내 주택의 약 30퍼센트가 소실·파괴되어 새로 건축하지 않으면 안 되었다.

그중에서도 가장 피해가 큰 곳이 중구 관내로서, 1만 7,000동이었던 주택 가운데 7,000동이 완전 소실·파괴되었으며, 1,000동이 반쯤 소실되었다. 피해 연건평은 전소파·반소파를 합하여 38만 4,330평에 달하였다.

시·구 청사 및 동사무소 피해

서울시청 청사는 1950년 9월 26일의 인민위원회 철수 때 불을 지르고 떠나간 것 때문에 내부는 거의 파괴·소실되었으나 외형은 그대로 남아 수리해서 사용할 수 있었다.

당시의 시내 아홉 개 구청 중 세 개 구청은 적어도 본관이 완전히 소실·파괴되었고, 나머지는 모두 반소파되었다고 기록되어 있다. 용산구청은 1950년 7월 16일의 대폭격 때 완전히 파괴되어 흔적도 찾아 볼 수 없을 정도였다. 마포구청 본관은 완전히 불타 없어지고 별관만 남았다. 중구청 청사도 불타 없어져서 급히 임시 청사를 구해야 했다. 나머지 여섯 개 구청 중 영등포구청만은 약간 상한 정도였고, 다섯 개 구청은 대수리를 해야 할 정도로 파괴되었다. 각종 서류나 책상·의자 등이 모두 쓸 수 없게 되었음은 물론이다.

당시 서울시내에는 277개의 동사무가 있었는데, 그중 62개는 완전히 불타 없어졌고 나머지 215개는 모두 반소파된 것으로 기록

되었다.

도로·교량·상수도 피해
서울시내에서 파괴된 도로가 115개소, 피해 연장이 5만 800미터였고, 교량 63개소, 피해 연장이 2,365미터였다.

상수도시설의 파괴는 처참하다고밖에는 표현할 수 없을 정도였다. 1951년 3월 18일에 제1차 행정건설대가 도착했을 때 뚝섬·구의·광장·노량진 등 각 수원지에는 공산군의 시체와 탄피 등이 가득 차 있었다고 하며, 펌프실·여과실·약품 창고·취수탑·동력설비·사무실·사택 등이 거의 모두 파괴되어 있었다고 한다. 전 시내에 거미줄처럼 쳐져 있는 송수관·배수관도 수없이 파괴되어 전 시내 상수도시설의 50퍼센트가 파괴된 것으로 집계되어 있다.

복구 제1호, 전기시설

서울시내 전기시설 복구공사가 완료된 때는 1951년 7월 3일이었다. 그때 서울에 들어와 있던 시민들은 우선 전깃불의 혜택부터 받을 수 있었다. 전기시설이 복구되면서부터 전차도 달리기 시작한다. 당시(1951~1953년 전반기) 서울시내 교통시설은 전차뿐이라 해도 과언이 아니었다. 전차도 적잖은 수가 파괴되어 30분에 한 대 정도가 겨우 다닐 수 있었다. 그래도 그것은 귀중한 교통수단이었다. 중앙정부도 주요 기업체도 모두 부산에 내려가 있었으니 승용차는 거의 없었던 것이다. 시내버스가 다니게 된 때는 1950년대 후반기에 들어서였다.

≪조선일보≫ 1975년 7월 24일자에 실린 기획기사 "6월의 산하

가 전화에 물들 때"(제37회)에는 당시 서울시 공보계장이었던 박유서 (朴有緖)의 회고담이 실려 있다. 그는 제1차 행정건설대보다 한 달쯤 늦게 서울에 들어왔는데 "시내에도 이웃에도 사람이 거의 살지 않아 인적 없는 폐허를 걸어 시청으로 출근했던 나날이었다"라고 회고하고 있다. 그래도 박유서처럼 시 본청에 근무한 직원들은 책걸상이라도 있었다. 구청·동사무소에는 숫제 책걸상이 없었다. 등사판도 없었고 종이도 구하지 못했다고 한다. 그래도 구청·동사무소는 5월 말·6월 초에 간판을 달았고, 극소수의 인원이었지만 직원이 배치되었다. 그들 구청 직원들이 한 일은 식량과 구호물자 나누어 주기, 전재고아 수용, 피난민수용소 관리와 방역 대책 등이었다.

서울시내 각 금융기관이 업무를 개시한 때는 1951년 11월 20일이었고, 우선 1개 구당 1개 점포만 문을 열었다. 상수도시설이 복구되어 수돗물이 공급된 때는 1952년 5월부터였다. 그때까지 서울시민은 우물물을 먹어야 했고 한강변의 주민은 한강물을 길러다 식수로 했던 것이다.

휴전협정이 조인된 때는 1953년 7월 27일이었다. 그날 오후 10시를 기해 전 전선에서 전투 행위가 중지되었다. 이날 미국 대통령 아이젠하워는 한국 원조 2억 달러를 의회에 요청했다. 부산에 내려가 있던 중앙정부가 서울에 환도한 때는 그해(1953년) 8월 15일이었으며, 국회는 9월 16일에 환도했다. 도강증 없이 한강을 건널 수 있게 되었고 부산을 떠난 피난민 열차가 서울역에 도착하고 있었다.

■ ■ ■ 참고문헌

공보처 통계국 편. 1954. 『6·25사변 종합피해조사표』.
국방부 정훈국 전사편찬회 편. 1951~1955. 『韓國動亂 1~5년지』.
국방부 전사편찬위원회 편. 1966. 『韓國戰爭史硏究 제1, 2집』.
박완서. 1995. 『그 산이 정말 거기 있었을까?』. 웅진출판사.
중앙일보사 편. 1983. 『民族의 証言, 1~8』.
『6·25 被拉致人士名簿』. 대한적십자사 소장.
"정일권 회고록: 비화 6·25". ≪동아일보≫ 연재 기획기사. 1985.6~9월
"6월의 山河가 戰禍에 물들 때". ≪조선일보≫ 연재 기획기사. 1975.6~9월.

못살겠다 갈아보자
4·19로 가는 길

한강 백사장 30만 청중

1950년대의 도시 생활과 서울

한국전쟁의 휴전협정이 조인된 때는 1953년 7월 27일이었다. 부산에 내려가 있던 대한민국 정부가 서울에 돌아온 때는 8월 15일이었다. 서울의 1950년대가 본격적으로 시작되었다.

시인 고은(高銀)이 1971년에 잡지 ≪세대(世代)≫에 「1950년대」라는 작품을 1년간 연재한 바 있다. 「나의 고향은 폐허(廢墟)였다」라는 부제가 붙은 이 연재물은 1950년대가 얼마나 살기 힘든 시대였고 그 시대를 한국의 문인(文人)들이 어떤 모습으로 살아왔는가를 회상하는 글이었다. 그는 그 연재물을 다음과 같은 글로서 시작하고 있다.

'아아 50년대여'라고 말하지 않으면 안 된다. 모든 논리를 등지고 불치(不治)의 감탄사로서 말하지 않으면 안 된다. 그 50년대의 운명과 허위와 절망들을 사랑한다는 것은 폐허를 사랑한다는 뜻이 된다. 모든 것이 끝났다. 그리고 모든 것이 다시 시작되지 않으면 안 되었다.

그가 "모든 것이 끝났다. 그리고 모든 것이 다시 시작되지 않으면 안 되었다"라고 한 1950년대 한국의 모습은 과연 어떤 것이었던가. 서울을 비롯하여 전국의 많은 도시가 폐허의 거리였다. 시가지도 파괴되었고 공장도 파괴되었다. 당연히 일자리가 없었고 실업자가 거리를 메웠다. 1955년 당시 한국인 일인당 국민소득은 65달러였고, 1960년의 국민소득 평균은 80달러였다. 물론 공무원도 있었고 은행원도 있었다. 그러나 당시 도시 시민의 주된 직업 서너 가지를 회상해 보면, 지게꾼과 넝마주이와 창녀였다. 구두닦이도 빠뜨릴 수가 없다.

그런 폐허의 거리에 사람들이 모여들었다. 이북에서 내려온 피난민들, 지방에서 중·고등학교를 나와 농업에 종사하지 못하게 된 젊은이들, 군대 생활을 통하여 도시의 자유로운 공기를 체험한 젊은이들이 제대 후에 서울·부산·대구로 모여들었다. 젊은 층만이 아니었다. 농지개혁으로 땅을 잃은 지주들도 모여들었고, 전쟁으로 사업기반을 잃어버린 중년층도 모여들었다. 혈연과 지연, 그리고 막연한 가능성을 찾아 도시로 도시로 모였다.

서울의 경우 1954년의 인구수는 124만이었다. 그것이 1955년에는 157만이 되어 있었고, 1960년에는 244만 5,000이 되어 있었다. 이렇게 모여온 사람들의 일자리는 무엇이었던가. 대표적인 것이 다방과 술집 그리고 음식점이었다. 종로와 을지로에는 하룻밤 자고 나면 다방이 하나 더 생기고 술집이 하나 더 생겼다. 경제학에서는 그들의 일자리를 3차산업으로 분류할 것이다.

다방을 예로 들어 그 증가 수를 보기로 하자. 일제시대에도 다방은 있었다. 종로, 명동, 충무로에 각각 한두 개씩 있었다. "13인의 아해가 무섭다고 그래요"라는 구절로 회자되던 시 「오감도(烏瞰圖)」와 소설 「날개」로 유명했던 이상(李箱)이 1940년경에 종로 2가에 육구리라는 이름의 다방을 개업하여 화제가 되었다. 육구리의 육구는 69로서 바로 성행위의 식스나인을 풍자한 것이라는 내용의 이야기였다. 그것이 화제가 될 만큼 일제시대의 다방은 희귀한 존재였다. 그러했던 다방이 갑자기 늘어난 것은 광복 후 그것도 6·25 전쟁 이후의 일이다. 서울의 다방 수가 최초로 집계된 때는 1954년 3월 31일이었고 총 282개였다. 중구 관내에 171개, 종로구 관내에 64개였다고 한다(서울시 『시세일람』 1953년도 판). 1956년 말에는 433개, 1957년 말에는 499개, 1959년 말에는 887개로 집계되었다. 중구·종로 관내에 600개가 넘는 다방이 있었다(서울시 『시세일람』 1960년도 판).

부족한 것은 일자리만이 아니었다. 주택 부족도 심각한 문제였다. 1960년 10월 1일에 실시된 센서스(국세조사)에서는 주택 사정을 조사하였다. 1960년 당시 서울에는 모두 44만 7,000가구가 거주하고 있고, 그중 56.5퍼센트인 25만 3,000가구가 자기 집을 가지고 있고 나머지는 셋집살이를 하고 있다고 집계되었다. 그런데 이때의 조사에서 자기 집이라는 것은 정상 주택만이 아니었다. 창고·판잣집·천막·토막 등의 가건물 또는 불량 무허가 건물도 포함되어 있었다.

서울의 무허가 건물은 광복 후부터 생겨난 것이지만 6·25 전쟁 후에 본격적으로 증가하였다. 1953년부터 하나씩 둘씩 지어진 무허가 건물이 100동이 되고 1,000동이 되고 1만 동이 되었다. 1960년에는 약 6만 동 이상이나 되었다고 한다. 지금의 용산구 용산동(속칭 해방촌)이 대표적인 무허가 건물 지대였고, 지금의 성동구 금호동·옥수동 일대도 6·25 전쟁 이후에 생겨난 무허가 건물 지대였다.

그런데 무허가 건물은 판잣집이라는 이름 그대로 화재가 잘 났으며, 한번 화재가 나면 순식간에 이웃으로 옮겨 붙어 대형 화재로 번지는 속성이 있었다. 영등포구 영등포동 5가 39번지 속칭 삼구시장에서 불이 난 때는 1955년 1월 2일 오후 2시 50분이었다. 이 화재는 때마침 불어온 북풍 때문에 크게 번져 포목상을 비롯한 45개 판잣집 점포를 불태웠고, 길 건너 영등포 중앙시장에까지 옮겨 붙어 100개 점포 400여 평의 목조건물이 소실되었다. 마침 구정(舊正)을 앞둔 대목이어서 그 피해액은 엄청난 것이었다.

이렇게 시장 판잣집을 중심으로 대형 화재가 빈번히 일어나자, 1955년 1월 7일 서울시 경찰국장이 "밀집지대의 판잣집·노점 등 소방에 지장이 있는 판잣집을 철거하라"는 지시를 내린다. 이 지시에 따라 5월 31일까지 모두 2,000가구 400동의 무허가 건물이 아무런 대책 없이 철거되었다.

그리고 물가 앙등, 즉 인플레 현상도 1950년대에 두드러지게 나타난다. 1953년 2월 14일에 제1차 통화개혁이 실시되어 화폐단위가 100대 1로 평가절하되었다. 이때의 달러 환율(공정 환율)이 60대 1이었다. 1달러에 60환이었던 것이다. 그런데 다음 해인 1954년 11월에 180대 1, 1955년 8월에 500대 1, 1960년 2월에 650대 1, 1961년 2월에 1,300대 1이 되고 있다. 달러 환율이 이렇게 급등했으니 다른 물가는 말할 나위도 없었다. 쌀값, 담뱃값, 연탄값, 버스값, 전기료 등이 덩달아 오르고 또 올랐다.

지금 돌이켜 생각해봐도 1950년대는 정말로 어둡고도 고달픈

연대였던 것이다. '못살겠다'는 말이 시민들의 공통어가 되었다. 그런데 당시의 시민들에게는 공통된 인식이 있었다. 이승만 정권이 부패했기 때문에 국민들이 이렇게 못살고 있다는 인식이었다. 대통령이 정권욕에 사로잡혀 있고 정부 고관들이 그런 대통령을 모시면서 사리사욕만 채우고 있다는 인식이었다. 그와 같은 시민 공통의 인식이 가장 잘 나타난 것이 1956년의 정·부통령 선거였다.

한강 백사장 30만 청중

성년이 되었던 1948년 이후의 50여 년간 정·부통령 선거, 국회의원 선거, 각종 지방 선거, 심지어 동장 선거까지 해서 필자는 실로 엄청나게 많은 선거에서 투표를 했다. 그리고 선거에서 투표를 하면서 내 청춘이 늙어 갔고 이제 죽음을 앞둔 나이가 되었음을 실감한다.

그 숱한 선거에서 헤아릴 수 없이 많은 선거 구호에 접할 수 있었다. 그러나 그 많은 선거 구호들 중에서 단 한 개만은 똑똑하게 기억한다. 1956년 5월에 치러졌던 정·부통령 선거 때 야당인 민주당이 내걸었던 '못살겠다 갈아보자'라는 구호였다. 겨우 여덟 자로 된 이 선거 구호는 당시 자유당 정권에 염증을 느끼고 있던 온 국민의 폐부를 찌르고 남음이 있었다. 이 구호에 대해 여당인 자유당이 내걸었던 '갈아봤자 별 수 없다. 구관이 명관이다'라는 구호는 너무나 진부한 것이었다. '못살겠다 갈아보자'라는 선거 구호는 당시의 민심을 완전히 사로잡은 걸작이었고, 이 나라 민주주의의 역사에 길이 남을 명문구였다.

5월 15일에 치러질 정·부통령 선거에 앞서 민주당 대통령 후보

한강 백사장에 모인 30만 청중(1956.5.2.)

신익희, 부통령 후보 장면의 서울에서의 선거 유세는 5월 2일 오후
두 시부터 개최되었고, 장소는 한강 백사장이었다.

　1956년 말 현재 서울시내를 달리던 승용차는 주로 미군이 불하
하고 간 지프차였는데 겨우 1,730대에 불과했고, 시내버스도 637대
밖에 없었으며, 시내교통의 대종은 180대의 노면전차였다. 오늘날처
럼 청중을 관광버스로 동원해 오는 시대도 아니었고 물론 지하철도
없었다. 시내버스도 오늘날처럼 종횡으로 달리는 그런 시대가 아니
었다.

　서울의 인구수가 150만 남짓이고 유권자 총수는 70만 3,000이었

는데, 이 유세장에 30만에 달하는 인파가 구름떼처럼 모여들었다. 오전 열한 시가 지나면서 모여들기 시작한 청중은 열두 시를 지나면서부터 전차와 버스를 메웠다. 사태가 이에 이르자 중앙정부는 서울시 내의 경찰관 전원을 동원하여 교통정리를 시작했는데, 오후 한 시를 넘자 용산, 삼각지 이남으로 가는 전차와 버스는 사실상 운행이 중단되었다. 걸어가는 인파 때문에 버스도 전차도 운행을 할 수 없게 된 것이다. 이렇게 모여든 군중으로 한강 백사장이 메워졌으며, 남은 군중은 마이크도 안 들리는 건너편 흑석동 언덕과 한강 인도교까지 메워버렸다.

　　당시의 한강 백사장은 지금의 용산구 동부이촌동이었다. 1960년대 후반에 김현옥 시장이 전개한 한강 개발계획으로 현재의 한강 제방이 축조되기 이전의 동부이촌동 제방은 경원선 철길 바로 옆에 있었다. 지금은 용산~성북 간 전철이 다니는 경원선 철길에서 흑석동까지의 한강은, 비가 오지 않을 때는 큰 백사장을 이루었고 강물은 겨우 흑석동~노량진 언덕에 붙어 가늘게 흐르고 있을 뿐이었다. 큰 백사장 끝에는 보트장이 있었고 겨울에 강물이 얼어붙으면 많은 시민이 백사장에 나와 스케이트를 즐겼다. 국군의 날 행사 때 여기에서는 낙하산 강하 시범이 있었고, 역대 대통령과 정부 고관들, 일반 시민이 나와 낙하산 강하 쇼를 구경하였다. 그러했던 동부이촌동 한강 백사장 자리는 현재 거대한 아파트촌으로 바뀌어져서 지난날의 모습은 전혀 상상도 할 수 없게 변화되었다.

　　당시는 보도의 자유가 극히 제한된 시대였기에 신문마다 "20여만의 군중"이니 "23·4만"이니라고 보도했지만 족히 30만을 넘는 청중이었다. 그리하여 한강 백사장 30만 청중은 당시 서울뿐만 아니라 전국의 화젯거리가 되었다.

서울의 유권자 총수가 70만 3,000이었는데 그중 30만이 모였으니, 그것만으로도 하나의 큰 사건이었다. 역사 기술에 '만약'이라는 표현이 온당치 않은 것은 알지만, 신익희 후보가 그로부터 이틀 반이 지난 5일 새벽, 강경~논산 간 호남선 열차 안에서 심장마비로 급사만 하지 않았다면 이때의 선거에서 정권 교체가 이루어졌을지도 모를 일이었다. 참고로 이때의 선거에서 민주당 부통령 후보 장면(張勉)은 자유당 후보 이기붕보다 20만 표를 더 얻어서 당선되었다. 서울에서의 득표수는 자유당 이기붕 후보가 9만 5,000표였던 것에 비해 민주당 장면 후보는 45만 1,000표를 얻은 것이었다.

대구 2·28 학생 의거

'못살겠다 갈아보자' 선거로부터 4년의 세월이 흘러 1960년 3월 15일에 정·부통령 선거를 다시 치르게 되었다. 여당인 자유당의 대통령 후보는 현직 이승만 대통령이었는데, 야당인 민주당 대표 조병옥이 선거일보다 한 달 앞선 2월 15일에 미국 육군병원에서 급서(急逝)해 버렸다. 암수술 끝에 심장마비를 일으킨 것이 사인이었다고 한다. 결국 대통령 이승만의 당선은 기정사실화되었고, 부통령에 여당인 이기붕이 선출되느냐 현직 부통령인 야당의 장면(張勉)이 당선되느냐가 관건이었다. 그런데 당시의 헌법 규정상 대통령이 임기 중에 서거하면 부통령이 그 직무를 계승키로 되어 있었다. 1875년에 태어난 이승만은 당시의 연령이 만 85세로 고령이었고, 그 건강상 도저히 4년 임기를 채울 것 같아 보이지 않았다. 만약에 부통령에 장면이 또 당선된다면 대통령 4년 임기 중에 자유당에서 민주당으로 정권이 교체되는 일이 일어날 수도 있게 되어 있었다.

부통령 선거에 지면 정권을 넘겨줄 수도 있다는 불안에 싸인 자유당과 그 사주를 받은 행정부는, 정권의 연장을 위하여 온갖 수단을 강구하면서 선거에 대비하였다. 선거전이 고조에 달하였던 2월 28일, 그날은 일요일이었는데 마침 대구 교외 수성천변에서 야당 부통령 후보 장면의 정견발표회가 있을 예정이었다. 이날의 유세에 학생들이 참관하지 못하도록 자유당의 지시가 내려지자, 일부 중·고등학교에서는 일요일임에도 불구하고 학생들의 등교를 명령하였다.

경북고등학교에서는 1학기 중간시험 일정을 변경하여 일요일 등교를 강요하였으며, 대구고등학교에서는 토끼사냥이라는 명목으로 학생들의 등교를 지시하였다. 대구상업고등학교, 대구공업고등학교, 심지어 여자고등학교 및 중학교에 이르기까지 운동회, 졸업식 연습, 보충수업 등의 명목으로 학생들에게 일요일 등교를 명하였다. 각 학교 학생들은 이러한 학교 당국의 부당한 처사에 불만을 품게 되었고, 27일 토요일 수업을 마치고 돌아간 경북고등학교 학생 대표들은 학원 탄압에 항의하는 데모를 감행할 것을 결의하고 결의문을 작성하는 한편, 대구고교, 사대부고 등의 대표들과 접촉하면서 데모 결행에 관한 숙의를 거듭하였다.

28일 아침 경북고등학교 학생들은 교정에 모여서 학교 당국의 만류를 무릅쓰고 사전에 준비하였던 결의문을 낭독한 후 자신들의 뜻을 사회에 알리고 집권자들의 반성을 촉구하는 의미에서 가두시위에 들어갔다. 약 700여 명의 학생들이 모자를 손에 들고 "횃불을 밝혀라. 동방의 아들아"라는 구호를 외치며 중앙통을 거쳐 도 청사에 밀어닥쳤다. 그리고 학원의 정치도구화 반대를 주장하며 도청 광장에서 다시 선언문을 낭독했다. 이때 가두시위 행진의 확대를 막기

대구 2·28 기념탑

위하여 도청 직원들은 철문을 폐쇄하고 일부 학생들을 연행하는 한 편 데모를 산발적으로 해산시켰다. 그러나 학생들은 이합집산을 거 듭하면서 시청, 도지사 관사 앞 등에 집결하여 끈덕지게 시위를 계 속했다. 한편 대구고교 학생들은 한때 교직원의 제지로 인하여 100 여 명의 학생들을 제외하고는 대부분이 행동에 옮기지 못하고 있다 가 오후가 되자 기어코 교문을 박차고 나왔다. 그러나 미리 대기하 고 있던 경찰들의 제지로, 중앙통까지 진출했을 때는 40여 명밖에 남지 않았다. 그날 오후 일곱 시경에는 교내 농성을 계속하던 사대 부고 학생들의 산발적인 가두 데모로 인하여 대구시내의 분위기는 흥분된 상태가 고조되고 있었다.

결국 이들 학생 데모는 경찰력에 의하여 그날로 저지되고 말았 지만, 이날의 대구 학생 의거는 마침내 자유당 독재 정권을 무너뜨 린 4·19의 진원이 되었던 것이다. 관권의 억압으로 일반시민들로서는 생각하기조차도 어려운 여건이었는데도, 정의감에 불타는 어린 학생들이 독재 권력에 항거하는 횃불을 맨 먼저 추켜올림으로써 기성인들의 각성을 촉구하는 기폭제가 되었던 것이다. 대구시내에는 이날을 기념하는 2·28 기념탑이 세워져 있고, 2·28을 4·19보다 더 숭상하고 있다.

마산시민 항거와 김주열 사건

1960년 3월 15일에 치러진 정·부통령 선거는 전국을 대상으로 한 대규모 부정선거였으며, 4할 사전 투표, 3인조·9인조 투표, 투표함 통째로 바꿔치기 등 엄청난 부정행위가 전국 도처에서 공공연하게 자행되었다.

선거가 이렇게 추진되자 더 이상 부정선거를 지켜볼 수 없었던 민주당 마산시당이 상오 10시경에 재빨리 선거 포기 선언문를 발표하였다. 그리고 오후 3시 30분경에는 민주당 마산시당부에 모여 있던 시당 간부 몇몇이 부정선거를 규탄하는 표어를 쓴 띠를 머리에 맨 채 거리로 뛰쳐나갔으며, 이에 동조한 시민 1,200여 명과 학생 300여 명이 뒤따르게 되었다. 이렇게 데모가 시작되자 급거 출동한 경찰관과 반공청년단원이 거칠게 저지하였으나 그 과격한 저지가 오히려 선량한 시민들까지 자극하여 데모대는 5,000여 명으로 불어났다. 데모대는 남성동파출소·자유당 마산시당 등으로 향했지만 경찰의 완강한 진압으로 뜻을 이루지 못하고, 개표 시각(오후 일곱 시)에 개표 장소인 마산시청에 모일 것을 약속하고 자진 해산하였다. 오후 7시 30분경 1만여 명의 시민이 불종거리에서부터 마산시청 부근까지 몰려들었고, 오후 여덟 시경 무학초등학교 쪽에서부터 "부정선거 다시 하라"는 구호를 외치며 데모대가 시청 쪽으로 나아가자 소방차가 물을 뿜으며 데모대 앞으로 달려갔다. 이때 데모대가 던진 돌팔매에 소방차 운전사가 다치고 그 차가 무학초등학교 앞 전신주를 들이받아 전신주가 파괴됨으로써 시내 전역은 어둠에 휩싸였다. 이때 데모대를 향한 총구가 불을 뿜기 시작했고, 그로부터 마산 중앙중학교 3학년 김영호군을 비롯하여 무학초등학교 앞에서 최초 3인의 사망자와 11인의 부상자가 발생했다. 총격에 쫓긴 데모대는 남성동파출소·북마산파출소·자유당사·서울신문 마산총국·국민회 마산지부·창원군청 등을 습격, 파괴했고, 밤 11시 30분경 경찰에 의해 완전히 진압될 때까지 모두 아홉 명의 사망자와 80명의 부상자가 발생했고 253명이 연행되어 고문을 당하였다.

경찰은 데모 진압 후 사건의 중대성과 상부와의 관계 등을 고려하여 이날 수습한 희생자의 시체 호주머니에 불온 전단를 집어넣고 주동자인 민주당 도의원 정남규를 남로당 비밀당원으로 둔갑시키는 등의 수법으로 이날의 데모를 좌익폭동으로 조작코자 하였다. 그러나 국내외 언론기관의 사실 보도와 변호사협회·민주당 등에서의 조사 활동, 부산지검 한옥신 검사를 비롯한 용기 있는 검사들의 공정한 수사 결과 좌익 누명은 벗겨졌다. 정부는 이날의 책임을 물어 내무부 장관 최인규의 사표를 수리하고 정남규를 비롯한 데모 주동자 급 몇 사람을 제외한 나머지는 모두 석방하는 한편, 발포 혐의로 박종표 경위 등 경찰관 5인을 구속하고 치안국장 이강학을 해임시키는 것으로 일단락을 지으려고 했다. 그러나 사태는 그것으로 종결되지 않고 전국 각지에서 산발적인 시위가 끊임없이 이어지고 있었다.

그런데 문제는 3월 15일의 데모 참가자 중에서 마산상고 신입생 김주열 군의 행방이 묘연하다는 일이었다. 그의 어머니는 아들의 책가방을 들고 시내를 배회하면서 시민들에게 "내 아들을 찾아줄" 것을 호소했다. 그러던 중 27일 만인 4월 11일 상오 11시 30분경 마산 중앙부두 앞바다에서 오른쪽 눈에 쇠뭉치가 박힌 소년의 시체 하나가 떠올라 유족들의 확인 결과 김주열 군임이 판명되었다. 이 사실이 순식간에 전파되자 그날 오후부터 분노한 시민들이 다시 들고 일어났다. 김 군의 눈에 박힌 물체는 3월 15일에 경찰이 쏜 불발된 최루탄이었으며, 당시 경찰은 김 군의 시체에 돌을 달아 바다 속에 던져 버린 것임이 드러났다. 이날 오후부터 시작된 데모는 마침내 부산시내와 경상남도 일원 그리고 전국 각지에 번져갔으며 결국은 4·19까지 이어졌다.

4·18 고대생 데모

1960년 4월 18일의 고려대학생 데모는 4월 14일에 계획되었고 4월 16일 종로 4가 B다방에서 하급반 학생들에게 지시되었다고 한다.

4월 18일, 전체 고려대생 3,000여 명은 데모에 들어가기 전인 12시 50분에 교정에 집합하여, "①마산 학생의 석방을 요구한다. ②학원의 자유 보장을 요구한다. ③기성세대를 불신하며 각성을 촉구한다" 등의 건의문을 채택하고, 이 건의 사항을 관철하기 위하여 최후의 일각까지 투쟁한다는 것을 엄숙히 선언하였다. 안암동 교문을 나선 그들은 3·15 부정선거를 규탄하면서 1시 50분에는 종로 네거리까지 진출하였다. 고대생 데모라는 급보에 접하여 시 경찰국장 이하

동대문경찰서 간부들이 동대문 부근에서 데모대를 저지하려 하였으나 구보로 달려오는 데모대를 저지할 수 없었다. 그들이 중구 태평로 1가 국회의사당 앞에서 연좌농성에 들어간 때는 오후 2시 20분경이었다. 이들은 연행 학생들의 즉시 석방과 폭행 경찰관의 처단 등을 내무부 장관에게 요구하는 동시에 다음과 같은 4개 항을 정부에 건의하였다.

① 행정부는 대학의 자유를 보장하라
② 행정부는 이 이상 민족의 체면을 손상케 하지 말고 무능·부패·야만·독재·몽둥이 정치를 집어치우라.
③ 행정부는 명실상부한 민주정치를 실천하라.
④ 행정부는 이 이상 우리나라를 세계적 후진국가로 만들지 말라.

데모대가 급히 달려온 고려대 총장 유진오(兪鎭午) 박사와 고려대 출신 야당 중진 이철승(李哲承) 의원의 설득에 의해 농성을 풀고 귀로에 든 때는 오후 6시 20분경이었다. 학생들이 의사당 앞을 떠나 시청~을지로를 향할 때는 약 3만 명의 군중이 옆으로 뒤로 따르고 있었다고 한다.

10여 대의 신문사 보도차를 앞세운 학생들의 선두가 을지로 4가에서 종로 4가 쪽으로 꺾어 천일백화점 앞에 당도하자 어둠 속 양쪽 길가에서 별안간 100여 명의 깡패들이 나타나 부삽·갈고리·몽둥이·벽돌 등으로 데모 군중을 닥치는 대로 마구 난타하였다. 당시 한 신문은 이때의 광경을 다음과 같이 보도하고 있다.

피를 쏟고 현장에서 쓰러지는 학생, 경찰 백차에 실려 가는 부상학생 …… 머리와 앞가슴이 피투성이가 된 학생들 중에는 '나는 죽는다'는 처참한 고함을 질러 뒤에 쫓아오던 학생들이 밀려들어 대혼잡을 이루고, 학생과 깡패 간에 집단 싸움이 여기저기서 벌어졌다.

급히 달려온 경찰들의 호위를 받으면서 그들 대다수가 학교로 돌아가 데모를 끝낸 때가 그날 밤 8시 15분경이었다. 고려대 학생들의 평화적 시위가 정치 깡패들의 습격을 받아 많은 학생과 신문기자들이 부상당했다는 소문은 그날 밤 안으로 서울 장안에 전파되었다. 이튿날인 4월 19일에는 아침 일찍부터 서울시내 전체 대학생은 물론 고등학교 학생들까지 일제히 거리로 뛰쳐나왔다. 4·19가 시작된 것이었다.

■ ■ ■ 참고문헌

『대구시사 제2권』. 1995.
『마산시사』. 1985.
당시의 중앙지·지방지 신문들

우남회관 건립 시비와 그 결과

우남회관 건립의 배경과 경과

지금 서울시의회가 사용하고 있는 건물은 일제시대의 부민관(府民館)이었다. 주로 일본 도쿄에 거주하는 일본인들이 전체 주식을 가지고 있던 경성전기(주)가 서울시내의 전기·가스 공급, 전차 운영을 독점하여 막대한 이익을 올리고 있는 것에 반발한 경성부민, 부의회, 부윤(현재의 시장)이 경성전기(주)에 교섭하여 당시의 돈으로 100만 원을 받아내어 50만 원으로 부민관을 짓고 나머지 50만 원으로 부민병원을 세웠다. 1931년에서 1933년에 걸쳐서였다(당시에 건립한 부민병원은 광복 후에는 시민병원이었으나 6·25 후에 중앙정부가 사용하게 되고, 현재의 국립중앙의료원-메디컬센터가 되었다).

그런데 부민관은 1945년 광복 직후에 진주해 온 미군이 접수하여 사용했기 때문에 시민들은 이용할 수 없게 되었다. 미군이 그것을 반환한 때가 1949년 7월이었고 인수받은 서울시는 그 이름도 시민관으로 바꾸어 그해(1949년) 10월 3일부터 사용해 왔으나 6·25 전쟁이 일어나자 다시 시의 관리에서 이탈한다. 즉, 1953년에 정부가 부산에서 환도해 오면서부터 1970년대 전반기까지 이 건물은 국회의사당 건물로 사용된다. 이 건물이 다시 서울시에 반환된 때는 여의도에 국회의사당 건물이 신축·준공된 1975년 8월이며, 그 후에는 오랫동안 세종문화회관 별관으로 사용되어 오다가 1991년 7월부터 서울특별시의회 의사당으로 사용된다.

광복 후 미군에게 부민관을 접수당하고 난 뒤 서울시는 궁여지책으로 중구 명동에 있던 극장 명치좌(明治座)를 빌려 시공관(市公館)이란 이름으로 시민의 모임에도 쓰고 흥행장으로 빌려주기도 하는 방편을 취한다. 1960년대 초까지의 일이었다. 그러나 명동에 있던 시공관은 일제하 일본인 소유의 흥행장이었던 관계로 그 시설이 낡고 협소했기 때문에, 나날이 증대되는 공연 및 집회 수요를 충족시키지 못했음은 물론이고 외관도 초라하여 수도 서울의 체면이 말이 아니었다.

이런 상황 아래서 부민관을 돌려받을 가능성이 거의 보이지 않자 서울시 당국과 일부 문화 관계 인사들은 새로운 시민 집회시설 건립을 논의하기 시작한다. 1955년 초부터의 일이었다. 당시 6·25 전쟁 휴전을 기념하여 우방 각국으로부터 저명한 공연단체의 내한 신청이 많아졌고, 특히 미국 NBC 교향악단의 내한이 이것을 촉진한 직접적인 계기가 되었다. 명지휘자 토스카니니(A. Toscanini)가 길러낸 세계적인 명성의 NBC 교향악단이 대만·오키나와·도쿄 등지를 거쳐 내한한 때는 1955년 5월 하순이었다. 악단의 인원은 100명이 넘었는데, 명동의 시공관 무대가 협소했기 때문에 부득이 세종로 1번지 중앙청(전 조선총독부) 서쪽 광장에 특설무대를 만들어 연주를 한 것은

5월 26일 오후 5시 20분부터였다. 이때 표를 사서 노천에서 이 연주를 들은 청중 수가 1만 명이 넘었는데, 그것은 한국인이 최초로 접한 본격적인 교향악 연주였다.

서울시가 "이승만 대통령 80회 탄신을 기념하는 한편 그의 찬란한 업적을 길이 빛내고자" 80여 명에 달하는 각계 인사의 찬동을 얻어 우남회관 건립위원회 창립 총회를 시청 내 대회의실에서 개최한 때는 1955년 6월 23일이었다. 건립 부지는 전 체신부 자리, 당시 경기중·고등학교가 임시 교사로 사용하고 있던 세종로 1가 81번지로 결정되었다.

1955년 11월 21일은 서울 천도 562주년, 특별시 승격 9주년 기념일이었다. 서울시는 이날 오후 2시부터 경기중·고교 임시 교사 마당에서 우남회관 정지공사 기공식을 거행한다. 기공식에는 김태선 시장과 시청 간부들, 상임위원을 비롯한 건립위원 다수, 민의원 의장 이기붕, 내무부 장관 김형근 등이 참석했다. 이 시점에서 이미 우남회관 건립은 범정부·여당적 성격을 띠고 있었던 것이다.

대지 규모 3,932평, 연건평 2,900평, 3,007명 수용의 대강당, 350명 수용의 소강당, 기념성을 강조하기 위해 세종로에 면하는 동남쪽 모서리에 10층짜리 탑옥(塔屋)을 배치한 이 건물의 설계자는 당시 한국을 대표하는 건축가 이천승(李天承)이었다. 설계비는 무료였다. 건물 기공식이 거행된 때는 1956년 6월 20일이었다. 총 건축비 추정액은 6억 환, 늦어도 1958년 초까지는 준공할 계획이었다.

극동건설(주)이 건물 공사의 도급을 맡았고, 서울시는 1956년 당초 예산에 1억 5,000만 환, 7월 추가경정예산에서 1억 환을 계상하여 1956년 가을까지는 공사가 순조롭게 진행되었다.

시의회 회관 건립 반대

우남회관 건립에 제동이 걸린 것은 1956년 10월의 서울시의회 임시회의에서였다. 당시의 서울시의회는 야당인 민주당원이 압도적 다수를 점하고 있었고, 여당인 자유당은 겨우 한두 석을 차지한 데 불과하였다. 시의회가 '우남회관 공사 중지에 대한 권고결의안'을 의결한 때는 10월 29일이었다.

당시 민주당 시의원들이 우남회관 건립을 격렬하게 반대한 주된 이유는 이승만 대통령의 아호인 '우남(雩南)'을 회관 이름으로 한 데 대한 반발이었다. 의회 발언에서 결코 명칭 때문이 아님을 강조하고 있지만 그것을 강조하면 할수록 명칭에 대한 거부반응임을 느낄 수 있다.

당시 장기집권자 이승만에 대한 각계의 충성심 경쟁은 가히 극에 달하고 있었다. 해마다 그의 생일인 3월 26일은 각종 축하행사로 인해 나라 안이 떠들썩했고, 마침내는 이날을 공휴일로 정하는 법석까지 떨었다. 남산 위 일제 때 조선신궁이었던 자리에 그의 81회 생일을 기념하여 축대까지 합쳐 높이 81척(약 25m)의 동상이 세워진 때가 1956년 8월이었고, 그의 제3대 대통령 취임식 날 성대한 제막식을 가졌다. 이승만 대통령에 대해 이렇게 충성심 경쟁을 벌이고 있던 당시였으니 자연히 우남이라는 그의 아호도 하나의 유행어처럼 쓰이게 된다. 각 지방에 '우남로'라는 길 이름이 생겨났고 『우남이박사전』이니 하는 전기물도 연거푸 발간되고 있었다. 서울시가 3,600만 환을 들여 남산 위에 팔각으로 된 정자를 세워 그 명칭을 '우남정'이라고 하여 성대한 준공식을 거행한 때는 1959년 11월 18일이었다.

민주당 의원들의 입장에서는 공직자들에 의한 이와 같은 충성심 경쟁, 장기집권자에 대한 지나친 개인숭배가 비위에 거슬렸다. 그러나 그것을 정면에서 탓할 분위기가 아니었기 때문에 "시급한 일이 허다하게 있다. 많은 시민들은 죽느냐 사느냐의 기로에 서 있는 때인데 우남회관 같은 불요불급한 시설에 거액의 자금을 투자할 수 없다"고 큰소리로 외치고 나온 것이었다. 그 배후에 민주당 시당과 중앙당이 있었음은 당연한 일이었다.

공사 중지 권고결의안이 가결된 지 4일이 지난 11월 2일에 출입기자단과 만난 고재봉 시장은 "이미 제1차 공사가 끝나고 제2차 공사에 들어간 시점에서 공사를 중지한다는 것은 말도 되지 않는다. 시의회의 결의에는 따를 수 없다"고 잘라 말하고 있다. 고재봉 시장을 비롯한 시 간부들과 시의회의 대립이 극도에 달한 것은 당연한 일이었다. 12월에 들어서자 1957년도 예산안 심의가 시작되었다. 시의회 예산결산위원회는 우남회관 건립비 전액을 삭감하고 존치과목 100환만 계상해 버렸다.

그러나 야당인 민주당으로서도 고민이 없는 것이 아니었다. 첫째, 그 위치였다. 서울시내 한복판, 당시 가장 통행량이 많았던 세종로에 면하여 건축 중에 있는 공공건물이 시의원들의 저지로 공사가 중단되어 앙상한 철근을 노출시킨 채 방치되는 상태를 언제까지나 계속할 수 있는가의 문제였다.

둘째, 그 명칭이 어떻든 간에 그와 같은 문화공간의 조속한 건립을 희망하는 시민이 적잖게 있다는 현실도 외면할 수가 없었다. 당시의 민주당 간부 중에도 대표최고의원 조병옥(趙炳玉)을 비롯하여 비교적 온건파에 속하는 인물들은 오히려 이 건물을 지어야 한다는 의견을 가지고 있었다고 한다. 결국 1956년 12월 말이 되어도

공사하는 날보다 쉬는 날이 더 많았던 우남회관 건립

본예산안이 통과되지 않고 가예산안만 통과되었다. 우남회관 건립
비에 대한 결론이 나지 않았기 때문이었다.

"나의 아호인 우남을 회관 이름으로 쓰는 것은 나 자신도 바라
지 않는 바이니 이름을 고쳐서 빨리 짓도록 하라"는 이승만 대통령
의 담화가 발표된 때는 1957년 1월 16일이었다. 교육계·법조계·언
론계 대표들이 중재에 나섰다. 한편 시의회도 궁지에 몰리고 있었
다. 1월 23일 오후에 열린 시의회 본회의는 우남회관 건립비 5,000
만 환만 계상하는 1957년도 예산안을 통과시킨다. 그 액수로는 아
무 일도 하지 못한다는 시 간부들의 거센 항의와 어디까지나 불요
불급한 공사이니 1,000만 환도 계상할 수 없다는 강경파 시의원들
의 반대가 네 시간 이상이나 계속된 끝에 밤 9시 50분이 되어서야
가결된 것이었다. 1957년 5월의 추가경정예산안에서도 서울시는 우

남회관 건립비 1억 1,600만 환을 요구했는데 시의회는 그 전액을 삭감해 버린다. 결국 1957년 1년 동안 회관 건립은 사실상 중단 상태에 있어야 했다.

1958년도 예산안을 심의하던 1957년 말에는 사정이 달라져 있었다. 12월 14일에 고재봉 시장이 경질되어 정계의 거물인 허정(許政)이 시장이 되었다. 또 시의회 절대 다수당이었던 민주당의 내분으로 다수 의원이 탈당하여 시정구락부라는 새 교섭단체가 구성되어 있었다. 그러나 그렇다 할지라도 정원 47명 중 민주당이 26명, 시정구락부는 21명이었다.

수도 서울의 한복판에서 건립되고 있던 공공건물을 착공한 지몇 해가 지나도록 완공은커녕 공사 진척도 안 되는 상태로 방치한다는 것은 집권당인 자유당, 중앙정부 및 서울시의 어느 편에서도 체면이 말이 아닌 일이었다. 위 3자 중 어느 쪽에서 생각해낸 것인지는 알 수 없으나 최종적으로 동원된 방안은 민주당 시의원 일부에 대한 매수공작이었다. 10만 환짜리 수표 수십 상이 거래되었다는 것이었다. 실로 희한한 일이 일어났다. 예산안을 최종 심의한 12월 31일 회의에 민주당 시의원 두 명이 처음부터 불참했고 회의 도중에 세 명이 자취를 감추어 버린 것이다. 그들 다섯 명 의원을 찾아 나서기 위해 민주당 시의원들이 자리를 비웠다. 그 틈새에 시정구락부 소속 21명만으로 우남회관 건립비 2억 5,000만 환이 포함된 예산안을 통과시키고 시의회 폐회식까지 거행해 버린다. 당시의 「지방자치법」 35조가 그런 짓이 가능하도록 규정하고 있었다.

그러나 그럼에도 불구하고 우남회관 건립은 크게 진척되지 않는다. 1956~1960년 사이에 물가가 너무 뛰어올라 회관 건립비 자체가 너무나 거액으로 부풀어 올라 있었다. 공사비 부족으로 공사 진척이

준공된 서울시민회관

지지부진한 가운데 4·19가 일어나고 만다. 4·19가 나서 이 대통령이
하야하자 이제 우남회관 건립을 서두를 필요성이 없어진다. 4·19 후
4개월이 지난 1960년 8월 11일의 서울시의회는 우남회관의 명칭을
시민회관으로 변경할 것을 의결한다.

시민회관 준공과 화재

시민회관이 준공되어 개관식이 거행된 때는 1961년 11월 7일 오
후 4시 5분이었다. 5·16 군사 쿠데타가 일어나 이미 제3공화국이 된
지도 반년이 지나고 있었다. 김태선 시장 때 착공하여 고재봉·허정·

임흥순·장기영·김상돈을 거쳐 윤태일이 시장으로 있었다. 일곱 명의 시장이 거쳐간 기나긴 공사였다. 박정희 국가재건최고회의 의장을 비롯한 내외 귀빈 다수가 참석한 가운데 이루어진 개관식에서 박정희 의장은 "시민의 혈세로 이룩된 시민회관은 시민의 공회당으로, 민족문화의 전당으로 십분 활용되어야 한다"는 치사를 하였다.

착공한 지 만 5년, 총공사비 20억 환, 건물 설계 이천승, 실내장식은 서울대학교 미대 교수인 이순석(李順石)에 의해 이루어진 이 4층 건물은, 연건평이 2,898평으로 당시 국내 최고·최대의 규모였을 뿐 아니라 냉난방장치, 승강식 2층 회전무대, 전자식 조명장치를 갖추었으며, 10층 옥탑 각 층에 켜진 형광등은 서울의 야경에 새로운 정취를 부여하여 시내 최대의 명소가 되었다.

이 건물에 화재가 난 때는 1972년 12월 2일, MBC TV 10대가수 청백전이 화려하게 전개되고 있던 오후 8시 27분이었다. 무대 위에 가설된 반월 아치형 조명장치가 펑 하는 소리와 함께 터지면서 내려진 막에 불이 붙어 순식간에 연소되었다. 관람석을 꽉 차게 메웠던 3,000여 관객 대부분은 불을 피해 밖으로 나올 수 있었으나, 주로 2층에서 1층으로 내려오는 계단에서 밟혔거나 무대 뒤 또는 옥탑 건물에서 근무 중이던 사람들의 대부분은 질식 후에 타 죽었거나 중상을 입었다. 사망 51명, 부상 76명을 기록한 이 화재는 1971년 12월의 대연각 호텔 화재, 1974년 11월의 대왕코너 화재 사건과 더불어 1970년대 전반기 3대 화재 사건의 하나로 길이 기록되고 있다. 지금 그 자리에는 세종문화회관이 들어서 있다.

■ ■ ■ 참고문헌

손정목. 1992. 『한국지방제도·자치사 연구(하)』. 일지사.
서울시 시사편찬위원회. 1965. 『서울특별시사(해방 후 시정 편)』.
서울특별시의회 속기록(해당 연도분). 서울특별시의회 의사 일정철.
당시의 일간지들.

'도둑놈'으로 일관한 민선시장 김상돈

민주투사 김상돈

1960년의 4·19는 이 나라를 완전한 민주주의 사회로 바꾸어 버린다. 헌법을 개정해서 장면(張勉) 정권이 수립되었다. 장면 정권은 「지방자치법」을 개정하여 서울특별시장·도지사 및 시·읍·면장을 모두 주민이 직접 뽑도록 바꾸어 버린다.

서울특별시장·도지사 선거가 실시된 때는 1960년 12월 29일이었다. 서울시장 입후보자는 15명이나 되었으나, 그중 이름이 알려진 입후보자는 김상돈·장기영·정준의 세 명뿐이었다. 나머지 12명은 전혀 그 이름이 알려지지 않은, 이른바 거품 후보자들이었다. 장기영(張基榮)은 한국은행 부총재를 거쳐 한국일보사를 설립하여 사주(社主)로 있던 인물이고, 정준(鄭濬)은 김포(金浦)의 목사 출신으로 1·3·4·5대 국회의원을 지낸 인물이었다. 그러나 그들 중에서 가장 널리 이름이 알려진 이는 여당인 민주당 후보 김상돈이었다.

김상돈(金相敦, 1950년대 대한민국의 민주주의 투쟁사를 고찰하는 경우 누구나 맨 처음에 그의 얼굴을 떠올릴 정도로, 완력과 거침 없는 말과 저돌의 사나이였다. 1901년 황해도 재령에서 태어나 1925년 일본 메이지학원 신학부를 졸업하고, 1928~1930년 미국에서 사회사업 등에 종사한 후 귀국하여 8·15 전에는 마포에서 교회 목사 생활을 하면서 잠시 동회장 격 명예직인 동총대(總代)를 지냈다. 1948년에 마포에서 제헌국회의원에 당선되어 반민족행위자특별위원회(반민특위) 부위원장이 되어 친일파 색출·처단에 앞장섰으나, 반민특위의 활동을 탐탁지 않게 생각하던 이승만 정부 측으로부터 오히려 그 자신의 친일행위(동총대)가 문제되어 부위원장 자리에서 물러나야 했다. 그때부터 그는 철저한 이승만 반대, 자유당 반대의 입장에 서게 된다. 1950년의 제2대 선거에는 낙선하지만 서울 마포구에서 1954년부터 3·4·5대 민의원 선거에 민주국민당·민주당 소속으로 계속 당선되었으며, 이른바 민주당 신파의 중진이요 투사였다. 인간의 형을 지·인·용(智仁勇)으로 나눈다면 그는 바로 용중의 용이었다.

카이젤 수염에 편의복 차림으로 항상 굵은 지팡이를 휘두르고 다녔다. 한 신문기자는 서울시장 선거운동을 하고 있는 그의 모습을 "군함처럼 큰 몸집을 서서히 움직이며 굵은 '스테키(ステッキ: 지팡이)'를 집고 …… 방 안으로 들어섰다"라고 묘사하고 있으니, 그 몸집의 크기를 짐작할 수 있다. 1950년대 민주주의 투쟁의 현장에는 거의 빠짐없이 그의 모습이, 그것도 지팡이를 휘두르며 큰 소리를 지르는 그의 모습이 있었다. 1956년 5월 정·부통령 선거 때 일어난 대구 투표함 사수 사건 때도 그는 투표함 바로 옆에 있었고, 1957년 10월의 경남 진주시장 선거 때도 개표 참관인으로 현장에 있었다. 1956년 7월 27일에 있었던 대한민국 최초의 국회의원 가두시위 때도 큰 소

리를 외치면서 앞장섰고, 1958년의 2·4 파동 때도 투쟁의 선두에 있었다. 그는 종교인으로서의 신앙심만큼이나 아집과 독선도 강한 인물이었다. 그는 자유당 정권을 도둑놈 정권으로 단정하였고, 그 정부 밑에서 일하는 공무원은 모두 도둑놈들이라고 확신하고 있었다. 그것은 그의 신념이었다.

1960년 당시 서울시 인구는 244만 5,000명, 유권자 수는 111만 6,000이었다. 시장 선거가 치러진 12월 29일은 몹시 날씨가 추웠다. 추운 날씨에도 원인이 있었지만, 시민들 가운데 상당수가 정치에 염증을 느끼고 있어 투표율이 겨우 36.2퍼센트밖에 되지 않았다. 시장에 당선된 김상돈이 얻은 표수는 겨우 21만 7,000표, 총 유권자의 19.5퍼센트밖에 되지 않았다. 그리하여 그에게는 일찌감치 '2할 시장'이라는 별명이 붙었다. 서울시민 가운데 20퍼센트의 지지밖에 얻을 수 없었던 시장이라는 뜻이다.

호화로운 취임식과 도둑놈 발언

여하튼 그는 오랜 투쟁 끝에 그렇게도 바랐던 민주주의를 쟁취하였고 자신도 서울시장 자리에 앉게 되었다. 아마도 시장 취임식에 임하는 그의 심정은 카이젤의 황제 취임식이나 전승 개선식에 임하는 사령관의 심정과 같았을 것이다.

그가 시장이 된 후의 첫 번째 말썽은 바로 시장 취임식이 너무 호화로웠다는 점이었다. 1961년 1월 5일 오전 10시부터 명동 소재 시공관에서 거행된 시장 취임식에는 정당·사회단체 대표를 비롯해서 각 종교단체 대표, 산업단체 대표, 금융기관 대표, 중·고등학교장,

초등학교장, 각 동장, 전체 국회의원들까지 초청되어 입추의 여지가 없었다. 시립 교향악단이 동원되었고, 경기여자중·고등학교 합창단 (150명)까지 동원되었다. 그날 오후의 석간신문들은 일제히 "대통령 취임식" 같은 호화로운 시장 취임식을 비난하고 있다.

그러나 더 말썽이 된 것은 그날 오후에 있었던 출입기자 회견에서의 발언이었다. 그는 기자회견 때 약간 횡설수설한 것 같으나 요약하면 다음과 같다.

① 현재의 시 직원은 모두가 도둑놈들이다.
② 건설 공사를 하는데 공사 금액의 60~65퍼센트를 건설국 직원들이 착복해 버리기 때문에 공사마다 예외 없이 부실공사가 되고 있다.
③ 시장이 바뀌었으니 부시장 이하 과장 급 이상 시 공무원 전원의 사표를 받을 터이고, 또 당연히 사표를 제출할 줄로 안다.
④ 민주당원들 가운데 자격이 있는 자를 대거 시 직원으로 채용하겠다.

김상돈은 원래가 폭언에 가까울 정도로 입이 거친데다가 호화판 취임식에 흥분도 된 탓에 "모두가 도둑놈들", "공사 금액의 60~65퍼센트를 착복", "사표를 받겠다"는 식의 강하고 직선적인 표현이 되었을 것이다.

여하튼 김 시장의 이상과 같은 발언은 정말 평지풍파를 일으키는 중대 발언이었다. 이 발언에 접한 시 산부직원들은 즉각적인 반응을 일으켜, 5일 오후에 "우리의 임명권자는 국무총리이며 「공무원법」에 의하여 신분이 보장되어 있는데 아무리 민선시장이라 할지라도 시장 마음대로 사표를 제출케 할 수 있는가? 우리는 사표를 내지 못하겠다"라는 집단 의사를 밝혔다. 당시의 언론들은 호화판 취임식과 도둑놈 발언 등을 일제히 크게 비난하고 있다. 그와 같은 비난이 일자 6일 상오 신현돈 내무부 장관은 기자들의 질문에 답하여 "사표 제출을 강요하는 것은 월권이다. 김 시장의 발언이 사표 제출을 강요한 것으로 생각하지 않으며, 다만 인사 쇄신을 종용한 것으로 본다"라고 책임 회피적인 발언을 하고 있다.

시의회와의 대립

김 시장의 발언에 대해 시의회가 가만히 있을 리 없었다. 시장 취임식이 거행된 다음날, 즉 1월 6일자로 소집된 시의회는 회의가 시작되자마자 문학우(文學瑀) 의원의 긴급동의로 '김 시장 발언 진상 규명의 건'이 서면으로 제출되었다. 그 내용은 다음과 같은 것이었다.

① 시 직원 중에 도둑놈이 몇 명이나 되며 해당 죄명은 무엇인가?
② 건설 공사비 중 60~65퍼센트를 직원들이 착복하였기 때문에 건설 공사가 모두 부실하다고 했는데 그 증거가 있는가?
③ 과장 급 이상 부시장까지 사표를 내라고 했는데, 언제부터 사무관 급 이상의 임명권이 서울특별시장에 이양되었으며 그 법적 근거는 무엇인가?
④·⑤는 생략.

문제는 "모두가 도둑놈들"이라고 한 표현에 대해서 "도둑질하는 것을 보았는가, 증거가 있는가?"라는 반문에 대답할 수 없게 되었고 나아가 "공사 금액의 60~65퍼센트를 공사 관계 직원이 착복"했다는 발언에 대한 계산 근거를 제시할 수도 없게 된 것이다. 각 중앙지 신문이 "도둑놈들" 발언을 크게 보도하였고 시의회의 진상 규명 긴급동의안도 통과된 1월 6일 오후, "공사비 중 60~65퍼센트"의 계산 근거를 묻는 기자들의 질문에 김 시장은 엉뚱한 대답을 늘어놓는다. "전 대법원장 김병로(金炳魯) 씨에게 세배하러 갔을 때 그분이 시청 공사는 35퍼센트가량만이 실제 공사비로 사용된다고 말하길래 나도 그렇게 알고 있다"는 것이었고 과장 급 이상의 일괄 사표에 대해서는 "(정권이 바뀌고 시장이 바뀌었으니) 관례적으로 사표를 제출해야 하지 않은가"라는 것이었다.

김 시장이 시의회에 출석하여 도둑놈 발언에 대한 공방을 벌인 것은 1월 7일과 9일 양일간이었다. 당시의 시의회 구성은 정원 54명 가운데 여당인 민주당이 19명, 야당인 신민당과 무소속이 각각 17명씩, 그리고 한독당이 1명이었다. 민주당 19명을 제외한 나머지 35명이 김 시장 반대파였다. 그러나 반대파가 많은 시의회에 나와서도 김 시장은 조금도 굴복하지 않는다. 오히려 큰 소리로 단상을 치면서 시의원들을 비난한다. 그의 발언을 요약하면 "시청 직원이 도둑놈이라고 한 (자기)말은 절대로 근거 있는 말이며, 시 직원은 물론 시의원들까지도 부정을 뒷받침했거나 함께 부정을 저질렀다. 자기의 발언이 시의원들 사이에 또는 신문 지상에서 말썽이 되고 있는 까닭을 알 수 없다. 당시의 시의원들도 (시 직원들 도둑질하는 데) 가담했거나 그 덕을 본 일이 있지 않느냐"는 것이었다고 한다. 회의가 이틀간이나 계속되었으니 그 내용은 더 구체적일 수밖에 없었다(≪동아일보≫, 1960년 1월 7·8·10일자 기사).

이때 기존의 서울시 공무원들에 대한 김 시장의 불신은 가히 종교요 신앙이었으며, 동시에 시의회도 불신하고 있음을 알 수가 있다.

당시의 신문 기사를 유심히 더듬어보면 7일날 회의에서는 오히려 시의원들이 당황해져서 꿀 먹은 벙어리였고, 9일날 회의에서는 김 시장의 비위 사실도 17개 항목이나 된다고 반격했다고 한다. 이틀간에 걸친 시의회에서의 결론은, 김 시장이 "조속한 시일 내에 시 직원들이 도둑질을 한 증거를 제시하겠다"는 것으로 종결되었다.

외로워진 김 시장, 그리고 종말

시 직원도 시의원도 모두 도둑놈들이라고 확신하고 있는 위인을 정면으로 상대할 자는 아무도 없었다. 김 시장이 조속한 시일 내에 "도둑질"의 증거를 제시하겠다고 했으니, 그것이 제시될 때까지 기다릴 수밖에 없었다.

당시 서울시 과장 급 이상 간부였던 분들의 증언에 따르면 김 시장은 "도둑놈들"이라는 말을 일상적으로 사용했다고 한다. 복도에서 눈을 마주쳐도 도적놈들, 결재서류를 대해서도 도적놈들, 훈시를 할 때에도 도적놈들, 이렇게 마구 욕설을 연발했으니 자연히 시장실에 가는 간부들이 없어지게 되었고 시장실과 비서실에는 김 시장 가족과 비서진들만이 외롭게 지냈다고 한다.

문제는 간부들의 사표였다. 자진해서 사표를 제출하는 공무원은 하나도 없었다. 난처해진 쪽은 시장실 주변이었다. 사표를 내지 않으면 결원이 생기지 않으므로 새 시장이 인사 조치를 할 수 없는 것이 우선은 답답한 일이었지만, "부시장 이하 과장 급 이상 전원의 사표를 받겠다"고 호언장담하던 시장의 체면이 말이 아니게 되었다.

과장 급 이상 간부 전원을 대표해서 부시장 김주흥(金柱興)이 사표를 낸 때는 3월 초에 들어서였다. 민주당 정권은 최경렬(崔景烈)을 부시장으로 임명한다. 최경렬은 교토제국대학 토목과를 나온, 그 당시 한국 토목계의 제1인자요 대부(代父) 격인 인물이었다. 그 또한 자존심이 대단히 강한 고집쟁이였다. 그러나 최 부시장도 김 시장의 아집 앞에서는 맥을 추지 못한다. 최경렬도 부임한 지 두 달밖에 안 되는 5월 8일 오전에 사표를 제출하고 떠나버린다. 문제는 시 행정이 마비 상태에 빠져 버린 점이었다. 시 간부들이 일손을 놓아버리고 특히 시장실 출입을 끊어 버려서 결재서류도 돌지 않게 되었다. 예년 같으면 이미 85퍼센트 가량 예산이 집행되었어야 할 각종 공사 예산이 5월이 되었는데도 20퍼센트밖에 집행되지 않고 있었다. 경찰은 시청 구내에 사무실을 설치하고 언제든지 시 직원들을 조사·취조할 태세를 갖추고 있었고, 시장 비서실에서는 비밀경찰 같은 행세로 직원들의 비위 사실 뒷조사를 하고 다녔다.

　김 시장이 시 직원들이 도둑질한 증거 8개 항목을 제시한 때는 최 부시장이 사표를 제출한 다음날인 5월 9일 오전이었다. 시장 취임 후 4개월간 경찰과 비서진을 총동원해서 찾아냈다는 것이다. 그런데 답답한 것은 도둑질한 증거 8개 항목이 모두 김 시장 취임 후에 저질러진 일이었다는 점이다. 즉, 그 도둑질들이 모두 진실이라고 해도 그 최종 책임은 바로 시장인 김상돈 본인이 져야 한다는 점이었다.

　이 증거를 제시하면서 "도둑놈들은 물러가라"고 호통을 쳤다는 기사가 실린 다음날(5월 10일) ≪동아일보≫는 "김 시장에게 경고한다"는 사설을 실어 김 시장의 태도를 신랄하게 나무라고 있다. 이 사설은 지방자치가 기나긴 30년의 동면에 들어가기 직전, 즉 1950~1960년대 지방자치의 마지막을 장식하는 신문 사설이었다.

　사설이 발표된 지 정확히 6일 후에 5·16 쿠데타가 일어나서 지방자치는 종지부를 찍었다. 김 시장도 다른 각료들과 더불어 체포·구금되었다. 김 시장 5개월간의 행적과 관련하여 그 후 서울시청 내에는 숱한 일화가 전해졌다. 부정을 그렇게도 싫어했던 그가 자신은 공공연하게 부정을 저질렀다는 등의 이야기였지만, 어느 정도까지가 참이고 거짓인지 지금 시점에서는 분간하기 힘들다.

그는 30여 년 전에 자녀들을 따라 캐나다로 이민을 갔고 1986년에 그곳에서 작고하였다. 모든 사람을 죄인시하고 모든 사람을 용서하지 못했던 김 목사의 만년에 그의 흉중을 오간 회포는 과연 무엇이었을까?

■■■ 참고문헌

손정목. 1992. 『한국지방제도·자치사 연구(하)』. 일지사.
당시의 일간지들.

시장의 차량 번호와 서울시의 법적 지위

5·16 군사 쿠데타와 윤태일 서울시장

그 엄청난 일은 1961년 5월 16일 새벽에 일어났고, 오전 9시를 기해 전국에 비상계엄이 선포되었다. 일체의 집회가 금지되었고 모든 보도행위와 해외여행이 불허되었다. 전 국민은 라디오에서 연거푸 흘러나오는 포고령에 숨을 죽이면서 귀를 기울였다. 포고 제1호, 제2호, 제3호., 제4호, 아마 나라 안의 정치인, 행정 관료, 서울특별시장, 도지사, 시장, 군수, 읍·면·장, 각급 지방의회 의원들은 '드디어 올 것이 왔구나' 하는 심정으로 포고 제4호를 들었을 것이다. 국회와 각급 지방의회를 해산하고 그 기능이 정지된다는 것이 포고 제4호의 주 내용이었다. 5·16 군사 쿠데타가 일어나 그것이 성공한 것이다.

쿠데타에 성공한 군사혁명위원회는 5월 19일에 그 명칭을 국가재건최고회의로 바꾸었으며 20일에 30명의 최고회의 의원과 각 부처의 장관 및 서울특별시장을 발표한다. 군사 정권이 발족한 것이다. 그로부터 30년간 이 나라에서 지방자치는 기나긴 동면기에 들어간다.

서울특별시장에 임명된 이는 육군 준장 윤태일(尹泰日)이었다. 그는 1918년 함경북도 회령에서 태어났다. 향리에서 중학 과정을 마치고 만주로 건너가 1941년에 만주 군관학교를 졸업하고 만주군 장교로 있다가 광복을 맞았다. 광복 후에 월남하여 1948년 대한민국 국군이 창설되자 바로 육사 특 7기로 입교하여 3개월간의 교육을 받은 뒤에 육군 소위가 되었다. 그의 병과는 공병이었다. 한국군 장교 훈련계획에 따라 1953년 3월부터 1955년 2월까지 2년간 미국 버지니아 주 풀베비아 공병학교에서 군사 교육을 받는다. 6·25 전쟁이 끝난 1953년에 육군 대령으로 공병학교 교장을 지냈고, 1958년에 준장으로 진급하여, 육군본부 감찰감을 지냈다. 1959년에 36사단장을 지냈고 5·16 쿠데타가 일어났던 당시는 국방연구원에 다니고 있었다. 그는 쿠데타 주체세력의 중심에 있던 인물이며, 박정희·김동하 등과 더불어 다섯 명으로 구성된 군사혁명위원회의 일원이었다.

5·16 군사 쿠데타는 대령이었던 육사 5기생과 중령이었던 육사 8기생, 약간명의 해병대 장교들이 일으켰고, 그들이 몇 명의 장군을 지도자로 추대하거나 동반자로 포섭하였다. 이렇게 추대 또는 포섭된 장군들 가운데 다섯 명으로 군사혁명위원회가 구성되어 초기의 쿠데타가 지휘되었다. 군사혁명위원회를 구성한 다섯 명의 장성은 박정희·김동하(이상 소장)·채명신·윤태일·송찬호(이상 준장)이다.

여담이기는 하나 주체세력이라는 말은 5·16 쿠데타 이후에 유행한 말이다. 같은 군인 출신 중에도 주체세력과 비주체세력은 구분되었다. 주체세력이란 사전에 거사 계획을 알고 있었고 자기가 맡은 임무가 부여되어 있던 자들의 집단 약 50여 명 내외를 지칭하는 말이었다. 그러므로 쿠데타가 성공된 이후에 동조하고 협조한 군인은 아무리 상급자라 할지라도 주체세력에 포함되지 않았다. 거의 모든 주체세력들에게는 쿠데타 시 수행할 각각의 임무가 부여되어 있었다. 예컨대 "장면 총리가 거처한 반도호텔을 습격하여 총리를 체포하라"든가 "육군본부를 점령하라" 또는 "KBS 방송국을 점령하여 포고문을 발표하라" 따위의 임무였다. 윤태일은 5·16 당시 국방연구원에 재학 중이었으나 군사혁명위원의 한 사람으로서 쿠데타 본부였던 6관구사령부(영등포구 문래동 소재)를 지키는 임무가 부여된 것이었다.

쿠데타 초기에 각 도의 지사나 시장으로 임명된 군인들이 모두 그러했듯이 윤태일도 과격한 군인 시장이었다. 군복을 입고 권총을 찬 채로 시장실에 출근하고 근무했으며, 그가 서울특별시장이 된 후 가장 먼저 한 일은 종전의 시청 간부들을 대폭 면직시킨 일이었다. 부시장도 바꾸었고 일곱 명의 국장 중 네 명을 갈아치웠다. 네 명의 신임 국장 가운데 세 명은 현역 군인으로 임명하였다. 내무국장 최선(崔銑)은 육군 공병감실 보좌관, 교육국장 박현식(朴賢植) 대령은 국방연구원 교수, 경찰국장 이광선(李光善) 대령은 헌병감실 기획차감이었다가 서울시 국장으로 임명된 것이다.

당시의 군인 행정가들과 마찬가지로 윤태일 시장도 엄청나게 많은 일을 했는데, 특히 도로 건설에 괄목할 만한 업적을 남겼다. 영등포에서 김포공항까지 가는 연장 1만 3,500m, 너비 8m의 도로를 너비 18m로 확장하여 한국 최초의 자동차 전용 준고속도로로 한 일, 연희동~홍제동 간, 종암동 고대 앞~미아리 간 도로 개설은 윤태일 시장의 업적이었다. 곡괭이밖에 없었던 시대에 연희동~홍제동 간 도로를 최초로 개설한 것은 실로 엄청난 일이었다. 그 밖에도 민원

서류 서식의 통일, 호적 등·초본 발급 사무의 기계화, 시 직원을 공개 경쟁시험으로 뽑도록 제도화하는 등 그의 업적은 적지 않다. 그러나 그의 업적 가운데 가장 큰 것은 다음 세 가지였다.

첫째가 제2 한강교, 즉 오늘날의 양화대교 공사를 착공하여 추진한 점이었다. 당시 한강에는 두 개의 교량(한강대교와 광진교)밖에 없었는데, 김포공항·영등포 방면에서 서울의 북부인, 신촌·연희동·홍제동 방면, 특히 서부전선과의 연결을 위한 한강 교량이 시급히 필요했다. 그러나 당시 서울시의 재정 상태는 매우 빈약하였고 토목기술 수준도 유치한 상태에 있었다. 보통의 상식을 가진 사람이면 교량 건설을 계획하지 않았을 상황이었는데, 공병장교 출신인 윤태일은 3개년계획으로 제2한강교 건설에 착수한다. 당시로 봐서는 실로 엄청난 결단을 내린 것이었다. 길이 1,108m, 4차선 너비(13.4m)의 교량이 착공된 때는 1962년 6월 20일이었고 1965년 1월 25일에 준공되었다.

「서울특별시 행정에 관한 특별조치법」

윤태일 시장의 두 번째 공적은 서울시의 법적 지위를 승격시킨 일이었다. 지금의 시점에서 생각해 보면 엄청나게 큰 공적이었다.

쿠데타 초기 현역 군인 신분으로 최고회의 의원이 되었거나 정부의 고위공직자가 된 군인들은 군용 지프차를 타고 다녔다. 윤태일 시장도 군용 지프차에 별판을 달고 다녔다. 서울시장 취임 후에 준장에서 소장으로 진급되었기 때문에 그의 지프차 번호판에는 두 개의 별이 번쩍이고 있었다. 그런데 쿠데타 후 얼마 안 가서 별판 대신에 번호판을 달게 되었다. 군사 정권의 위압감을 너무 풍기지 않게 하기 위해서였다.

당시의 차량 번호판은 소속에 따라 색깔이 달랐다. 관용차는 감색, 자가용 승용차는 흰색, 영업차는 노란색이 바탕색이었다. 그런데 관용차 차량 번호는 계급에 따라 순위가 매겨졌다. 대통령 전용차가 1호, 국무총리가 2호, 국회의장이 3호, 대법원장이 4호, 각 부 장관 이하는 두 자릿수였다. 외무부 장관 11호, 내무부 장관 12호, 재무부 장관 13호의 순서로 각 부 장관들에게 25호까지 배정되었고, 26호가 서울특별시장이었다. 26호라는 새 번호판을 받은 윤 시장이 깜짝 놀라면서 관계관에게 물었다. 다음은 시장과 관계관과의 문답이다.

"한신 장군은 몇 호냐?"
"한신 장군은 내무부 장관이기 때문에 12호입니다"
"한신은 12호인데 왜 내 차는 26호냐?"
"서울시는 내무부의 지휘 감독을 받는 지방 관청이기 때문에 중앙 각 부처 장관 다음의 번호를 받을 수밖에 없습니다."
"뭐야! 서울특별시는 지방 관청이란 말이냐?"
"네. 서울시는 경기도·강원도와 마찬가지로 내무부 장관의 지휘 감독을 받는 지방행정기관입니다."
"그렇다면 나는 한신이의 지휘 감독을 받는다는 거냐?"
"네, 제도상은 그렇게 되어 있습니다."

쿠데타 주체세력 가운데 핵심 인물로서 서울특별시장이 되어 의기양양하던 윤 시장은 자기가 한신의 지휘를 받는 부하라는 것을 알게 되자 참을 수 없는 굴욕감을 느꼈다.

한신(韓信), 1922년에 함경남도 영흥에서 출생했으니 나이는 윤태일보다 네 살 아래였다. 일본 중앙대학 법과를 나온 후 1943년에 학병으로 일본군에 들어갔고, 광복 다음 해인 1946년에 국방경비대에 들어가 장교가 되었다. 한국군에 들어간 시기가 윤태일보다 2년 앞섰으니 군대에서의 서열은 항상 윤태일보다 앞섰다. 1957년에 수도사단장이 되었고 육군본부 감찰감도 윤태일보다 앞서서 지냈다. 5·16이 나서 최고회의 의원 겸 내무부 장관이 되었고, 육군 소장이었다. 한신이 주체세력이 아니면서 최고위원 겸 내무부 장관이 된 데는 이유가 있었다. 그는 군대 내에서 청렴한 장성으로 이름이 나 있었고 전 장병들로부터 존경을 받고 있었다. 그러므로 쿠데타 상층부의 입장에서는 군사 정권이 깨끗한 정권임을 안팎에 표명하기 위해서도 한신 같은 인물을 포섭하여 중요 직책에 배치할 필요성이 있었던 것이다.

그러나 윤태일은 평소부터 한신을 좋지 않게 생각하고 있었다. 자기 혼자만 청렴결백한 척하는 한신의 태도가 마음에 거슬렸고 같은 함경도 출신으로 자기보다 나이가 아래인데도 불구하고 앞질러 출세하는 것도 비위가 상하는 일이었다. 윤태일은 주체세력 중에서도 중심에 있던 인물이었는데, 그에 비해 한신은 주체세력에 속하지 않았다. 그런 한신 장군이 자기의 직속상관이라는 점을 윤태일은 참을 수 없었다.

윤 시장은 최고회의 의원들을 상대로 은밀한 운동을 전개한다. 내무부의 지휘 감독 아래에 있는 서울시를 국무총리 직속기관으로 승격시키는 운동이었다. 이 일은 한신 장군이 알아차리지 못하게 은밀하게 추진되었다. 그러나 만약에 한신 장군이 내무부 장관실에 출근하고 최고회의에 참석하고 있었다면 윤 시장의 그런 운동을 알지 못했을 리가 없었고, 따라서 그런 기도(企圖)가 좌절되었을지도 모를 일이다. 그런데 1961년 11월경에 한신 장군이 교통사고로 다리를 다쳐 출근하지 못하는 상태가 약 2~3개월 정도 계속되었다(토요일 점심 때 보신탕을 먹었고 그 때문에 약간의 술기운이 있었는데, 지프차를 직접 몰고 새로 건설된 김포가도를 과속으로 달리다가 교통사고를 냈다고 전해지고 있다).

「서울특별시 행정에 관한 특별조치법」이라는 법률이 국가재건최고회의를 통과하여 공포된 때는 1962년 1월 27일이었다. 그때까지 내무부의 지휘 감독을 받아왔던 서울시를 승격시켜 국무총리의 감독을 받게 한다는 내용의 법률이었다. 경기도·강원도와 같은 지위를 지닌 지방청이었던 서울시가 중앙 부처와 동격이 되고, 서울특별시장이 각 부 장관과 같은 지위가 된다는 내용의 법률이었다. 일원적이어야 할 지방행정체계가 이원적으로 운영된다는 내용의 법률이었으니, 내무부 간부들과 한신 장관의 입장에서는 청천벽력과 같은 어이없는 법률이었다. 그러나 이미 공포가 되어 버렸으니 어떻게 할 도리가 없는 일이었다.

이 법률로 서울특별시장은 내무부 장관의 지휘 감독에서 벗어나게 되었고 장관과 동격인 신분이 되었다. 그러나 이 법률로 톡톡히 득을 본 것은 계장 급 이상 서울시 간부들이었다. 이 법률이 시행된 1962년 2월 1일 이전에는 부시장이 2급(이사관), 국장은 서기관(4급), 과장은 사무관(5급), 계장은 주사(6급)였다. 그런데 이 법률 때문에 서울시가 중앙 부처와 동격이 되었으니 직급이 한 계급씩 올랐다. 부시장은 1급 중에서도 가장 서열이 높은 1급이 되었고, 국장은 이사관(2·3급), 과장이 서기관(4급), 계장이 사무관(5급)이 되었다. 구청도 마찬가지였다. 서기관이었던 구청장이 부이사관(3급)이 되고, 주사였던 과장이 사무관이 되었다. 본청·구청 할 것 없이 실로 신바람 나는 일이 벌어진 것이었다. 「특별조치법」은 새 지방자치법이 시행되어 서울시의회가 새로 개원하는 1991년 7월 8일 하루 전까지, 장장 29년 4개월간 그 효력이 지속되었고, 그동안 국무총리 행정조정실에 제3조정관실이라는 것이 설치되어 서울시 행정을 감독하였다. 그러나 감독에 한계가 있었고 형식적인 것에 불과하였다. 30년 가까운 세월에 걸쳐 서울시는 거의 무감독 상태에서 비교적 자유로운 행정을 전개할 수 있었던 것이다.

윤태일의 세 번째 공적은 서울시 구역 확장이었다. 1962년 11월 21일자 법률 제1172호에 의해 1963년 1월 1일부로 서울시 행정구역이 두 배 이상 확장된 것이다(종전 268km^2, 확장 후 596.5km^2). 지금의 중랑·강북·노원·은평·강서·구로·금천·관악·서초·강남·송파·강동 등 각 구가 되어 있는 지역 및 양천구의 일부 지역 등이 이때의 확장에 의해 서울시에 편입되어 문자 그대로 '대서울'이 된 것이다. 서울시에 편입될 당시 이 지역들은 예외 없이 농촌 상태 그대로였기 때문에 그런 지역들을 도대체 무엇 때문에 서울시에 편입시켜야 했는지 알 수가 없다. 당시의 서울시 인구는 겨우 250만을 약간 넘고 있을 때였다. 필자는 이 구역 확장에도 역시 윤태일 시장과 내무부 장관(박경원)·경기도 지사(박창원)와의 역학관계(힘겨루기)에서 윤태일의 힘이 더 강했기 때문일 것이라고 추측하고 있다. 서울시 입장으로 봤을 때는 실로 엄청난 공적이었다.

윤태일은 군정이 민정으로 이양된 뒤인 1963년 12월 16일에 서울시장 자리에서 물러나 바로 예비역으로 편입된다. 예편 당시의 계급은 육군 중장이었다. 1964년 1월부터 주택공사 사장이 되었고 1968년 7월까지 근무하다가 유정회 국회의원, 국회 건설위원회 위원장 등을 역임한다. 그러나 1980년대 이후의 행적은 알 수가 없다

(1989년인가에 작고했다고 하는데 추적할 수가 없었다).

한신 장군은 1962년 10월 이후 잠시 감사원장을 지내다가 민정 이양 후 군에 복귀했으며, 제6군단장, 제2군 사령관, 제1군 사령관, 합동참모본부 의장 등을 역임하다가 1975년에 예편했다. 제1군 사령관에 재직하고 있던 1970년에 육군 대장이 되었다. 예편 후에는 아세아자동차 사장, 대한중석공사 사장 등을 역임했으며 1996년에 작고하였다.

참고로 윤태일 시장의 차량 번호가 「서울특별시 행정에 관한 특별조치법」 제정의 계기가 되었다는 점에 관해서는, 당시 내무부 지방국 기획계장이었고 훗날 경상북도 지사·국세청장·새마을운동본부 본부장 등을 역임한 김수학(金壽鶴)이 잡지 ≪지방행정≫ 1996년 8월호에 발표한 「서울특별시 행정에 관한 특별조치법 부활?」이라는 글에도 언급되어 있으니 참고하기 바란다.

■■■ 참고문헌

이상우. 1993. 『제3공화국(1·2)』. 중원문화.
한국군사혁명사편찬위원회. 1963. 『한국군사혁명사 제1집(상·하)』.
당시의 신문·관보·법령집.

윤치영 시장이 불붙인
대도시 인구 집중 방지책 전말

윤치영 시장

군사 쿠데타를 일으켜 2년 7개월간 군정을 펴 온 박정희 정권이 우여곡절 끝에 민정 이양을 결심하고 대통령 선거를 치른 때는 1963년 10월 15일이었고, 박정희 후보가 15만여 표 차로 당선되었다. 이어 11월 26일에는 국회의원 총선거도 실시되었다.

박정희 대통령이 취임식을 거행한 것은 12월 17일이었으니 제3공화국의 시작이었다. 국무총리를 비롯한 새 내각은 대통령 취임식 하루 전인 12월 16일에 임명되었는데, 서울특별시장에는 윤치영(尹致暎)이 임명되었다.

윤치영은 1898년 2월 10일, 지금의 종로구 견지동에서 윤영열의 막내아들로 태어났다. 윤영열은 구한 말 군부대신을 지낸 윤웅열의 동생으로 그 또한 정2품 육군 삼장인 무관이었다. 윤웅열의 장자가 만민공동회의 중심인물이었고 한성 판윤을 지냈으며 훗날 연희전문학교 교장 등을 역임한 윤치호(尹致昊)였으니, 윤치영은 윤치호의 종제였다. 1948~1949년에 서울특별시장을 지냈고 제2공화국 대통령을 역임한 윤보선은 윤치영의 친조카가 된다.

1915년에 중앙고보를 졸업한 윤치영은 일본 와세다대학을 거쳐 하와이·프린스턴·콜롬비아·조지워싱턴 등 각 대학에서 국제법·외교학을 공부하였으며, 1934년에 아메리칸 대학에서 MA(석사)를 받았다. 대학 재학 중인 1924년에 하와이 한인 기독교학원의 교수와 주간 ≪태평양신문≫의 주필을 지냈고, 4년간 ≪동아일보≫ 주미 특파원으로 활약하기도 했다. 1937년에 귀국한 후로는 흥업구락부 간사를 지내다가, 이른바 흥업구락부 사건으로 9개월간 옥고를 치르기도 했다.

광복 후 1945~1948년에는 이승만 박사 비서실장을 지냈고, 제헌국회의원 당선 후 대한민국 초대 내무부 장관을 거쳐 서울시 중구에서 2·3·6대 국회의원에 당선되어 국회 외무 및 국방위원장을 지냈고, 국회 부의장을 두 번이나 지냈다. 특명 전권대사로 필리핀, 프랑스, UN 총회 한국 대표도 역임했으며, 1956년에는 부통령에 입후보하기도 했다. 1963년에 민주공화당 창당 발기인으로 참가하여 김종필(金鍾泌)의 뒤를 이어 당 의장이 되었으며, 박정희 대통령 후보의 선거 사무장과 뒤이은 국회의원 선거의 사무장도 맡았다. 상대 입후보자가 친조카인 윤보선이었음에도 불구하고 그는 박정희 후보 선거 사무장이 됨으로써 철새 정치인이라는 비난도 감수해야 했다. 제3공화국 발족에 맞춰 서울특별시장으로 임명된 것은 바로 그에 대한 논공행상(論功行賞)이었다.

시장 취임사에서도 밝혔듯이 그는 평생을 정치활동만 해 왔기 때문에 행정 면에는 전혀 아는 것이 없었다. 그 또한 시정 목표라는 것을 내걸었고, 명랑한 서울·깨끗한 서울·살기 좋은 서울 만들기와 이를 위한 방법으로 도시계획의 근대화, 각종 건설사업 촉진, 상수도 시설 확장, 교통난 완화 등의 시책을 나열하고 있다. 그러나 그것은 말뿐이었고, 시 행정은 모두 부시장 이하 시 간부들에게 맡겨둔 채 각국의 주한 외교관, UN군 고급 장교들과 어울려 파티나 술자리 벌이기에 더 힘을 쏟는다. 그의 재임 시 두드러진 기구 개편은 총무과에 의전계를 신설한 일이었다. 각종 행사와 외빈 접대를 전담하는 기구였다. 그는 서울시장 재임 2년 3개월 동안 재미있는 기록 하나를 남기고 있다. 내외 귀빈, 주로 외국 귀빈들에게 주는 행운의 열쇠 증정 기록이다. 1957년에서 1965년까지 9명의 시장에 의해 모두 195개의 열쇠가 증정되었는데, 윤 시장 재임 중에 139개를 주어 전체의 73퍼센트를 점한다는 희한한 기록이다.

물론 그의 재임기간 중에 서울시 도시계획·건설 부서가 전혀 아무 일도 하지 않은 것은 아니다. 1965년 1월 25일에 제2한강교(양화대교)를 준공시킨 일, 6월 3일에 서소문 육교를 기공한 일, 같은 해 7월 13일에 14개 방사선과 7개 순환선으로 이루어진 서울의 기본 가로망을 발표한 일, 1966년 1월 19일에 제3한강교(한남대교)를 기공한 일 등은 그의 재임 중에 일어난 일이다. 서교·동대문·면목·수유·불광 등 각 지구에 구획정리사업이 추진된 것도 윤 시장 재임 중의 일이었지만, 그것이 모두 서울 변두리에서 전개된 일이었기 때문에 대다수 시민들은 실감하지 못하는 일들이었다. 당시의 대다수 서울시민은 훨씬 더 활발한 도시 개조사업을 바라고 있었다.

1955년에 157만이었던 서울의 인구수는 1963년에 300만을 넘었다. 7년 동안에 두 배가 된 것이다. 1962년부터 시작된 경제개발계획으로 국내의 경제활동이 활발해짐에 따라 서울시내의 교통 인구도

대통령 연두순시 때 한복을 입고 시정 보고를 하는 윤치영 시장

크게 늘어나 버스 정류장마다 몰려든 인파로 장사진을 이루었다. 교통난만이 아니었다. 주택난·상수도 급수난·2부제 수업·쓰레기 처리, 각종 범죄 등등 여러 가지 문제가 쌓여가고 있었다. 이호철(李浩哲)의 장편소설 『서울은 만원이다』가 ≪동아일보≫에 연재되기 시작한 것은 1966년 2월 8일부터의 일이다. 1965년 말 현재로 인구수가 347만밖에 안 되었지만 그래도 서울은 확실히 만원 상태가 되어 있었고 그 타개책이 절실히 요구되고 있었다.

윤치영에게는 하나의 신념이 있었다. "서울에는 서울 사람이 살고 시골에는 시골 사람이 살아야 한다"는 것이었다. 그가 미국에서 돌아온 1937년 당시 서울 인구는 70만 명이었다. 그의 머릿속에는 항상 70만 명 당시의 서울이 있었다. 광복과 6·25 전쟁기에 많은 피난민이 들어와 서울에 정착한 것도 그의 심기를 건드리는 것이었는데, 1950년대 후반기부터 일어난 인구 증가, 즉 농촌 이탈자의 서울 집중은 몹시 못마땅한 일이었다. 그런데 그것은 비단 윤치영만의 감정이 아니었다. 서울 사람들의 배타의식·거부반응은 시골 사람들을 대할 때 무심코 뱉는 '시굴띠기'라는 낱말이 잘 표현하고 있었다. 시굴은 시골의 서울 사투리였다. 6·25가 일어나기 직전인 1950년 5·6월에 서울에서 학교를 다녔던 필자는 시굴띠기라는 표현을 수없이 들어야 했다. 당시는 시골 사투리를 쓰는 사람은 완전한 이방인이었다. 정치인이었던 윤치영만이 비단 배타의식을 가지고 있지는 않았을 것이다. 농민이 농촌을 버리고, 지방 중소도시인이 지방을 버리고 마구 서울로 올라오는 것을 그대로 방치해 두면 국토의 질서 자체가 무너진다는 생각을 했을 것이다.

윤치영 시장이 남긴 일화 중에 재미있는 것이 있다. 서울시 국정감사 때 어느 국회의원이 서울시 도시개발의 부진함을 따지고 "좀 더 좋은 도시를 만들 수 없느냐"고 질문했더니 그는 다음과 같이 대답했다고 한다. "좋은 말씀입니다. 나도 좋은 도시를 만들 줄은 압니다. 그런데 서울시는 아무런 도시계획사업도 하지 않고 있는데도 이렇게 많은 인구가 전국에서 모여들고 있습니다. 만약에 내가 멋진 도시계획을 해서 서울시가 정말로 좋은 도시가 되면 더욱더 많은 인구가 서울에 집중될 것입니다. 농촌 인구가 서울에 몰려오지 않게 하기 위해서도 서울을 좋은 도시로 만들어서는 안 됩니다. 내가 서울에 도시계획을 하지 않고 방치해 두는 것은 바로 서울 인구 집중을 방지하는 한 방안입니다(이 발언은 필자가 서울시 간부로 재직했던 1970년대 전반기에 서울시청 내에서 여러 차례 들었던 이야기이고, 최근에도 당시 서울시 간부였던 분에게 확인한 이야기이다)."

윤 시장의 국회 발언과 최초의 인구 집중 방지책

윤 시장의 공식 발언 중에서 가장 유명한 것은 1964년 2월 6일 국회 내무위원회에서의 답변이었다. 오전 10시 10분에 개회하여 오후 1시 38분까지 계속된 장황한 질의응답이었으며, 안건은 서울시 예산안 심의의 건이었다. 서울시에 의한 상수도 급수, 인구 집중, 판잣집 철거, 구호양곡 지급 등을 둘러싸고 국회의원의 질의, 시장을 비롯한 서울시 간부들의 답변이 이어졌다. 국회 부의장을 두 번이나 역임한 윤 시장의 입장에서 볼 때 집요하게 물고 늘어지는 국회의원들은 새카만 후배요 풋내기들이었다. 그래서 말을 조심해서 해야 한다는 생각을 잊어버렸을 것이다. 시장의 답변 중에 불쑥 다음과 같은 말이 튀어나왔다. 장황한 내용이지만 요점만 간추리면 다음과 같다.

서울시의 현재 인구는 약 350만 정도입니다. 해마다 30만 명의 인구가 증가합니다. 광주시(光州市) 인구수와 맞먹는 인구가 매년 늘어가고 있습니다. 이 인구 증가를 막아야 합니다. 지방에서 서울로 진출해 올 사람은 각 도 지사의 사전 허가를 받고 서울에 들어오기 전에 다시 서울시장의 허가를 받는 그런 입법 조치를 연구해 주십시오. 그런 법률이라도 만들지 않으면 누가 서울시장을 해도 사태는 마찬가지입니다.

실로 엉뚱한 발언이었다. "누가 서울시장을 해도 사태는 마찬가지입니다"라는 식의 발언은 적어도 국무위원 급 인사가 국회에서 할 말은 아닌 것이었다. 윤 시장의 입장에서는 "서울의 행정 전반에 문제가 있다. 도시계획도 제대로 추진되지 않고 있고 교통·급수·주택 문제 등이 전혀 해결되지 않고 있다"고 비판하는 중앙정부·입법부 및 언론에 대한 저항이었던 것이다. 당시의 속기록을 보면 이 부분은 크게 생략되거나 변경되어 있다. 아마 발언 내용 그대로를 남긴다면 윤 시장 입장도 어려워지고 국회의 권위에도 손상이 가는 일이었으니, 위원장 직권으로 손질했을 것이다. 그러나 속기록을 손질했다 할지라도 배석한 기자들의 귀까지 막을 수는 없었다. "지방민의 서울 이주를 허가제로 하는 입법"을 요청한 이 발언 내용은 바로 라디오를 통해 전국에 방송되었고, 그날 석간신문, 이튿날 조간신문에 대대적으로 보도되었다.

서울시민만이 아니라 전 국민을 놀라게 한 발언이었지만 더욱더 놀란 것은 중앙정부, 특히 박정희 대통령이었다. 윤 시장의 국회발언이 있기 전에는 중앙정부(박 대통령) 스스로가 서울의 인구 집중에 별로 관심이 없었다. 경제개발, 국민의 경제생활 향상에만 온 관심을 집중해 온 박 대통령이 윤 시장의 이 발언을 계기로 사태의 중대함을 인식하게 된 것이다. 고급 장교 신분으로 한국전쟁을 치른 박 대통령의 인식은 윤 시장과 같은 거부반응·배타의식과는 전혀 성질이 달랐다. "350만 서울 인구를 데리고 전쟁을 치를 수 있을 것인가"라는 문제였다. 6·25 당시 서울시민은 170만 정도로 집계되어 있다. 170만 인구를 가지고도 한강을 건널 때 그 법석을 떨고 그 고생을 했는데, 350만 또는 그 이상의 상태로 만약에 이북 정권이 또 남침해 온다면 어떻게 될 것인가를 생각해 보면 실로 아찔한 일이었다. 그와 같은 대통령의 인식은 6·25를 체험한 고급 군인, 고위층 인사들에게 공통된 인식이었다.

그해 5월 11일에 개각이 있었고 최두선 총리가 사퇴하고 정일권 총리가 취임하였다. 6·25 때 육군 참모총장으로서 전쟁 수행의 책임자였던 정일권(丁一權)을 총리로 임명하면서 대통령이 당부한 것은, 조속한 시일 안에 "대도시 인구 집중 방지책을 수립하라"는 것이었다. 국무총리의 지시를 받아 건설부가 성안했다고 하는 최초의 대도시 인구 집중 방지책이 대통령에게 보고된 때는 그해(1964년) 9월 22일 오후이다. 보고를 받은 대통령이 당일로 긴급 국무회의를 소집하여 의결하라고 지시한다. 모두 20개 항목으로 된 인구 집중 방지책이 그날(9월 22일) 야간에 소집된 국무회의에서 의결·발표되었다.

"굳이 서울에 있어야 할 필요가 없는 관공서는 점차적으로 지방에 이전한다. 영세민에게도 세금을 과함으로써 영세민의 대도시 전입을 방지한다. 농토 개간을 적극적으로 전개하여 농민의 이농을 방지한다" 등 20개 항목으로 이루어진 최초의 인구 집중 방지책은, 지금의 시점에서는 유치하기 짝이 없었지만 1960년대 후반기를 거쳐 1970년대에 들면서 그 내용이 점점 더 보강되었다. 서울시 도시계획구역 내에서 공업지역이라는 것이 없어져서 공장들이 모두 지방으로 이전한 일, 주민세 제도 신설, 개발제한구역 설정, 대학 신설 금지와 정원 억제, 지방대학 육성, 지방도시 개발 진흥, 반월·구미·여천·창원 등 대규모 공업단지 조성 등 그 사례는 엄청나게 많다.

여하튼 서울의 인구 집중 방지책은 윤치영 시장의 국회 발언이 도화선이 되었다. 그리고 1964년 9월에 발표된 최초의 인구 집중 방지책은 어떤 의미에서는 도시 정비를 게을리 하는 윤치영 시장에 대한 면죄부이기도 했다. 인구 집중 방지책이 발표된 이후에도 윤 시장은 두드러진 도시 정비 시책을 전개하지 않는다. 이렇다 할 일을 추진하지 않는 서울시 행정은 청소국 부정사건 등으로 복마전이라는 비난만 받고 있었다.

실로 답답한 일이었다. 답답한 것은 시민들만이 아니었다. 박 대

1970년대 말 명동거리의 인파

통령이 가장 답답하게 생각했다. 그렇다고 대통령 선거 공로자인 시장을 함부로 갈아치울 수 없는 점에 대통령의 고민이 있었다. 참다 못한 박 대통령이 윤 시장 해임을 발표한 때는 1966년 3월 31일이었다. 박 대통령은 윤 시장 해임 발표에 앞서 이후락 중앙정보부장과 정일권 국무총리를 차례로 시장실로 보내 윤 시장을 무마한다. 윤치영의 성격상 시장 해임 발령에 반항하여 엉뚱한 발언을 할까 두려웠던 것이다.

서울시장 직에서 물러난 윤치영은 그 후에도 많은 공직에 종사하지만 모두가 비상임직이었으며 상임인 직책은 맡지 않는다. 그는 1996년 2월 9일에 사망하였다. 1898년 2월 10일에 출생했으므로, 그는 정확히 만 98년간을 하루도 과부족 없이 살다 간 것이다.

1970년대 이후의 인구 집중 방지책과 미래 전망

1964년 9월 22일의 대도시 인구 집중 방지책 이후에도 대도시의 인구수는 조금도 줄지 않고 늘어만 가는 추세에 있었다. 서울의 경우 1960년의 인구수가 244만이었는데 1966년에는 379만이 되어 있었고, 1970년에는 543만이 되어 있었다.

"대도시에 몰려오는 인구를 저지해야 한다. 더 이상 늘어서는 안 된다"는 것이 당시 모든 정부기관의 공통된 인식이었다. 서울시가 1965년에 수립한 시정 10개년계획도 인구 집중 억제를 내용으로 담았고, 건설부가 마련한 국토계획 기본 구상도 국토의 균형 개발로 대도시 인구 집중을 억제하는 것이 주된 내용이었다. 1969년 5월 31일에는 대통령 자문기관으로 수도권문제심의위원회가 설치되었고, 수도권 인구 집중 억제 방안이 청와대 정무비서실 주관하에 17개 부처가 참여하여 작성되었다.

한편 대도시 인구 및 시설의 조정 대책은 1969년 12월 5일 제96회 국무회의 때 대통령 지시에 따라 같은 해 12월 29일 무임소 장관실에서 작성한 것으로서, 그때부터 수도권 인구 집중 억제 문제는 무임소 장관실에서 담당하게 되었다. 시책의 내용은 방대한 것이었는데 크게 세 가지로 요약될 수 있다.

첫째가 산업시설 분산 대책이고 둘째가 교육시설 분산 대책이며 셋째가 공공시설 분산 대책이었다. 돌이켜 보면 1960년대 중반부터 시작하여 1990년까지 정확히 25년간 계속된 수도권 인구 억제 정책은 물가의 인플레 현상과 더불어 중앙정부가 해결하려고 노력해 온 가장 큰 과제 가운데 하나였다. 국가 사회의 발전을 위해 분산이 바람직한지 집적이 더 효율적인지 논하기에 앞서, 서울에서 불과 40km

도 안 되는 전방에 휴전선이 그어져 있고 북쪽과 일촉즉발의 무력으로 대치하고 있는 상태하에서 인구의 과도한 수도 집중은 국가안보라는 측면에서 결코 바람직한 현상이 아니었기 때문이다.

1964년 9월에 대도시 인구 분산 시책이라는 것이 처음으로 발표된 후 10여 년간, 산업 입지·학교 입지 등을 억제하는 정부 각 부처의 시책이 연이어 실시되었고, 수없이 많은 의견이 발표되었다. 대도시 인구 집중 방지책은 이름 그대로 인구의 대도시 집중 방지책으로서, 처음에는 서울뿐만 아니라 부산·대구·광주 등 지방 대도시에도 적용되는 것이었다. 그러나 1970년대의 중반기를 넘으면서 부산·대구·광주는 적용 대상에서 제외되었고, 서울과 서울을 둘러싼 수도권으로 한정되게 된다. 물론 지방 대도시의 집중화 현상도 예사롭지 않아 근심스러운 측면이 없지 않았지만, 그 양적·질적 측면에서 수도권으로의 집중과는 비교가 되지 않는 것이었기 때문이다.

그동안의 수없이 많은 제안과 시책들을 집대성하여 정리한 것이 1977년 말에 제1 무임소 장관실에서 성안·발표한 수도권 인구 재배치계획이었으며, 그것을 구체화한 법제가 1977년 12월 31일자로 발표된 「공업재배치법」과 동법 시행령, 1982년 12월 31일자의 「수도권정비계획법」과 동법 시행령이었다. 서울 및 수도권에서의 산업 입지 억제 및 분산책, 대학의 신설 금지 및 정원 억제, 주민세 신설, 개발제한구역 설치 등이 시행되는 한편, 전국적인 인구 증가 억제, 울산·구미·창녕·여천 등의 동남권에서 대규모 공업단지 개발, 지방 중소도시 개발 지원 정책, 지방대학 육성 등 실로 여러 가지 시책이 강구되었다. 그러나 거주 이전의 자유, 직업 선택의 자유가 헌법상의 기본권인 이상 유입의 흐름을 근본적으로 막는 데는 한계가 있었다. 서울의 인구수는 1975년에 689만, 1980년에 836만, 1985년에 965만,

1990년에 1,061만으로 증가하고 있다.

이즈음 식자들간에는 인구 집중 방지책의 효과에 의문을 제기하는 사람들이 나타났다. "온갖 방안을 그렇게도 열심히 강구해 왔는데도 불구하고 서울의 인구는 늘어만 가고 있으니, 집중방지책을 실시하지 않는 것만 못하지 않느냐"라는 의견이었다. 그와 같은 비판에 대해 관변(官邊)학자들은 "그동안 그만한 억제책을 써왔으니 망정이지 그것도 안 했다면 훨씬 더 많은 인구가 모였을 것이다"라고 항변했다.

그러나 서울의 인구수는 1990년의 1,061만이 정점이었다. 1995년에는 1,023만으로 집계되었고 2000년에는 989만 5,000으로 집계되었다. 서울의 인구수가 이렇게 감소 추세를 보이는 것에 대해 이번에는 수도권 인구수의 급격한 증가가 문제로 나타났다. 인천광역시와 경기도에서의 인구 증가 현상이니, 이른바 J-turn 현상이라는 것이다.

인구 집중 방지책이 거론되기 시작한 1966년 당시 인천시의 인구수는 53만이 채 되지 않았다. 그것이 1980년에는 108만에 달하여 직할시 승격의 계기가 되었고, 1990년에는 182만, 2000년에는 247만 5,000으로 집계되었다. 한편 1966년 당시 310만이었던 경기도는 인천시가 직할시로 독립해 나갔는데도 불구하고 1985년에 480만, 1990년에 615만, 2000년에는 898만으로 증가되었다. 이제 경기도 인구수가 서울 인구수를 능가하여 1,000만 선을 돌파하는 것은 시간문제라고 전망되고 있다(2003년 추계인구수 1,016만). 2000년 11월 1일 기준으로 수도권 인구수는 2,135만 4,490으로, 전국 인구수 4,613만 6,101의 46.3퍼센트에 달하고 있다. 2005년에는 수도권 인구가 전국 인구의 50퍼센트를 넘을 것이 아닌가 염려되고 있다.

과연 이런 현상은 언제까지 갈 것인가? 필자의 소박한 의견이지만 수도권(서울+인천+경기도) 인구수가 전국 인구의 50퍼센트를 넘을 때쯤부터 수도권 인구 집중 현상은 끝나리라고 추측하고 있다. 그 이유는 두 가지이다. 첫째, 출산력의 급격한 저하로 전국 인구수가 거의 늘지 않게 되어 가고 있다는 점, 둘째, 지방마다의 인구수가 그 지방을 유지하는 데 필요한 최소한도의 선까지 도달했다는 점이다.

그렇다면 그와 같은 전망, 즉 수도권 인구수의 50퍼센트 선에서 인구 증가는 거의 정지할 것이라는 전망이 2010년에도, 또 2020년에도 지속될 것인가를 묻는다면 그 점에 대해서는 전혀 자신이 없다. 두 가지 이유 때문이다. 첫째, 고속철도의 준공과 서울~춘천 간 고속도로의 개통이다. 고속철도가 준공되고 서울~춘천 간 고속도로가 개통되어 서울~대전 간, 서울~춘천 간이 각각 약 40분 정도의 시간거리가 되면, 지금보다 수도권의 범위가 훨씬 더 확대되어 대전은 물론 충청남도의 일부 지역, 춘천·원주를 포함하는 강원도 영서지역이 수도권의 범위에 편입되게 되고, 그 결과 수도권 인구수가 전국 인구의 65퍼센트 이상도 될 수 있다는 점이다.

둘째, 북한의 상황, 즉 북한으로부터의 대량 인구 탈출 현상이 실제로 일어날 것인가, 일어난다고 하면 언제쯤, 어떤 모습으로 일어날 것인가에 관한 전망이 전혀 서지 않는다는 점이다. 만약 1980년대 말에 동독에서 일어났던 것과 같은 대량 인구 탈출 현상이 북한에서도 일어나게 되면, 그때에는 지난날 서울 및 수도권에서 실시된 인구 집중 방지책보다도 훨씬 강력한 대책이 강구되지 않으면 수도권은 일시에 슬럼화될 수도 있다는 것을 경고해 두고 싶다.

■ ■ ■ 참고문헌

서울특별시. 1972. 「수도서울에 있어서의 인구 집중억제에 관한 연구」.

제1 무소임장관실. 1978. 「수도권인구재배치계획」.

청와대 비서실. 1973~1978. 『대통령 각하 지시사항』.

국회 내무위원회 속기록, 법령집·연표·신문 등.

1966년과 불도저 시장 김현옥의 등장

1966년이라는 해

한 겨레의 역사를 살펴보면 여느 해와는 달리 특별히 기억되어야 할 해가 있는 법이다. 20세기 우리 겨레의 역사에서도 예컨대 1910년은 일제에 의해 강점을 당한 해, 1919년은 3·1 운동이 일어났던 해, 1945년은 광복이 된 해, 1950년은 한국전쟁이 일어난 해 등으로 특별히 기억되어야 한다. 1966년도 그렇게 특별히 기억되어야 할 해라고 생각한다.

국세조사(國勢調査, census)는 국제사회의 약속으로 끝자리가 0 또는 5인 해에 실시하도록 되어 있었다. 그런데 1964년 가을의 예산국회에서 정부가 야당과 합의한 것은 1965년도 예산안을 정부 원안에서 무조건 5퍼센트씩 삭감한다는 것이었다. 전 부처의 예산안이 5퍼센트씩 삭감되었고, 부총리 겸 경제기획원 장관이었던 장기영(張基榮)은 경제기획원 소관 예산안 중에서 1965년에 실시키로 되어 있던 인구·주택 국세조사비를 전액 삭감해 버렸다. 결국 모든 문명국가가 1965년에 실시한 국세조사를 한국만은 실시하지 못하게 되었고 전체 문명세계의 비난을 받으면서 1년이 늦은 1966년에 실시하게 된다.

그런데 1966년 센서스는 특별한 의미를 가지는 것이 되었다. 즉, 단군 이래 5,000년의 역사상 모든 시·읍·면은 인구가 조금씩 늘어나는 추세에 있었는데, 그것이 1966년 센서스에서 최고 수준에 달한 것이었다. 1970년 센서스 때부터는 많은 농어촌 읍·면에서 절대인구의 감소 현상이 일어나게 된다. 다른 말로 표현하면, 1966년 당시 한국의 모든 농어촌은 생산력을 초과하는 과잉인구를 가장 많이 안고 있었다. 그중 상당 부분은 대도시 진출을 위한 대기 상태에 있었던 것이다.

1962년부터 시작한 제1차 경제개발 5개년계획은 1966년에 끝났다. 제1차 5개년계획의 결과로 단군 이래 5,000년간 계속해 온 절량농가(絶糧農家), 춘궁기(春窮期)의 현상이 사라진다. 즉, 식량이 떨어져서 굶어죽는 현상이 없어진 것이다. 실로 엄청난 변화였고 혁명과 같은 일이었다.

1960년에 244만 명이었던 서울의 인구수가 1966년 센서스 때는 379만 명이 되어 있었다. 6년 동안 55퍼센트 이상이 늘었으니 엄청난 증가였다. 서울만큼 높은 인구 증가는 아니었지만, 부산·대구·인천·광주·대전 등지에서도 엄청난 인구 증가가 있었다. 이른바 현저한 도시화 현상이 일어나고 있었던 것이다.

이호철의 소설 『서울은 만원이다』가 ≪동아일보≫ 지상에 연재된 것은 1966년 2월 8일에서 11월 28일까지 모두 250회에 걸쳐서였다. 1966년 2월에는 서울의 인구수가 겨우 350만 정도밖에 안 되었는데도 모든 사람의 눈에는 마치 서울이 만원이 된 것처럼 보였는지, 이 소설은 엄청나게 평이 좋았고 너도나도 다투어 가면서 읽었다. 즉, 당시에는 서울뿐만 아니라 모든 대도시에서 변두리의 개발이 전혀 안 되어 겨우 도심부 안에서만 집중 거주하고 있었으니, 주택난·교통난 등 이른바 도시문제라는 것이 심각하게 일어나고 있었고 따라서 모든 대도시가 만원 상태에 있었던 것이다. 그와 같은 도시문제를 대변하는 잡지 ≪도시문제≫가 발간된 때는 1966년 9월이었다. 또 우리나라 최초의 건축 잡지 ≪공간≫이 창간호를 낸 때도 그해 11월이었다.

1960년대를 가리켜 개발의 연대, 급격한 도시화의 연대라고 설명한다. 1960년대에 들면서 우리나라 경제의 고도성장이 시작되었기 때문이다. 1960년에서 1964년까지 5개년간 매년 5.5퍼센트의 GNP 성장을 기록한 한국은 1965년부터 1969년에 이르는 5개년간은 연평균 11.7퍼센트씩의 성장을 기록했고, 특히 제조업 분야에서의 성장률은 전반기의 연평균 9.4퍼센트에서 후반기에는 22.6퍼센트라는 놀라운 수치를 기록한다. 바로 한강의 기적이라는 현상이었다. 그렇게 놀라운 성장을 나타낸 1960년대의 중간에 1966년이 있었고, 한강의 기적을 건설 면에서 실천한 사람이 서울특별시장 김현옥이었다.

우리들 도시의 역사를 연구하는 학도의 입장에서는 1966년을 바로 김현옥이 등장한 해로 기억하고 싶다. 그는 한국 지방행정·도시개발의 역사에 좋은 면 나쁜 면을 통틀어서 뚜렷한 발자취를 남긴 기린아(麒麟兒)였다. 도대체 그가 어떤 일을 어떻게 했는지 여러 차례에 나누어 고찰하기로 한다.

불도저 시장 김현옥

제1차 경제개발 5개년계획이 성공적으로 추진되어 감에 따라 1965, 1966년경의 수도 서울에는 교통난·주택난 등의 도시문제가 두드러지게 일어나고 있었다. 그렇게 여러 가지 문제가 일시에 분출되고 있었는데도 윤치영 시장은 속수무책이었으니, 서울시장을 바꾸어야겠다는 박 대통령의 결심은 일찌감치 세워져 있었다고 한다. 다만 누구를 후임으로 할 것인가, 시기를 언제로 할 것인가만이 문제였다는 것이다.

1966년 2월 초에 연두순시차 부산에 내려갔던 박 대통령은 부두지구 구획정리사업 등에서 괄목할 만한 성과를 거두어 부산의 모습을 크게 바꾸어 놓은 김현옥(金玄玉) 시장의 노고를 높이 평가했으며, 그를 서울특별시장에 기용키로 결심하고 그 뜻을 귀띔해 주었다고 한다. 윤치영의 후임으로 서울특별시장에 기용된다는 내시를 받은 김현옥은 2월 중순의 어느 일요일, 부산시 보건사회국장 김정오(金正五)를 데리고 비행기로 서울에 와서 당시 서울시 토목과장이었던 주우원(朱禹源)을 비밀리에 불러내어 서울시내를 한바퀴 돌면서 서울시가 안고 있는 문제들 중에서 무엇이 가장 급한 일이고 그에 대해 서울시 실무자들은 어떤 대비를 하고 있는가 등을 검토한 뒤에 내려갔다고 한다. 김현옥이 서울특별시장으로 발표된 날짜는 1966년 3월 28일이었고 발령일자는 31일이었으며, 4월 4일에 부임해 왔다.

1926년 10월 27일 경남 진주에서 출생한 김현옥의 이력을 보면, 육군사관학교 졸업, 건국대학교 법과대학 졸업으로 되어 있고 어떤 책에는 진주의 "전통적인 가정에서 성장하였고 초등학교와 중학교를 졸업"했다고 되어 있으나 그것은 사실과 다르다. 김현옥은 매우 가난한 집안에서 태어나 초등학교를 졸업하고부터는 돈벌이에 나서 어린 남매를 돌보아야 하는 어려운 환경에서 성장하였다. 중학교에 다니기는 했으나 학생으로서가 아니라 사환의 신분이었다. 서울시장 당시 불도저라는 별명 이외에 또 하나의 별명이 벨 보이(종치기)였던 것은 바로 그가 어린 시절에 진주중학교 사환을 지낸 경력 때문이다(그때는 수업시간이 시작하고 끝날 때 종을 쳐서 알렸다). 일제 말기에 그는 육군지원병으로 일본 군대에 끌려갔으며, 8·15 광복 후에 귀국하여 미군정기인 1947년에 국방경비대에 들어가서 잠시 사병 생활을 하다가 단기 코스인 육군사관학교를 거쳐 장교가 되었다. 6·25 전쟁을 겪으면서 출세하여 1954년에 육군 수송감실 차감(대령), 육군수송학교 교장, 제1 야전사령부 참모장 등을 거쳐 5·16 군사 쿠데타 당시에는 부산에서 제3항만 사령관(준장)으로 있었다. 1962년 4월에 부산시장으로 임명되었고 자신의 노력으로 부산을 직할시로 승격케 하였다. 그리고 직할시 승격 후 3년 3개월간 부산직할시장 자리에 있다가 서울특별시장에 기용된 것이다.

서울이 한반도의 수도가 되고 성석린(成石璘)이 초대 한성 판윤에 임명된 1395년 이후 대한제국 때까지, 한성 판윤은 이 나라 최고의 양반계급에 의해 독점되었다. 광복 후에 서울시장을 역임한 사람들 중에는 이른바 양반 출신이 아닌 이도 한두 명 있었기는 하나 예외 없이 전문학교 이상 학력자가 맡는 자리였다. 그런데 김현옥이 서울시장이 됨으로써 양반 출신이 아닐 뿐더러 중학교도 제대로 다니지 않은, 문자 그대로 서민 중의 서민, 그것도 서울에 아무런 연고를 가지지 않은 순수한 지방 출신이 서울특별시장 자리에 기용된 것이었다. 그것은 실로 혁명적인 사실이었다.

헬멧을 쓰고 진두지휘하는 김현옥 시장

김현옥은 머리가 비상했을 뿐 아니라 정서도 뛰어나서 수필도 썼고 시도 썼다. 눈물이 많은 인물인 동시에 얼음장같이 냉철하기도 했다. 그러나 그런 숱한 표현들은 결코 그를 제대로 설명해 주지 못한다. 한마디로 그를 표현하면 그는 '(일에) 미친 사람'이었다. 무슨 일이건 간에 일단 결심이 서게 되면 밀고 밀고 또 밀어붙였다. 그의 별명은 부산시장으로 있을 때부터 불도저였다. 그런데 그가 서울시장으로 부임해 왔을 때 중앙정부 안에 이미 두 명의 불도저가 있었다. 부총리 겸 경제기획원 장관 장기영과 문교부 장관 권오병이었다. 그리하여 당시의 어떤 신문은 장기영 부총리를 큰 불도저, 권 문교부 장관을 중불도저, 김 서울시장을 소불도저라고 평했다. 그런데 김 시장 부임 후 두 달 정도가 지나자 서울에는 단 한 사람의 불도저만 남고 큰 것, 중간 것이 모두 사라졌다. 김현옥 불도저의 위력이 워낙 커서 다른 두 사람은 불도저로 불리지 않게 된 것이다. 오직 김현옥 혼자만을 불도저로 남게 한 것은 도로 건설, 이른바 교통도로 건설이었다.

도로, 도로, 도로

김현옥이 시장으로 발령된 1966년 3월 말 당시의 서울 인구수는 350만, 자동차 총수는 1만 7,000대였고, 그중 승용차가 1만 대, 자가용 승용차는 겨우 5,000대도 안 되는 실정이었다. 일반 시민의 출퇴근은 시속 20km밖에 안 되는 시내 전차가 주된 것이었고, 나머지는 1,370대의 버스였다. 자동차 총수가 1만 7,000대, 자가용 승용차가 겨우 5,000대밖에 되지 않았는데 출퇴근 시민은 심각한 교통난을 겪고 있었다. 그 원인이 무엇인가?

우선 서울의 변두리가 비록 서울시에 편입되어 있었기는 하나 전혀 개발되지 않았고 접근도 어려운 상태에 있었다. 강남으로 통하는 교량은 제1, 제2한강교에 광진교를 합하여 세 개뿐이었고, 제3한강교는 겨우 기공식을 마친 상태에 있었다. 지금의 강동·송파·강남·관악은 전답의 연속이었고 주택이라고는 농가들뿐이었다. 지금 금천구·구로구가 되어 있는 지역은 아득한 시골이었다. 강북도 마찬가지였다. 전차 종점이었던 독립문, 마포, 돈암동, 청량리, 왕십리가 시가지의 끝이었고 그 외곽은 길 너비가 8~10m밖에 되지 않아서 갈현동·수유리·광나루로 나가면 지프차로 왕복하는 데만 하루가 걸렸다. 시가지 내 교통도 마찬가지였다. 도로는 좁은 데다가 그것마저 느리게 달리는 전차가 점거해 버리고 도로를 마구 횡단하는 보행자 때문에 자동차는 속도를 내지 못했다. 도로가 좁고 혼잡하여 버스를 증차할 수가 없어 출퇴근 시간에는 차를 타려는 사람으로 아우성이었다. 줄을 서서 순서를 기다린다는 것은 상상도 할 수 없는 무질서의 시대였다. 여자와 노인, 아기를 데리고 있는 사람들은 힘으로 밀려 한 시간을 기다려도 버스를 탈 수가 없었다. 모든 중·

고등학교는 종로·중구 관내에만 집중되어 있었고 시차출근이니 하는 말은 아직 상상도 할 수 없던 때였다. 갑자기 맞이한 인구 집중, 교통량 증가 때문에 서울은 '교통지옥' 바로 그것이었다.

김현옥은 6·25 전쟁 때 대위·소령 급 장교로 지프차를 타고 일선 지역을 누볐을 뿐 아니라 그의 병과가 바로 수송이었다. 수송감실이니 수송학교니 하는 데서 사람과 물자의 수송에만 종사해 왔으니 서울이 당면한 교통난을 참을 수가 없었다. 4월 4일 아침 서울시청에 처음 부임하면서 그가 본 것은 광화문 네거리의 혼잡상이었다. 차 안에서 무선전화로 도시계획국장·건설국장을 호출했다. "광화문 네거리 교통 처리 대책이 서 있으면 지금 곧 시장실로 가져오라." 그것이 특명 제1호라는 것이었다. 그는 부임한 바로 그날 하루 안에 특명 제8호까지 발표했고, 시청 간부와 직원들은 특명 처리 때문에 동분서주했다고 한다.

김현옥은 우선 서울시 행정의 중점을 도로의 신설·확장을 주로 한 교통난 완화대책에 두기로 한다. 그는 부임한 지 4일이 지난 4월 8일에 대시민 공약사항 제1호로 서울특별시 교통난 완화책을 발표한다. 단기 대책과 중·장기 대책이었다. 중기 대책은 "전차를 철거하겠다", 장기 대책은 "지하철을 건설하겠다"는 것이었지만, 주된 내용은 단기 대책이었다. 단기 대책 내용은 버스·합승 증차와 교통도로 건설이었다. 교통도로는 그가 만든 말인데, "보도육교·지하도·고가도로·간선도로 등 교통을 원활하게 하는 일체의 시설"이라는 뜻이었다. 그는 "야간공사를 단행하여 8개 노선의 간선도로와 화문·명동의 두 개의 지하도와 일곱 개의 보도육교를 단시일 내에 가설하겠다. 그리하여 늦어도 8월 15일까지는 교통난 31퍼센트를 완화할 것을 시민에게 공약한다"라고 약속한 것이다. 냉정하게 생각해 보면 실로 엉뚱한 약속이었다. 교통난에도 종류가 있는데 어떤 내용의 교통난을 어떻게 줄이겠다는 것인가, 또 30퍼센트면 모르되 31퍼센트라는 것은 무엇인가? 그 기준은 무엇이며 어떻게 측정한다는 것인가?

여하튼 그는 보통의 상식으로는 판단이 안 되는 파격적인 인물이었다. 그가 시장으로 부임한 그해 1966년과 그 뒤의 2, 3년간에 어떤 도로를 얼마나, 그리고 어떻게 개설했는지 일일이 설명할 수가 없다. 그 수가 너무 많기 때문이다. 몇 가지 예를 들어 그것이 얼마나 파격적인 것이었는지만을 고찰하기로 한다.

첫째, 독립문~구파발, 돈암동~수유리, 왕십리~광나루, 청량리~망우리 등 서울의 외곽 간선도로 너비 8~10m를 35~40m로 확장하였다. 성동교·중랑교 등 교량의 폭도 넓혔다. 불도저니 페이로더니 하는 건설장비가 아직도 일반화되지 않았던 시대였다. 도로·교량공사는 거의가 삽과 괭이로 시행되었다. 조선왕조 500년간, 그리고 근대화된 이후에도 전혀 실시하지 못했던 외곽 간선도로 너비 확장을 김현옥은 부임 4, 5개월 내에 모두 달성해 버렸다.

둘째, 그는 4·19니 5·16이니 하는 국가적 기념일에 수십 건의 건설 공사 기공식을 단행하였고, 8·15니 10·3(개천절)이니 하는 역시 국가적 축제일에 대대적인 준공식을 거행하였다. 예컨대 1966년 5월 16일 하루 안에 홍제동~갈현동 간 도로확장공사, 돈암동~미아리 간 도로확장공사 등 열 건에 달하는 도로·터널·배수관 공사 기공식과 16개 가압 펌프장, 94개소의 공동수도 기공식을 거행하였다. 그리고 십여 개소의 주요 기공식에 김 시장이 직접 참석하여 테이프를 끊었다. 기공·준공 테이프를 끊은 가위를 시장실 벽면에 나란히 진열하는 것이 그의 보람이고 자랑이었다. 그 가위가 시장실을 거의 메워갔을 때 시장직에서 물러났다고 한다.

김현옥 시장 재임 중에는 서울시내가 온통 도로공사로 뒤범벅이 되었다(사직공원 앞 도로확장공사).

그가 서울시장이 되기 전에는 공기 약속 같은 것이 없었다. "금년 내에 완공한다. 또는 2, 3년 내에 완공된다"는 식이었다. 그런데 김현옥이 부임하면서 처음으로 "몇 월 며칠에 완공하겠다"는 공기의 약속을 했다. 그가 제시한 공사 기간은 상식적으로는 판단이 안 될 정도의 짧은 기간이었다. 보통 사람이 3개월 걸릴 것을 그는 한 달 반에, 6개월 걸릴 것을 3개월에 완성시켰다. 기공식에 앞서서 준공일을 약속했고 그 약속은 반드시 지켰다. 모든 작업이 밤낮 없는 강행군이었다. 예를 들면, 광화문과 명동 앞 지하도를 오픈 컷 방식으로 굴착했다. 지하에서 파고 들어가지 않고 지상에서 굴착한 것이다. 공사 기간 단축을 위해서였다. 그러자 전차가 다닐 수 없게 되었는데, 그는 전차 운행을 정지시킨 상태에서 지하도 공사를 진행시킨다.

그가 서울시장으로 부임해 와서 광화문·명동 지하도 공사를 비롯하여 전 시내에 걸쳐 대대적인 건설 공사를 벌이게 되자 심각한 자재 파동을 겪게 되었다. 전국의 공사장에서 시멘트·철근·골재가 동이 난 것이다. 부총리 겸 경제기획원 장관이 서울시장에게 건설공사 중지 또는 속도 조절을 지시했다. 그러나 그는 부총리의 그런 지시를 들을 인물이 아니었다. 김현옥 불도저는 전진만 있었지 후퇴는 물론이고 중지라는 것도 없었던 것이다. 중앙정부가 부랴부랴 물동량계획을 수정하여 시멘트와 철근 등의 자재를 외국에서 긴급 수입해 옴으로써 사태가 수습되었다.

김현옥이 어떤 공사를 착공했을 때는 순간적인 발상에 의한 것이 적지 않았다. 그러므로 대개의 경우는 공사비 예산이 책정되지 않았다. 예산이 없는 상태에서 기공식이 거행되어 공사가 추진된 것이다. 예산 당국이 부랴부랴 추가경정예산을 세워 총리실의 승인을 받아 공사 추진을 뒷받침했다. 그가 부임한 해(1966년) 4월에서 12월까지 모두 여덟 차례의 추가경정예산이 세워졌다. 당시의 예산과장 김응준(金應埈)은 그 공로가 인정되어 다음 해에 재무국장으로 승진 발령되었다. 김 시장이 그렇게 건설 행정에 열중하여 많은 비용을 썼기 때문에 본청·구청의 세무공무원들에게 비상이 걸렸다. 세금을 증수하고 또 증수하는 한편으로 시의 세출예산 중 행정비와 문화·복지 부분 예산은 대부분 삭감·삭제될 수밖에 없었다. 시정 홍보용으로 발행되던 잡지 ≪시정연구≫가 폐간되고 『시정개요』니 『시정백서』니 하는 홍보용 책자도 일체 발간을 중지했다. 심지어 시사편찬위원회 같은 기관도 사실상 폐지되었다.

시내에서 외곽으로 나가는 주요 간선도로의 너비를 그가 넓혔다. 사직터널을 그가 팠고, 삼청터널, 남산 1·2호 터널도 그가 기공했다. 마포대교도 그가 기공했으며 서울역 고가도로도 그가 건설했다. 일신초등학교 앞, 대한극장 앞, 대한일보사 앞 등 그의 재임 중에 모두 144개의 보도육교가 가설되었고, 청계 고가도로(청계 2가~동대문)도 그가 가설했다. 삼각지 입체도로도 그가 만들었고 강변도로를 처음 만든 것도 그였으며 북악 스카이웨이도 그가 개설하였다. 서울시 내의 주요 도로 가운데 김현옥이 만들지 않은 도로가 과연 몇 개나 될 것인가? 한마디로 김현옥은 도로시장이었다.

그의 공적은 또 한 가지 있었다. 전국 시장·군수들의 행정 형태를 완전히 바꾸어 놓았다는 점이다. 솔직히 말해서 그때까지의 시장·군수는 적극적으로 일을 찾아서 하는 자는 거의 없었다고 해도 과언이 아니었다. 상부기관에서 지시가 있고 예산이 시달되면 집행하고 그렇지 않으면 무위도식하는 것이 보통이었다. 그런데 김현옥이 서울시장이 되면서 전국 시장·군수들의 이전과 같은 자세는 통하지 않게 되었다. 능동적인 자세로 일을 찾고 그것을 집행할 비용을 마련하고 기어코 해내는, 그와 같은 모습으로 바뀌지 않을 수 없게 되었다. 김현옥의 시정 자세가 전국 각지에 파급된 것이다. 그리하여 자칭 불도저 시장·군수들이 많이 나오게 되었고 개중에는 탱크 시장을 자처하는 자도 생겼다. 생각해 보면 그것은 엄청난 변화였다.

1970년 4월 8일 새벽에 와우아파트가 무너져 11명의 사망자를 내는 사고가 일어났고, 김현옥은 그 책임을 지고 시장직에서 물러난다. 시장직에서 물러난 지 1년 반이 지난 1971년 10월 7일에 그는 제34대 내무부 장관으로 임명되었고 1973년 12월 2일까지 그 자리를 지킨다. 장관 시절 그의 별명은 돌격장관이었고, 역대 내무부 장관 중에서도 그 업적이 뚜렷한 이로 손꼽히고 있다.

≪월간중앙≫ 1995년 정월호에서는 별책부록으로 한국을 바꾼

100인을 소개한 바 있다. 그런데 김현옥은 그 100인 중에 들어가지 않고 있다. 그 후에도 여러 언론기관에서 20세기의 인물 100인이라 든가 건국 후 한국을 바꾼 50인 등을 선정·발표했는데, 김현옥은 그 모두에서 빠져 있다. 그 100인이니 50인이니를 선정한 분들의 생각 으로는 김현옥은 서울을 바꾸었을 뿐이지 한국 전체를 바꾼 것은 아 니라고 인식하고 있음이 틀림없다. 그러나 그분들은 서울을 바꾼다 는 것 자체가 곧 한국을 바꾸는 것이라는 사실을 망각하고 큰 잘못 을 저지른 것이라고 필자는 생각하고 있다.

김현옥은 1997년 1월 9일에 한양대학교 병원에서 작고했다. 사 인은 폐렴이었지만 직접 사인은 가래가 기관지를 막아 질식사했다 는 것이었다. 그의 장례식에 모인 많은 조문객이 뱉은 말, "그렇게 많은 도로를 뚫은 사람이 왜 자신의 목은 뚫지 못했는가"라고 애도 한 말을 잊을 수가 없다.

■ ■ ■ 참고문헌

김윤기. 1968. 『김시장』. 박애출판사.
김현옥. 1967. 『푸른 유산』. 평화출판사.
서울특별시 공보실. 1969. 『우리의 노력은 무한한 가능을 낳는다 -김시장의 시
　　　정신념-』.
서울특별시 시사편찬위원회. 1969. 『'66 시정년사』.
이종범 편. 1994. 『전환시대의 행정가-한국형 지도자론』. 나남.

잘 가라 전차여

1950년대까지의 전차

영국에서는 tramcar, 미국에서는 streetcar라 하고 일본·한국에서는 전차(電車)라고 불렀던 시설은 시내의 전주·전선으로부터 (가공선으로) 동력을 받아 일정한 궤도 위를 달리는 도시 교통수단이다. 지하나 고가를 달리지 않고 일반 도로면을 달리기 때문에 흔히 노면전차라고 하며, 그 속력도 느려 겨우 시속 20km 정도가 고작이었다. 전차는 전기의 힘으로 달리기 때문에 부설하려면 전기의 도입이 전제되어야 했다.

콜브란, 보스트위크라는 이름의 두 미국인이 인천을 거쳐 서울에 들어온 때는 건양 원년(1896)이었고, 서소문 안에 거처를 정하여 거주하고 있었다. 서울에 들어온 지 얼마 안 되어 그들이 목격한 것이 고종 황제의 홍릉(명성왕후의 능) 나들이였다. 황제가 청량리 밖 홍릉에 나갈 때마다 가마를 탄 많은 신하들을 거느림으로써 한 번에

1900년 무렵 처음 선을 보인 전차

드는 경비가 10만 원 안팎이 된다는 것을 알게 된 두 사람이 황실에
건의하여, "홍릉 나들이를 전차로 하게 되면 경비가 훨씬 적게 들
뿐 아니라 시간도 크게 단축될 수 있다. 전차가 부설되기 위해서는
전기도 동시에 가설해야 된다. 전차·전기부설권을 자기네들에게 허
가해 달라"고 요청했다. 황실에서 75만 원을 두 차례에 나누어 투자
하기로 한 한·미 합작의 한성전기회사가 발족하였고, 우여곡절 끝에
서울에서 최초로 전차가 달리게 된 때는 광무 3년(1899) 5월 17일(음
력 4월 초파일)이었다.

　　도시 교통수단으로 최초로 노면전차가 등장한 때는 1881년 독
일 베를린에서였고, 동양에서는 1894년 일본 교토에 등장한 것이 처
음이었다. 그러나 콜브란, 보스트위크는 정상배들이었지 결코 유능
한 경영자는 아니었다. 한성전기회사는 얼마 안 가서 한미전기회사
로 바뀌었고, 이어 1909년에는 그 경영권 일체를 일본 자본인 일한

가스회사로 매각하고 만다. 한미전기회사를 흡수한 일한가스(주)가 경성전기(주)로 그 이름을 바꾼 때는 1915년이었고, 회사명은 1961년까지 바뀌지 않는다.

부산의 일본인 부호들 일곱 명이 특허 출원한 부산궤도(주)가 창립되어 부산진에서 동래 온천장까지에 이르는 전차가 개통된 때는 1909년 12월 19일이었다. 평양의 경우는 전차사업을 부(府)가 직접 경영하였으니, 평양부영의 전차가 달리게 된 것은 1923년 11월 30일부터의 일이다.

전차가 그 존재 가치를 발휘한 것은 일제강점기 36년간이었는데, 서울의 경우 1920년대 말에서 1930년대 초에는 막대한 수익을 올려 호황을 누렸다. 당시의 경성부는 막심한 재정난에 허덕이고 있었는데, 경성의 전기·전차사업 경영업체인 경성전기가 이렇게 높은 수익을 올리고 있자 전기·전차사업은 공익사업인데 이를 상업적 영리회사에 맡길 것이 아니라 부의 직영으로 해야 한다는 여론이 비등하여 일대 시민운동이 전개되었을 뿐 아니라, 부의회에서도 사업의 부영 이관을 강경하게 요구하게 되었다. 전기·전차사업 부영화에 관한 시민의 여론이 너무 커져 사태가 매우 절박해지자 조선총독부가 앞장서서 화해에 나섰고, 경성전기가 100만 원이라는 거금을 경성부에 기부함으로써 일단락되었다. 100만 원의 기부를 받은 경성부는 그 돈의 반으로 을지로 6가에 부립병원을 건립했는데 이것은 6·25 전쟁을 겪는 동안에 국립의료원(메디컬센터)으로 둔갑해 버렸으며, 나머지 50만 원으로는 태평로 1가에 부민관을 지었는데 이 건물은 지난날 국회의사당으로도 사용되었고 현재는 서울시의회 의사당으로 사용되고 있다.

전차 운영이 이렇게 호황을 누렸으니 해를 거듭할수록 노선이

전차, 자동차, 달구지, 자전거와 지게꾼(1930년대)

연장되었다. 일제시대 초기에는 서대문~청량리, 종로~남대문~원효로 4가, 서대문~마포의 3개 노선이었던 것이 을지로선이 생겨 왕십리까지 연장되었고, 남대문에서 신용산을 거쳐 노량진까지의 선로, 서대문~영천(독립문)까지의 선로, 창경원 앞을 지나 돈암동까지의 선로 등이 생겼다. 차량의 수도 늘고 또 늘었다. 1909년의 한미전기 시대에는 겨우 전차 37대에 2만 2,160m의 노선을 운영한 것이 1945년 무렵에는 257대의 차량으로 3만 9,906m를 운영하고 있었다. 1910~1945년에 노선이 1.8배 늘어난 데 비해 차량 수는 약 7배 정도 늘어난 것임을 알 수 있다. 광복 후에도 한국전쟁이 일어난 1950년까지 전차는 서울시민들의 주된 교통수단이었다. 노량진에서 영등포 역전까지 노선이 연장되기도 했다. 서울시내를 달리던 승용차의 수가 겨우 몇 백 대밖에 안 되었고 역시 경성전기에서 운영하던 시내버스가 겨우 50대도 안 되었으니 시민·학생들의 출퇴근, 등·하교를 전차에 의존할 수밖에 다른 방도가 없었던 것이다.

그러나 한국전쟁이 끝난 후 특히 1960년대에 들면서 전차사업은 큰 곤경에 빠져 있었다. 그 원인의 첫째는 전차 요금을 함부로 올릴 수 없다는 정부 당국의 규제였다. 다른 물가는 계속 올라가는데 전차 요금만은 1957년 10월 10일에 책정된 보통권 1회분 25원, 회수권 15회분 200원 그대로 전혀 변동이 없었으니 전차사업의 적자는 누적될 수밖에 없었다. 한전(주)의 자료에 의하면 전력 3사가 한전으로 통합된 1961년에 9,500만 원 적자였던 서울 전차는 해마다 적자 폭이 늘어나 1966년 예산에서는 무려 5억 1,600만 원의 적자 운영을 예상하고 있었다.

둘째 원인은 시설의 노후였다. 전차의 역사가 60년이 넘었는데 그동안 수리 한 번 제대로 할 겨를이 없었으니 레일·전기 가선(架線)·차체 등이 모두 내용 연수를 넘어 고장이 대단히 잦았지만, 수리할 경비가 없었고 시설 교체도 불가능한 상태에 있었다. 1966년 5월 말 현재로 서울의 전차 보유량은 모두 213대였는데, 그중 92퍼센트에 해당하는 196대가 내용 연한 20년을 초과하여 평균 사용 연수 34년 이란 노후 상황을 나타내고 있다는 것이었다. 레일의 사정도 마찬가지였다.

셋째 원인은 인건비의 과중이었다. 전차사업이 아무리 적자였다 할지라도 한국전력(주) 전체의 노조원과 보조를 맞추어야 했으니 인건비는 해마다 오를 수밖에 없었다. 이 문제는 전차 운영 사업과 전기 공급 사업을 분리하지 않고서는 도저히 해결될 수 없는 과제였다.

노면교통의 장해물이 된 시내 전차

1960년 당시에는 조선전업·경성전기·남선전기 등 이른바 전력 3사라는 것이 있어 전국의 전력 생산·공급 업무를 분담하고 있었다. 그리고 이들 3개 회사를 한국전력(주)이라는 한 개 회사로 통합하려는 움직임은 이미 1950년대 후반부터 일어나고 있었다. 그런데 이들 3개 회사가 통합하는 경우 가장 장해 요인이 된 것이 경성전기(주)의 서울 전차사업, 남선전기(주)의 부산 전차사업이었다. 전력 3사 통합을 추진한 중앙정부는 처음부터 전차사업은 분리 처분한다는 방침을 세웠고, 1961년 6월 23일자 법률 제634호로 공포된 「한국전력주식회사법」에는 전차사업에 관한 규정은 처음부터 제외되어 있었다.

6·25 전쟁이 끝나고 다수의 미군들이 철수하면서 그들이 전쟁 중에 사용했던 지프차·화물차 등을 싼값으로 불하하고 떠났고, 또 국산으로 시발 택시 등도 생산되기 시작한 탓에 1950년대의 후반에서 1960대의 전반기에 걸쳐 자동차 운행은 현저하게 증가하고 있었다. 승용차(지프차 포함)·화물차·버스 등을 합하여 서울의 자동차 총수의 추이를 보면 1955년에 4,359대이던 것이 1960년에는 1만 1,411대, 1965년에는 1만 6,624대로 집계되고 있었다. 그중 영업용 버스(합승 포함)를 보면 1955년에는 겨우 622대에 불과하던 것이 1960년에는 1,904대, 1965년에는 2,446대가 되어 있었다. 버스·합승·택시가 1년 동안 수송한 인원을 보면 1958년에는 2억 700만 명이던 것이 1960년에는 3억 1,900만 명, 1965년에는 6억 7,000만 명을 수송하고 있었다. 이 6억 7,000만 명은 전차의 연간 수송량 1억 6,000만 명의 4.2배였다. 전차 시대는 가고 자동차 시대가 도래하고 있었으며, 1960년대 중반에는 전차가 오히려 커다란 교통 장해물이 되어 있었다.

다리 위를 달리는 시내 전차(1930년대 초)

전차는 원래 부설될 때부터 시내 주요 간선도로를 평균시속 7km의 느린 속도로 달리고 있었고 또 시내 교통의 요소요소마다 전차 정류장이 있었으니 자동차 운행에는 큰 지장물일 수밖에 없었다.

노면전차가 지니는 숙명적인 결점은 그것이 정해진 궤도 위를 달리기 때문에 앞지르기를 할 수 없다는 점이다. 사고나 고장으로 한 대가 서게 되면 그 뒤를 달리는 후속 차량들이 줄줄이 정지해야 할 뿐 아니라 그 때문에 도로 전체의 기능까지 마비시켜 버린다는 점이다. 그리고 서울에서 노면전차를 철거하게 된 결정적인 요인 가운데 하나는 이미 유럽·미국 등과 일본의 대도시에서 전차 철거가 완료되었거나 진행 중에 있었다는 점이었다.

노면전차를 가장 먼저 철거한 도시는 프랑스 파리였으며, 1921

년경부터 중심 지역에 전차 대신 버스를 운행하는 계획이 진행되었다. 영국의 런던에서는 1935~1940년 사업계획에서 철도 신노선 계획, 전철화 계획을 세우면서 노면전차 폐지 방침을 결정하고 1939년까지 이미 전 노선의 반수 이상을 철거하여 버스나 트롤리버스로 교체했다. 뉴욕에서는 고속전철이 보급되면서 1919년을 고비로 노면전차 노선이 감소되기 시작하여 1956년에는 전 노선이 철폐되었다. 시카고에서는 1949년부터 철거가 시작되어 1958년에는 철거가 완료되었다.

일본 대도시의 경우는 사정이 좀 달랐다. 노면전차의 요금이 싸기 때문에 영세민의 교통수단을 철거하는 데는 신중을 기해야 한다는 견해가 강했기 때문이다. 그러므로 일본에서는 현재에도 교토를 비롯한 여러 지방도시에서 노면전차가 다니고 있는 것을 볼 수 있다. 그러나 도쿄·오사카·요코하마 등지에서는 고속전철망이 구축되면서 노면전차는 서서히 그 자취를 감추게 되었고, 1960년대에는 거의 그 모습을 볼 수 없게 되어 있었다.

이상에서 알 수 있듯이 외국의 선진 대도시들에서는 전차가 철거되기 이전에 반드시 고속전철이 놓여져 있었고 전철이 놓인 노선부터 순차적으로 전차가 철거되었다. 그러나 서울에서는 아직 지하철 건설의 실마리도 잡히기 이전에 철거되어 버렸으니 너무나 성급한 조치였고, 대도시 교통정책의 정상 논리보다 10년 내지 20년쯤이나 빠른 조치였다고 생각할 수 있다. 서울 노면전차의 철거를 이렇게 빨리 하게 만든 요인은 여러 가지가 있다.

첫째, 1960년대만 하더라도 승용차(주로 지프차)를 타고 다닌 부류는 상류층이었고 동시에 그들이 바로 시민 여론을 주도하는 계층이었다는 점이다. 이렇게 여론의 주도층이 노면전차를 장해물로 생각하고 그 철거를 간절하게 요구하고 있었다.

둘째, 서울 전차의 종점은 영천(독립문)·청량리·왕십리·마포·원효로 4가·효자동·돈암동·영등포역전 등 여덟 군데였는데 당시의 시가지는 이미 이들 종점보다 엄청나게 확산되어 있었다. 그러므로 시내에서 종점까지 전차로 가서 버스로 갈아타고 목적지까지 가기보다는 처음부터 버스로 목적지로 향하는 것이 훨씬 편리해지고 있었다.

셋째, 무엇이든지 빨리빨리 해치워야 하는 한국인 공통의 의식구조상 저속 운행의 전차가 생리적으로 맞지 않았다는 점이다. 김현옥 시장이 그런 의식이 특히 강한 대표적인 인물이었다.

전차운영권 양도·인수

부산시장으로 재직하다가 1966년 4월 4일에 서울시장으로 영전해 온 김현옥 시장은 부임 후 4일이 지난 4월 8일에 서울특별시 교통난 완화책이라는 것을 공약한다. 그 내용은 단기·중기·장기 대책의 세 가지로 구분되어 있었는데, 그중 중기 대책이라는 것이 전차 철거였고 장기 대책은 지하철 건설이었다.

전차 철거의 내용을 보면, 우선 제1차연도인 1966년에는 효자동~남대문 간, 종로~서대문~서울역 간, 서대문~마포 간, 서대문~영천 간 등 주로 도심부 노면 교통에 혼잡을 가져오는 1만 2,000m 구간을 6,783만 원의 경비로 철거하고, 나머지 전 구간은 5년에 걸쳐 점진적으로 철거한다는 것이었다. 철거 후의 교통 대책으로는 우선 일차적으로 시내버스 109대를 증차하고 전면 철거에 대비해서 366대를 증차해 간다는 것이었다. 김 시장이 한국전력주식회사 소유의 전차 운영을 서울시가 인수하여 전면 철거하고 그 대신 500대의 시영 버스를 운영하겠다는 내용을 박정희 대통령에게 보고하고 재가를 받은 때는 그해(1966년) 5월 10일이었다.

김현옥 시장이 우선 서대문~동대문 간, 남대문~효자동 간의 전차 철거가 시급하다고 생각한 데는 이유가 있었다. 교통 소통 단기 대책의 일환으로 명동과 세종로의 지하도 공사가 시작된 때는 그해(1966년) 4월 19일이었다. 그런데 지면을 완전 굴착해서 시공해야 할 세종로 지하도 공사를 위해서는 서대문~동대문 간, 남대문~효자동 간 전차 운행이 중지되어야만 했다. 서울시가 지하도 공사를 위하여 해당 지구의 궤도 운행을 중지할 때에는 이로 인한 손실을 보상하거나 「궤도사업법」 제23조의 규정에 의하여 궤도사업의 전부 또는 일부를 매수하는 길밖에 다른 방법이 없었던 것이다.

김현옥 서울시장, 박영준 한전(주) 사장, 정일권 국무총리, 박정희 대통령 사이에 어떤 흥정과 교섭이 이루어진 것인지는 알 길이 없다. 다만 그들은 모두 군인(육군) 출신이고 그중 김현옥·박영준·박정희는 5·16 군사 쿠데타 당시 현역 장성이었다. 하루 빨리 전차궤도 사업에서 손을 떼려는 한전 사장의 입장, 육교·지하도 등의 공사 때문에 하루 빨리 시내 전차를 철거해 버리려는 서울 시장의 입장이 서로 맞아떨어졌지만 현실의 사정은 그렇게 쉽지 않았다. 첫째는 양도·양수조건, 즉 가격 문제였고, 둘째는 한국전력 노동조합의 문제였으며, 셋째는 전차 이용 승객에 대한 문제였다.

지방의회가 있었던 것도 아니고 국회가 정상적으로 운영되었던 시대도 아니었다. 군 출신 대통령의 지시대로 군 출신 고위직 공무원이 일사불란하게 움직이던, 문자 그대로 군사독재의 시대였다. 그해(1966년) 5월 15일에 느닷없이 국무총리 훈령 제32호라는 것이 시달되었다. 그 내용을 요약하면, "현재 한국전력(주)이 운영하고 있는 전차궤도사업을 1966년 6월 1일자로 서울특별시에 이전한다. 그 양도 가격 및 여러 가지 조건은 추후에 합의 결정하라"는 것이었다. 이 훈령의 성질은 전차궤도사업의 양도·양수가 서울시장·한전 사장의 의사가 아니며 바로 중앙정부의 뜻이라는 것을 의미한다. 다시 말하면 전차 이용 시민과 한전 노조원들에게 서울시장과 한전 사장은 책임이 없다는 것을 밝혀두자는 것이었다.

5월 19일에 국무총리 훈령을 접수한 서울시는 즉시로 "다가오는 6월 1일부터 시내 전차를 한전으로부터 인수하여 시영으로 운행하며, 전차 종업원 1,600명을 시 직원으로 흡수하겠다"라고 발표한다. 이 발표에 접한 전차 종업원들이 동대문 전차 차고에 집결하여 농성에 들어간 것은 그날(5월 19일) 오후 6시 30분부터의 일이다. 그들이 요구한 내용은 ① 궤도사업 철거는 한전이 주관할 것, ② 서울시에 이관할 경우 해고수당과 퇴직금을 일시에 지불할 것, ③ 서울시 직원으로 채용된 후에도 현 수준의 보수 지급을 약속할 것 등이었다.

농성이 시작된 19일 오후 6시경부터 20일 아침에 걸쳐 서울시내는 문자 그대로 교통지옥 상태에 빠진다. 서울시는 20일 아침 일곱 시경부터 관광버스 98대, 마이크로 버스 58대, 트럭 100대, 시청 및 시 경찰국 통근버스 18대를 긴급 동원하여 출근 시민과 등교 학생 수송에 나섰지만, 그것으로 평상시 170대의 전차가 담당한 교통량을 감내할 수 없었으니 전 시내가 큰 혼란에 빠진 것은 당연한 일이었다. 그러나 태업 상태를 오랜 시간 계속할 수 있는 시대가 아니었다. "주도세력은 좌경사상을 가지고 있다. 배후에 이북의 지령을 받은 세력이 있다"는 등의 죄명이 뒤집어씌워질 것이 뻔한 시대였으니 결코 오래 끌 수가 없었던 것이다. 전차 종업원들은 이날 아침 여덟 시부터 업무에 복귀하기 시작하여, 8시 10분에 90대, 8시 30분에 104대, 9시 반에 157대가 가동한다. 20일 오전, 검찰은 전차 종업원들의 태업 행위가 "사전 신고도 없었으며 냉각기간도 두지 않았기 때문에 「노동쟁의조정법」을 위반한 것"이라고 지적하면서, "20일 정오까지 태업을 철회하지 않을 경우 「노동쟁의조정법」 위반 혐의로 입건하여 주모자 급을 구속하겠다"는 허세를 부린다. 한편 이튿날인 21일에 중앙정부는 시내 전차의 전면 철거는 보류하며, 세종로 지하도 건설에 지장이 있는 효자동~남대문 간, 종로~서대문 간만 철거하겠다고 발표한다. 이 발표가 너무나 기만적인 것임을 눈치 채서인지 일체의 언론은 그 내용을 전혀 보도하지 않는다.

서울시는 전차 노조원들이 태업을 풀고 있던 5월 20일자로 서울특별시 규칙 제559호 '서울전차궤도사업인수위원회 규칙'을 발표한다. 전차궤도사업 인수를 위한 법령적 근거를 만들기 위해서였다. 그리고 이 규칙에 의하면 인수위원회 위원장은 제2부시장, 부위원장은 교통부 육운국장 및 서울특별시 관광운수국장이 맡으며, 위원 중에는 상공부 전기국장, 국무총리 시정담당 비서관, 한국전력 업무담당 상무이사 등이 포함되어 있었다. 그러나 이렇게 많은 들러리가 동원되었다 할지라도 문제는 서울시와 한전 양 당사자간의 대립이고 그 대립이 쉽게 타협될 전망이 서지 않는 상황에서 또 하나의 들러리 회의가 별도로 소집되었다. 즉, 국무총리의 명을 받아 원용석(元容奭) 무임소 장관 주재 아래 교통부·상공부의 실무 국장 및 국무총리실 서울시정 담당 비서관이 참여하는 회의였다. 이 회의에서 10개 항에 달하는 기본 지침이 작성되었으며, 각 소관 부처 장관들의 결재를 거친 후 국무회의에 보고된 때가 5월 26일이었다. 이 지침으로 양도·양수재산 목록, 퇴직금과 이전하는 노무자 처우 문제 등 그동안 양측의 쟁점이 되어 왔던 사항은 거의 해결되었고, 6월 1일 0시를 기해 양도·양수하는 데 아무런 문제도 남지 않게 되었다. 서울특별시장 김현옥, 한전 대표이사 박영준이 당사자가 되는 서울시내 전차궤도사업 양도협정서가 조인된 때는 1966년 6월 1일 오전 10시였다. 상공·교통·무임소 장관이 입회인으로 서명했다.

그러나 아직도 남은 문제가 있었다. 양도되는 전차시설 일체에 관한 평가를 어떻게 하며 그 지불은 어떻게 하느냐의 문제였다. 기본 지침에는 이 문제에 관해 다음과 같은 해결책이 제시되어 있었다.

> 평가 방식은 양자간 합의에 의하여 지정하는 자에게 위촉할 수 있다(7항의 2). 서울시는 양수재산에 대하여 상환 기간 최장 20년, 금리 연 5부 정도로 하여 이를 연부 상환한다(8항).

이 지침에 따라 한전은 산업은행에, 서울시는 서울은행에 서울 전차시설 일체에 관한 가액 감정을 의뢰하였다. 산업은행 감정가격이 통보된 때는 1966년 11월 5일이었고, 20여 일이 더 지난 11월 27일에는 서울은행 감정가격도 통보되었다. 다행스럽게도 두 은행이 통보한 감정가격은 산업은행이 15억 6,700여 만 원, 서울은행이 15억 1,900여 만 원으로서 양자간의 차액이 겨우 4,780만 원밖에 되지 않았다.

그런데 이렇게 감정가액에 큰 차이가 없었음에도 불구하고 양자간의 타협은 쉽게 이루어지지 않는다. 1967년 2월 18일 한전 사장실에서 있었던 양자간 회의에서 서울시는, "원래가 결손사업인 전차시설에는 가격이 있을 수 없고 한전은 결손사업을 처분함으로써 앞으로는 흑자 경영을 하게 되었으니 무상양도가 마땅하다"라고 주장한 데 대해, 한전 측은 "적자가 된 원인은 비현실적 요금 규제의 결과이므로 이를 근거로 할 수 없을 뿐 아니라 입장을 바꾸어 수익자 부담의 원칙에서 볼 때에는 서울시에서 당연히 그 결손을 부담해야 할 성격"이라 주장하여 한 치의 양보도 없었다. 또 구체적인 조건에서도 "몇 년 거치 몇 년 연부로 할 것이냐, 무이자로 할 것이냐 법정이자로 할 것이냐"로도 크게 대립하여 끝내 아무런 합의를 보지 못하고 해산하고 말았다.

서울시와의 당사자간 회의로는 해결의 실마리를 잡을 수 없다고 판단한 한전에서는 회의가 끝난 그날로 국무총리와 상공부 장관에게 전차궤도사업 양도자산 가액 절충을 상신하는 공문을 보낸다. 이와 같은 중재 요청을 받은 국무총리실에서는 1967년 2월 20일에 양측 당사자와 상공부·교통부의 관계자를 소집하여 절충을 시도하였다. 그러나 본래가 절충될 수 있는 일이 아니었기에 그 회의도 결론 없이 끝나고 말았다. 다만 국무총리실은 이 일이 빨리 끝날 수 있도록 교통부 장관에게 그 재정을 일임하는 조치를 취한다. 교통부 장관의 재정에 양 당사자가 무조건 따르도록 한 것이다. 교통부 장관의 재정 결과가 양 당사자에 통고된 때는 1967년 3월 13일이었다. 주된 내용은 다음 두 가지였다.

1. 양도·양수자산 가액은 15억 1,923만 9,329원 33전으로 정한다.
2. 양도·양수자산 대금의 결제는 연 이자율 5부로 하여 5년 거치후 15년간 연부상환으로 한다.

약 20개월간에 걸친 밀고 당기는 협상은 그것으로 끝이 났다. 교통부 장관의 재정은 서울시의 주장을 거의 받아들인 것이었다. 그러나 서울시는 어차피 철거할 예정으로 있을 전차사업을 15억 원을 주고 사들이게 되었고, 한전 측은 골칫덩어리였던 전차사업을 약간 싼값이었을지 모르나 서울시에 떠넘기게 되었다.

인수 후 철거까지의 과정

서울시는 전차궤도사업의 인수에 대비하여 1966년 5월 28일자 시 조례 제44호로 '서울특별시 운수사업소 설치 조례'를 발포한다. 전차궤도사업을 운영하기 위한 기구였다. 그리고 5월 31일 오전에 한전에서 보내 온 명부에 따라 전차 종업원(기능직) 1,400명을 시 직원으로 임명·발령하는 한편 행정요원 71명을 촉탁으로 발령한다. 행정요원을 촉탁으로 발령한 것은 특별채용에 따른 전형 등의 절차가 있기 때문에 우선 촉탁으로 임명해 두고 전형 절차가 끝나면 5급·6급 등으로 발령하기 위해서였다(그런데 행정직·기능직 합계 1,471명이라는 숫자는 정식 발령에 의한 직원 수였으며, 실제로 당시 서울시로 이관된 직원의 수는 그보다 훨씬 많아서 총원이 2,780명이나 되었다고 한다. 한전 전차사업소에서는 노조원의 수를 늘리지 않기 위해 여차장 및 기타 잡급 임시직원을 쓰고 있었는데 이들이 모두 서울시로 이관되었다는 것이다ㅡ당시 노조위원장 이현택의 증언). 또 이렇게 이관된 직원 중 전차 운전기사 및 차장이 약 60퍼센트, 공작창·변전소 등에서 근무한 사람들이 약 40퍼센트였다고 한다.

남대문~효자동 간, 서대문~종로 네거리 간의 전차 운행이 중지된 때는 서울시가 전차운영권을 인수한 다음 날인 6월 2일부터였으며, 이로 인해 세종로 지하도 공사는 예정대로 진척되어 그해(1966년) 9월 30일에 준공되었다. 일제시대인 1943년에 준공된 남대문 지하도에 이어 두 번째의 지하도였으며, 3일 후인 10월 3일에는 명동 지하도 개통식도 거행되었다.

세종로 지하도 공사를 위해 운행을 중단했던 남대문~효자동 간 전차는 다시는 운행되지 않는다. 그해(1966년) 10월 31일에 한국을 방문한 존슨 미국 대통령의 남대문~서울시청~청와대 행차의 길을 미화하기 위한 임시방편으로 전차궤도 위에 콘크리트를 퍼부어 덧씌워버린 것이다. 레일을 파내고 다시 포장하는 시간적 여유가 없었던 것이다.

이렇게 남대문~효자동 간 노선은 운행을 중단하지만 그 밖의 노선은 그 후에도 정상 운영되고 있다. 당시의 운수사업소 간부들이었던 박종문·김의재·이현택 등의 증언에 의하면, 서울시가 인수한 다음 해(1967년) 10월 5일자로 전차 요금을 100퍼센트 인상(종전 25원을 50원으로)하고 철저한 경영 합리화를 기하여 적자 폭을 크게 줄이면서 운영할 수 있었다고 한다.

서울시는 어차피 철거할 것인데 과연 언제부터 철거하느냐, 도심부를 철거하고 그 철거한 부분을 교외로 옮겨서 다시 설치할 수 없을 것인가 등에 대한 연구를 거듭하고 있었다. 완전 운행 정지·철거를 단행하면 2,700명이나 되는 종업원을 어떻게 처리하느냐가 첫째 문제였고, 아직은 쓸 수 있는 시설과 차량이 아깝다는 점이 둘째 문제였다. 1967년 9월 20일에 발표한 전차 현대화 5개년계획이라는 것이 그러한 고민과 연구의 결과였다. 그러나 시간이 지날수록 완전 철거한다는 방향으로 가닥을 잡아간다. 우선 시속 7km 정도로 느리게 운행되는 전차의 속성이 후다닥 해치우지 않으면 견딜 수가 없는 김 시장의 심성에 거슬리는 것이었다.

시내 전차 전면 운행 정지, 노선 철거에 앞서 안기백 운수사업

소장과 이현택 노조위원장의 끈질긴 노무자 설득 작업이 있었다. 노무자 대책의 근간을 이룬 것은 그들에게 자동차 운전면허를 따게 하는 것이었다. 당시만 하더라도 자동차 운전면허만 가지고 있으면 밥벌이는 할 수 있는 그런 시대였다. 오전 근무자는 오후에, 오후 근무자는 오전에, 비번자는 온 종일 신진 자동차학원에서 약 3개월간 운전 교육을 받게 하고 소정의 시간 수를 채운 자는 면허시험 없이 운전면허를 부여하는 방식을 취한 것이다.

　노무자들을 위한 새 직장도 마련되었다. 첫째, 시영 버스를 대폭 증차하여 그 운전기사 및 여 차장을 전차 종업원으로 채용하도록 했다. 둘째, 새로 IM택시회사라는 민간 택시회사를 설립케 하였다. IM의 I는 인태식(印泰植), M은 민병권(閔丙權)의 이니셜이었다. 즉, 일찍이 재무부 장관을 지냈으며 당시는 국회 예산결산위원장이었던 인태식과 1963년 육군 중장 예편 후 줄곧 민주공화당 국회의원을 지내면서 박 대통령의 측근으로 지냈던 민병권을 설득해서 두 사람이 공동 출자하는 택시회사를 설립케 한 것이다. 차량은 신진자동차회사에서 생산되는 코로나 택시를 연부 상환하는 조건으로 인수하고, 운전과 정비 등에 필요한 종업원 전원을 전차 종업원으로 채운다는 조건이었다. 시비 2,000만 원이 보조되었다. 당시의 신문은 "서울시, 전차 철거로 실직하게 된 종업원 구제를 위해 공영 택시제 채택 결정. 시비 2,000만 원, 민간 자본 3,000만 원 등 5,000만 원으로 공영 택시회사를 설립. 100명의 전차 종업원을 운전사로 채용"이라고 보도하고 있다. 여기서의 공영 택시회사란 것이 바로 IM택시였던 것이다.

　서울시에서 버스를 직접 운영하기는 1966년 3월 16일부터의 일이며, 우선 버스 50대로 민간업자들이 적자 노선이라는 이유로 운

마지막 전차(1968년 11월 30일 자정)

행을 기피하는 변두리의 시민 교통을 위해 운행하고 있었다. 1968년 11월 말일의 전차 운행 정지에 맞춰서 서울시는 우선 시영 버스 200~300여 대를 12월 1일부터 증차한다. 서울시는 이를 위해 약 1억 600만 원을 투자하겠다고 발표하고 있다.

당시 운수사업소 노조위원장이었던 이현택의 증언에 의하면 IM 택시회사의 운전기사, 새로 증차된 시영 버스의 기사와 여 차장으로 약 800명이 취업하였고 약 200명은 서울시청 산하 각 사업소(화장장·공동묘지 등 포함)에 분산 취업시켰다고 하며, 총수는 약 1,000명 이내였다고 한다. 당시의 전차 종업원 총수 2,781명 중 겨우 1,000명도 취업시키지 못했는데, 그것이 당시 노조위원장으로서 할 수 있었던 최대한의 결과였다고 한다.

시내 전차가 일제히 그 운행을 정지한 때는 1968년 11월 30일 자정이었다. 전차 개통식을 거행한 때가 1899년 5월 17일이었으니 정확히 69년 6개월 13일간의 수명이었다.

한편 1965년에 부산에서는 서면을 기점으로 운동장·충무동·온천장·영도 등 네 개 방면의 전차가 운행되고 있었고 하루 평균 12만 명 정도가 수송되고 있었는데, 1965년 말에 서면~충무동 선이 운행 정지되었다. 승객 감소와 미관 저해라는 이유에서였다. 1966년 6월 1일을 기하여 서울의 전차운영권이 서울시로 이관된 것을 계기로 부산의 전차운영권도 부산시에서 맡아줄 것을 여러 번 의뢰하였으나 부산시가 그에 응하지 않자, 한전은 1968년 5월 20일을 기하여 부산의 전차 운행을 정지시켜 버린다. 1915년에 개통된 지 53년 만의 일이었다.

■ ■ ■ 참고문헌

서울특별시 시사편찬위원회. 1996. 『서울 600년사(6권)』.
_____ . 2000. 『서울교통사』.
손정목. 1996. 『일제강점기 도시사회상 연구』. 일지사.
한국전력공사. 1989. 『한국전기 100년사(하)』.

싸우면서 건설하자
1·21 사태와 그 영향

1·21사태(김신조 사건)

1·21 사태[일명 김신조(金新朝) 사건]는 정말로 충격적인, 실로 어처구니없는 사건이었다.

당시 필자는 인왕산 밑, 종로구 필운동에 살고 있었다. 1968년 1월 21일 밤 열 시쯤 되어서 멀리서 들려오는 총소리가 요란하였다. 박격포 소리 같은 것도 들리는 것 같았다. TV와 라디오를 틀었지만 아무런 보도도 접할 수가 없어 그대로 잠자리에 들었는데, 다음 날 아침 적선동에서 버스를 기다렸으나 30분이 지나도 버스가 오지 않았다. 세검정·효자동 쪽에서 시내로 내왕하는 버스가 자취를 감춘 것이었다. 택시도 다니지 않아 부득이 시청 앞까지 걸어가서야 버스를 탈 수 있었다.

필자가 첫 보도를 접한 것은 정오가 되어서였다. 몇몇 동료와 함께 TV를 틀었더니 덥수룩한 머리에 군용 점퍼 같은 것을 입은 험

생포된 무장공비 김신조

상스러운 사내가 화면에 비쳤다. "북한이 보낸 일단의 무장공비 가운데 유일하게 생포된 자로서 이름을 김신조"라 했다. 남파된 목적을 묻는 기자에게 내뱉은 말이 하도 놀라운 것이어서 지금도 잊혀지지 않고 있다. "청와대를 까러 왔다. 박정희 모가지를 따려고 왔다"는 것이었다(1·21 사태 때 생포된 김신조는 1980년대에 침례교 목사가 되어 현재 충남

예산 성락교회 담임목사로 있다고 한다). 그날부터 여러 날에 걸쳐 나누어 보도된 사건 전모를 정리해 보면 다음과 같다.

1968년 1월 21일 밤 9시 50분경, 북한 민족보위성 정찰국 소속 124군부대 무장 게릴라 31명이 청와대 기습을 목표로 서울에 침투하였다. 민족보위성은 김일성의 이른바 항일 빨치산 전술을 모델로 하여 대남 적화공작에 있어서 적극적인 유격활동을 전개한다는 방침을 결정하고, 1967년 4월 정찰국 산하에 유격전 특수부대인 제124군부대라는 것을 조직하였다. 이 부대는 일반 군부대와 특수부대 등에서 선발된 정예병 2,400명으로 구성되었으며, 연산과 상원 일대의 8개 기지에 분산되어 특수 교육·훈련을 받았다. 서울·경기도 지역의 유격·파괴공작은 제6기지가 맡았는데, 1968년 1월 2일, 민족보위성으로부터 청와대·미 대사관·육군 본부·서울교도소·서빙고(간첩 수용

소) 등을 일제히 습격하는 작전을 준비하라는 지시가 내려졌다. 이에 따라 제6기지대는 정예 장교 25명을 선발하여 그해 1월 5일부터 황해도 사리원에서 청와대 습격 훈련을 실시하였다.

1월 13일 정찰국장 김정태(金正泰)가 훈련소를 방문하여 독려하면서 습격 대상을 청와대 한 곳으로 한정 짓고 특공대 규모를 31명으로 증원할 것을 지시하였다. 31명의 신분은 전원이 함경도 출신이고 연령은 25~28세, 지휘관이 대위, 부지휘관이 중위이고 나머지 전원이 소위였다고 한다. 이들은 1월 14일부터 이틀 동안 집체 사격훈련을 받은 뒤 남파되었는데, 기습계획의 내용은 다음과 같다.

① 습격 시간은 밤 8시이며 습격 소요 시간은 3, 4분간으로 한다.
② 전원 사복 차림으로 취객을 가장하여 청와대 초소에 접근해서 자기들끼리 시비를 걸다가 기회를 포착하여 일시에 습격한다.
③ 제1조는 청와대 2층, 제2조는 1층, 제3조는 경호실, 제4조는 비서실, 제5조는 정문 초소 등을 맡아 기관단총과 수류탄으로 살상·파괴한다. 운전조는 차량을 탈취하여 탈출 준비를 완료한다.
④ 습격이 끝나는 즉시 차량에 분승하여 문산 방면으로 도주, 그날로 복귀한다.

그들 각자에게 지급된 무기는 기관단총 및 TT권총 각 1정, 수류탄 8발, 실탄 300발씩이었으며, 식량은 5일분이었다. 바로 결사대였으며 탄환과 식량이 떨어지면 죽으라는 조직이었다.

1월 16일 오후 2시 황해도 연산을 출발하여 18일 자정에 휴전선 군사분계선을 돌파한 후 파주군 법원리 산봉산, 고양군 내 앵무봉 등을 거쳐 비봉·승가사로 이어지는 산길을 타고 서울 경내로 들어와, 21일 밤 9시 50분경 세검동파출소 관할 자하문 초소에 이르러 처음으로 검문에 걸렸다. 초소대원 두 명이 거동이 수상한 괴한 한 명을 불심검문하자 괴한은 갑자기 수류탄을 던져 초소대원들을 쓰러뜨리고 약 400m 정도 행진을 계속한다. 2, 3인씩 짝을 지은 그들이 자하문을 거쳐 청운동 어귀까지 다다랐을 때 연락을 받고 긴급 출동한 종로경찰서장 최규식(崔圭植) 총경의 제지를 받자 최 서장을 총격하여 숨지게 했으며, 마침 현장을 달리던 시내버스 한 대에 수류탄을 던져 승객들에게 부상을 입힌 후 뿔뿔이 흩어져 북쪽을 향해 도주하게 된다.

세금동 등 현장 부근 주민들은 갑작스런 총성에 놀라 뛰쳐나왔으나 세종로·효자동·삼청동·청운동·홍제동 일대의 통행은 완전 차단되었고, 서울시내는 경찰, 경기도 관내는 군부대가 맡아 일대 소탕작전을 전개하였다. 군경 합동수색대가 그들의 퇴로를 포위 추격하여 1월 31일까지 26명을 사살하고 1명을 생포했다. 그들이 도주하면서 가한 기습 공격으로 우리 측 제1사단 제15연대장 이익주 대령을 비롯한 23명의 장병이 전사했으며, 대여섯 명의 민간인 사망자도 집계되었다.

향토예비군 창설 등 군사적 조치

1·21 사태 또는 김신조 사건으로 불리는 북한 게릴라 31명의 청와대 습격 미수사건은 기가 막히는 일이었다. 휴전협정 후 만 15년이 지났고 한일 국교가 정상화된 지도 3년이 지나고 있었다. 경제개발 5개년계획도 1차계획을 마치고 2차계획이 추진되고 있었으며, 온국민이 평화의 꿈에 젖어 있을 때 일어난 실로 충격적인 사건이었던

것이다. 이 사건이 발발한 이틀 뒤, 아직 게릴라들의 추격전이 한창이던 1월 23일 오후 1시 45분, 승무원 83명이 타고 원산에서 40km 떨어진 공해 상에 정박 중이던 미 정보함 푸에블로호가 북한군의 초계정 네 척과 미그 전투기 두 대의 위협을 받고 납치되어 원산항에 끌려가는 사건이 일어났다. 이로 말미암아 미 제7함대의 항공모함 엔터프라이즈호가 동해에 긴급 출동하고 극동지역에 주둔하고 있는 전 미군에 비상경계령이 내려져 전쟁의 위기감이 팽팽하게 감돌게 되었다. 서울을 비롯한 전국 각지에서 범국민적 궐기대회가 연이어 거행되었다.

6·25 전쟁 이후로 줄곧 한반도 방위를 주도해 온 미국 측과 한국 측 간에는 국방문제를 둘러싸고 별다른 견해 차이가 없었다고 한다. 그런데 1968년 1월 하순에 일어난 두 개의 사건 — 무장 게릴라 침입 사건과 푸에블로호 사건 — 의 처리 방안을 놓고 한·미 간에 이견이 생겼다. 미국은 푸에블로호 사건을 해결하기 위해 유엔 안전보장이사회 소집을 요구하는 등 적극적인 조치를 취한 데 비해 무장 게릴라 침투 사건에 대해서는 그렇게 적극적인 대응을 하지 않았다고 한다. 박 대통령에게 자주국방의 의지를 강하게 심어 준 계기가 된 것이 바로 1·21 사태였다는 것이다. 그리하여 한국 정부는 ① 종래의 유엔군 중심 국방 태세에서 자주적 국방 태세로의 전환, ② 향토예비군 250만 명 무장화, ③ 무기 생산 공장 건설 등 자주국방의 필요성과 결의를 천명하기에 이른다. 「향토예비군설치법」 시행령이 제정·공포된 때는 그해 2월 27일이었고, 이어 4월 1일에 대전에서 향토예비군이 창설된다. 그해 5월 29일자로 공포된 「향토예비군설치법」 개정 법률에는 향토예비군의 임무를 "무장공비를 소멸하고 그 공격으로 인한 피해의 예방과 응급 복구 …… 등의 임무를 수행한다"라고 규정

하여, 그것이 무장공비 대응책의 하나임을 명백히 하고 있다.

필자가 군사전문가도 아니고 군사 기밀상의 문제도 있어 깊이 있게 언급할 수는 없으나, 이 나라의 국방 태세 확립에서 1·21 사태는 하나의 분수령이었다고 생각한다. 예를 들면, 연례행사로 여름철에 실시되는 을지연습(CPX), 등산길에서 흔히 볼 수 있는 벙커 시설, 서울~문산 간 도로를 확장 정비하여 통일로라고 이름 짓고 거기에 군데군데 설치한 전차 진행 방해시설 등은 모두 1·21 사태 이후에 생긴 것이다.

북악산·평창동 개발

김신조 일당이 휴전선을 넘어 산길을 따라 서울 행정구역 내로 침입하여 비봉·승가사를 지나 세검정 삼거리에 다다랐을 때까지 전혀 발견되지 않았다는 것은 너무나 어이없는 일이었다. 그것도 한두 명이나 대여섯 명이 아니었다. 대열을 지어 행군해서 온 것이 아니라 할지라도 31명의 인원이 산을 타고 내려오는데 어느 누구에게도 전혀 발견되지 않았다는 것은 여간 큰 문제가 아니었다. 그런데 그렇게 된 데는 이유가 있었다. 한국전쟁 전재복구기를 지나 1960년대에 들어오면서 서울의 인구수는 눈부시게 늘어나고 있었고, 그에 상응하여 시가지도 확장되고 있었다. 1955년에 157만이던 인구수가 1960년에는 245만, 1970년에는 552만으로 집계되었으니, 시가지가 확장되고 인구밀도가 조밀해진 것은 당연한 일이었다. 그런데 그와 같은 시가지화 현상이 유독 북문인 자하문 밖, 부암동·평창동 일대에는 일어나지 않고 있었다. 인구 증가가 거의 없거나 있다고 할지라도 극히 미미한 증가에 불과하였다. 1960년 국세조사 때 서대문구 세검정동·구평동의 인구 합계는 8,722명에 불과하였다. 조용한 시골 마을 그대로였고 재래종 능금의 생산지로 알려져 있었다. 시내 다른 지역보다 땅값이 훨씬 싸서 집을 지어 이사 가는 사람도 있기는 했으나, 1966년 국세조사 결과에서도 세검정동 1만 1,623명, 구평동 4,425명, 합계 1만 6,048명에 불과하였다. 1970년대 초까지의 세검정 일대는 "봄철의 꽃, 여름의 과일, 가을의 단풍이 서석과 함께 어우러져 경관이 뛰어났으므로 많은 사람들이" 소풍가는 기분으로 찾던 곳이었다고 한다(『종로구지(하)』, 1013쪽).

　　법정 동명으로는 부암동·홍지동·신영동·평창동·구기동으로 이루어지는 일대가 1960년대 말까지는 인적이 드물 정도로 조용한 시골 마을일 수밖에 없었던 이유는 다음과 같다. 첫째, 군사시설 보호구역으로 지정된 지역이 너무 많아 건축 활동에 큰 지장이 되었다는 점, 둘째, 6·25를 겪으면서 생긴 북쪽 기피 현상, 셋째, 청와대 뒷산인 인왕·북악산을 경계로 그 이북 일대가 지역 개발 측면에서 완전히 소외되어 있었다는 점이다. 오늘날의 자하문길(궁정동~세검정 삼거리)이나 세검정길(홍은 네거리~북악터널 예정지)이 있기는 했으나 그 너비가 겨우 6~12m 정도의 좁은 길이었고 포장도 되지 않은 상태였다. 효자동 쪽에서 세검정 쪽에는 버스가 다니고 있었으나 두 대의 차량이 겨우 비켜나갈 정도였다. 홍은 네거리에서 세검정 끝까지는 길이 뚫어져 있었으나 포장도 안 된 시골길이었고 터널이 없었으니 미아리 방면과의 연결은 상상도 할 수 없었다. 세검정 삼거리에는 가로등 같은 것도 없어 밤이 되면 암흑의 거리가 되었다. 아마도 당시의 청와대 경호실이나 수도방위사령부의 생각으로는 인왕산·북악산은 물론이고 그 북쪽 일대 개발을 최대한 억제하고 따라서 사람의

북악 스카이웨이 기공식(1968.2.21.)

출입도 제한되는 것이 청와대 경호상 상책이라고 판단했을 것이다.
그러나 1·21 사태는 바로 그런 생각에 대한 호된 질책이고 경종이었
던 것이다.

　　개발을 억제할 것이 아니라 촉진하는 쪽으로 정책의 일대 전환
이 이루어진다. 경호실·국방부 등과도 충분히 숙의한 끝에 김현옥
시장이 북악 스카이웨이 건설이라는 것을 발표한 때는 1·21 사태로
부터 정확히 20일 뒤인 2월 9일이었다. 자하문~북악산~정릉~미아
리에 이르는 길이 6.7km, 너비 16m의 산간도로를 조성하여 방어 및
관광·휴식도로로 하겠다는 것이었다. 발표하자마자 착공하는 것은
김 시장의 장기였다. 굴곡이 엄청나게 많은 산 언덕길이라 세부 설
계는 미처 마치지도 못한 상태였던 2월 21일에 기공식을 거행하여
9월 28일에 완공했다. 그런데 완공해 놓고 보니 북악 스카이웨이만

이 아니고 2,300m 길이의 길이 또 하나가 되어 있었다. 즉, 사직공원 뒤를 끼고 인왕산 중턱을 따라 자하문에 이르는 것이 인왕 스카이웨이였고, 이어 자하문에서 동쪽으로 달려 성북구 돈암동에 이르는 길이 7,700m의 길이 북악 스카이웨이였다. 합쳐서 1만 미터에 이르는 두 개의 길은 산허리와 능선을 따라 만들어진 관계로 대단한 난공사일 수밖에 없었고, 따라서 8월 15일 준공 예정이던 것이 한 달 반이 지난 9월 28일에야 준공되었다(9월 28일은 6·25 때 서울이 수복된 기념일이었다). 이 길은 유료 도로였고 북악 스카이웨이 정점에는 레스토랑을 겸한 팔각정도 세워져 북악산의 남과 북을 심리적으로 접합시키는 데 큰 역할을 했고 군사적으로도 엄청난 이점을 지닌 것으로 알려져 있다(서울시 지명위원회에 의하여 1984년 이후는 인왕산길·북악산길로 바꿔 부르게 되었다).

한편 지하철 3호선 경복궁역에서 청운동·자하문을 거쳐 세검정에 이르는 자하문길은, 원래 궁정동까지의 노폭은 25~30m가 되었으나 궁정동에서 세검정까지는 12m밖에 되시 않았다. 중요문화재인 칠궁(七宮)을 허물어 길을 넓힐 수 없다는 반대론 때문에 5년 동안이나 길을 넓히지 못한 상태가 계속된 것이다. 그러나 1·21 사태로 인해 칠궁 원형 보존이라는 문화재 애호론보다 안보상 위험성 제거 및 시민생활 편의성 제고라는 실질적 요구 쪽으로 여론이 기울어진다. 당시 식자들간에 논의된 것이 문화재의 격이라는 것이었다. 종묘의 일부가 헐리는 것이면 모르되 비빈으로서 왕의 생모가 된 분들의 제묘(祭廟)쯤은 일부 헐려도 도리 없는 것이 아니냐는 것이었다. 칠궁 서쪽 담이 길이 142m 넓이 15m로 크게 헐린 때는 1·21 사태 후 20여 일이 지난 2월 15일이었다(1968년 2월 16일자 ≪서울신문≫ 기사 참조). 자하문길이 종전의 12m에서 25m로 시원하게 뚫렸고 그 결과 칠궁 내부는 원형이 크게 바뀌어져 궁색하게 변형되었다.

칠궁 서쪽 벽이 헐린 지 닷새 뒤이고 북악 스카이웨이 기공식보다 하루 전날인 2월 20일 오전에 개최된 국무회의에서 「향토예비군설치법」 시행령이 의결되었다. 국무회의에서 돌아온 김 시장이 긴급기자회견을 소집하여 가까운 시일 내에 제2순환선 도로 개설을 기공하여 내년(1969년) 말까지 완공하겠다고 발표한다.

서울의 제1순환선은 서울역~독립문~사직터널~율곡로~돈화문~동대문~퇴계로~서울역의 선이며 1968년 당시에는 아직 돈화문~동대문 구간이 개설되지 않아 준공되지 못하고 있었다. 제1순환선 도로도 완성하지 못했는데 제2순환선을 기공하여 1969년 말까지 완공한다는 것은 의지일 수는 있으나 실현성이 희박한 것이었다. 제2순환선 중에서도 특히 북쪽의 개운사~미아리고개~아리랑고개~정릉 입구~북악산 뒤~홍은 네거리까지가 문제였다. 홍은 네거리에서 세금정 계곡을 따라 북악산 허리까지 너비 5~6m의 길은 1950년대 말에 이미 개설되어 있었으나 산에 가로막혀 더는 갈 수가 없었다. 길의 종점에 만하장(萬河莊)이라는 이름의 장 급 여관 하나가 있었는데 1960년대에는 극히 드문 러브호텔이었다(만하장이 헐리고 그 자리에 라마다올림피아 호텔이 들어선 것은 1980년대에 들어서이다).

정릉 쪽도 마찬가지였다. 미아리고개~아리랑고개를 지나면 정릉 입구까지는 길이 나 있었으나 그로부터 서쪽은 막혀 있었다. 북악산과 북한산이 연결되어 터널을 뚫지 않는 한 동서간 통행을 할 수가 없었다. 김 시장이 제2순환선 도로를 1969년 말까지 완공하겠다는 발표는 바로 북악산 터널을 뚫어 동서간을 연결시키겠다는 의지의 표명이었다. 그런데 무슨 돈으로 터널을 뚫고 제대로 된 도로를 조성할 것인가. 1968년 당시의 서울시 재정은 파탄 직전이었다.

준공된 북악터널(1971.9.10.)

1966년에 벌였던 그 숱한 도로(지하도·육교) 공사로 재정이 바닥난 데다가 1967년 말부터는 여의도 윤중제 공사를 시작하고 있었다. 제2순환선 도로를 조성하겠다고 발표하기 열흘 전인 2월 10일에 밤섬을 폭파하여 여의도 윤중제의 홍수전 준공을 향해 행정력이 총동원되다시피 한 상태에 있었다. 서울시는 윤중제 공사를 위해 은행에서 10억 원을 기채하였다. 그것은 윤중제로 조성될 여의도 택지를 매각함으로써 상환한다는 것을 전제로 한 은행기채였지만, 북악터널로 새로운 토지가 조성되는 것도 아니었으니 기채를 할 그런 내용도 아니었다. 결국 김 시장은 북악터널의 착공도 하지 못한 채 퇴임해 버린다.

일반 시중은행이면서 동시에 신탁 업무를 전담한다는 취지로 한국신탁은행이라는 금융기관이 업무를 개시한 때는 1968년 12월 2일이었다. 그리고 개점한 지 3개월이 지난 1969년 2월 27일에 신탁은행이 전액 출자한 자매회사로 한신부동산(주)이라는 것이 설립되었다. 부동산업을 하면서 동시에 유료도로의 개설 및 운영과 창고업 등을 하는 기업체였다. 언양~울산 간 고속도로, 남산 1호터널 등이 주된 업적이었다. 이 업체가 북악터널 개설 운영도 담당하였다. 공사는 서울시가 맡아서 추진하되 공사대금을 신탁은행 개발신탁자금으로 충당하고 준공 후 유료로 운영하여 자금을 회수한다는 것이었다. 길이 810m, 너비 12.5m의 터널공사가 착공된 때는 1970년 7월 29일이었고, 1971년 9월 10일에 완공·개통되었다. 약 1년 2개월이 소요된 이 터널의 개통으로 미아리·정릉 방면과 신촌·양화대교·불광동 방면이 최단거리로 연결되었을 뿐 아니라, 세검정·평창동 일대와 정릉 일대가 폐쇄된 공간에서 개방된 공간으로 탈바꿈하게 되었다.

1·21 사태가 남긴 교훈은 세검정·평창동 일대를 개발해야 산악지대를 이용한 게릴라의 침입을 막을 수 있다는 것이었다. 그런데 이 교훈을 빙자하여 괴상한 일도 일어났다. 평창단지라는 것이었다.

평창동 중에서 세검정길 북측 일대는 북한산 자연공원의 남쪽 자락으로서 양지발라서 비교적 산림이 울창한 국유 임야였다. 그런데 1·21 사태 후 이 일대 43만 평 토지의 소유권이 정부의 일반 재산에서 총무처 산하 공무원연금관리기금으로 이관되게 된다. 연금관리기금은 이 지역이 자연·공원용지에서 해제되게끔 건설부에 압력을 가하였고, 건설부는 1970년 9월 23일자 고시 제465호로 이 지역 142만 7,646m²(약 43만 2,620평)를 공원용지에서 해제하였다. 연금관리기금은 공원용지에서 해제된 43만 평을 시가의 10분의 1도 안 되는 평당 1,046원, 총 4억 5,000만 원에 신탁은행 자회사인 한신부동산(주)에 불하해 버린다. 그리고 건설부는 1971년 6월 25일자 고시 제378호로 앞서 공원용지에서 해제한 43만 평 중 15만 7,000평(51만 8,146m²)을 공원용지로 환원하고 나머지 27만여 평(90만 9,500m²)은 일단의 주택지 경영지구로 지정해 버린다. 그리고 한 달 남짓이 지난 1971년 7월 30일자 건설부 고시 제447호로 이 단지를 제외한 북쪽 일대를 개발제한구역으로 지정한다.

한신부동산은 주택지 경영지구 27만 평을 택지로 조성한 후, 울창했던 나무를 자르고 660개 필지의 대규모 택지로 분할하여 평당 최고 2만 3,000원 최저 7,000원으로 일반에게 매각하였다. 오늘날 서울시내 굴지의 고급 주택지로 알려진 평창단지는 이렇게 해서 생겨났으며, 당시의 신문 지상에 크게 보도되었고 그해 가을의 총무처·건설부·서울시 국정감사 때 크게 논란이 된 사건이었지만 형사사건 등으로 발전하지는 않는다. 당시 서울시 간부로 재직 중이었던 필자의 짐작으로는, 일반 국유지를 연금관리기금으로 이관하고 그것을 한신부동산(신탁은행)에 헐값으로 불하하고 불도저를 넣어 고급 주택단지를 조성하고 한 이면에는 적잖은 액수의 정치자금이 최고 권력자에게 제공된 것 같다. 몇몇 장관이나 서울시장 선에서 이루어질 부정의 수준을 훨씬 넘고 있기 때문이다.

인왕·북악 스카이웨이, 자하문길·세검정길과 북악터널, 평창단지 등으로 인해 자하문 밖 부암동·평창동 일대는 그 모습이 크게 바뀌었다. 1·21 당시의 어두컴컴한 지대가 몰라보게 밝아졌고 규모가 큰 양질의 주택이 크게 늘어나게 되었다. 1975년 10월 1일자 대통령령 제7816호로 소속도 종전의 서대문구에서 종로구 관내로 바뀌었다. 그러나 그렇게 엄청나게 변했음에도 불구하고 시내 다른 지역에 비해서 인구수는 크게 늘어나지 않는다. 1980년 국세조사 인구가 부암·평창 두 개 동을 합하여 2만 3,330명, 1990년 인구가 2만 8,217명밖에 되지 않으니 시내 타 지역에 비할 때 그 상승세는 극히 미약하다고 봐야 할 것이다. 서울시민 전체에 흐르는 북쪽 기피, 남쪽 지향 현상이 그대로 반영되고 있다고 생각한다.

서울 요새화 계획: 남산 1·2호터널 건설

1·21 사태 후 9개월 남짓이 지나 그 충격적인 사건도 점차 잊혀져 가고 있을 때인 그해(1968년) 10월 30일에서 11월 2일에 걸쳐, 무장 게릴라 120명이 8개 조로 나누어 경상북도 울진군에 상륙하여 울진·삼척·봉화·정선 등지에 잠입한 사건이 터졌다. 이른바 울진·삼척 지구 무장공비 침투 사건이었다. 그들 역시 민족보위성 정찰국 예하 124군 부대원들이었으며, 군복·신사복·노동복 등 다양한 차림으로 잠입해 와서 거짓으로 주민들을 집합시켜 북한의 발전상을 찬양·선전하는 한편 공포 분위기를 조성하고 많은 주민들 앞에서 이른바 배신자들을 살상하였다.

주민들의 결사적인 신고에 힘입어 상황을 파악한 당국은 11월 3일 오후 2시 30분을 기하여 경북 북부 및 강원도 일부 지역에 을종 사태를 선포하고 대간첩대책본부 지휘 아래 군과 향토예비군을 출동시켜 대대적인 소탕작전을 전개하였다. 태백산맥을 따라 산악전으로 전개된 이 소탕작전은 1969년 3월까지 계속되었으며, 사살 100여명, 생포·자수 각 다섯 명 등으로 끝이 났으나 이쪽 피해도 적잖아 군인·민간인을 합하여 사망자가 70명에 이르는 대사건이었다. 평창군 산간 마을에서 10세 된 이승복 어린이가 "나는 공산당이 싫어요"라고 절규하다가 처참하게 죽었다는 것이 이 사건의 상징이었다.

울진·삼척지구 소탕작전이 아직 끝나지 않았던 1969년 새해를 맞으면서 박 대통령은 특별히 이해를 "싸우면서 건설하는 해"로 하겠다는 신년사를 발표했고, 각 부처가 모두 이 구호를 따랐다. 김현옥 시장은 대통령의 그와 같은 의지를 받들어 1월 4일에 서울~문산간 도로 확장에 관한 여비 조사를 착수케 한 데 이어 3일 뒤인 1월 7일에는 서울시 요새화 계획을 발표한다. 매사에 성급하고 즉흥적인 면이 있던 김 시장이 요새화 계획이라고 발표한 당초의 내용은, "① 6월 말까지 서울을 요새화하는 방향으로 도시계획을 재작성하겠다. ② 한강을 교량과 하저터널로 육속화하여 강북·강남이라는 개념을 일소하겠다"는 등 매우 엉성한 것이었으나, 그나마 6월까지 기다리지 않고 우선 3월 4일에 그 구체적인 내용의 일부를 발표한다. 평화 시에는 교통수단으로 쓰고 전시에는 30~40만 명을 수용하는 대피소로 하기 위해 남산에 1·2호터널을 굴착하겠다는 것이었다. 이미 박 대통령의 재가까지 받았다고 밝힌 두 개 터널이 교차되는 곳에는 5,000평 내지 7,000평에 달하는 교통광장이 건설되어 완전한 입체교차로가 된다는 것이었고, 소요 자금은 1호터널 10억 9,400만 원, 2호터널 9억 7,500만 원인데, 1호터널은 민간자본으로, 2호선은 시의 비용으로 건설한다는 것이었다.

김 시장, 전신용(全信鎔) 한국신탁은행장이 참석한 가운데 3·1로에서 보광동에 이르는 길이 1,530m 너비 10.15m의 남산 1호터널 기공식이 거행된 때는 터널 굴착계획이 발표된 지 겨우 9일이 지난 3월 13일 오전이었다. 1호터널 공사비는 한국신탁은행의 신탁자금으로 지급되었으며, 개통된 후 통과 차량 한 대당 60원씩의 통행료를 받아 연간 약 4억 5,000만 원의 수익을 올린다고 계상되어 있었다.

남산 1호터널, 북악터널, 평창단지, 언양~울산 간 고속도로 건설 등에 투자한 한국신탁은행의 자회사 한신부동산(주)은 사회간접자본 운영 수익 예측이 부정확하고 경험 및 전문 지식이 부족하여 부채가 누적되어 정리되었고, 결국 남산 1호터널과 북악터널은 서울시가 인수하게 되었다. 이양계약은 1975년 1월 13일에 체결되었으며, 이양조건은 남산 1호터널 23억 원, 북악터널 15억 원으로 인수 총액 38억 원을 서울시가 5년 거치 균등 상환하고 이자는 연리 8퍼센트로 6개월마다 후불한다는 조건이었다.

용산구 이태원동에서 중구 장충 2동 국립극장 옆을 연결하는 길이 1,500m의 제2터널 기공식이 거행된 때는 1969년 4월 21일이었다. 남산 1호터널은 1970년 8월 15일에 개통되었고, 2호터널은 그보다 한 달 남짓 앞선 7월 8일에 개통되었다.

오늘날 하루에 각각 10만 대의 차량이 통행하는 남산 1·2호터널이 1968년 1·21 사태와 그해 10, 11월에 일어난 울진·삼척 공비 침투 사건의 결과 서울을 요새화한다는 계획의 일환으로 굴착되었고, 전시에는 30~40만 시민의 대피소로 사용될 예정이었다는 것을 알고 있는 시민은 과연 얼마나 될지 생각해 본다.

■■■ 참고문헌

서울시 시사편찬위원회. 1996. 『서울 600년사 6권』.
서울신탁은행. 1977. 『서울신탁은행합병사』.
월간 조선. 1993. 『한국현대사 119대사건』.
중앙정보부. 1973. 『북한대남공작사 2』.
당시의 신문·관보 및 연표·대백과사전 등.

나비작전

종삼 소탕기

공창 폐지 후 사창의 만연

　불특정 다수인을 상대로 성을 파는 직업이 매춘업이며, 정부 또
는 지방행정청이 그것을 특정 지역 안에서만 행할 수 있도록 용인하
고 세금도 징수하는 제도가 공창이었다. 일제시대 말까지 한반도 내
매춘업의 주류는 공창제도였고, 그것이 용인되는 특정 지역을 유곽
이라 불렀다.

　미군정은 공창제도를 인정하지 않았다. 남녀평등·인권 옹호를
표방하고 평화의 사도임을 자처했던 미군정이 공창제도를 그대로
방치할 리가 없었다. 한두 차례의 시행착오 끝에 공창제도가 폐지된
때는 1948년 2월 14일이었으며, 이날부터 제도로서의 매춘업은 막을
내리게 된다[자세한 내막은 이 책의 「공창(유곽)이 폐지된 과정」에 설명되
어 있다].

　공창제도가 폐지되면서 당시의 군정 당국은 물론이고 한국인

지도층들, 특히 여성 지도층 중에서는 앞으로 매춘업이 자취를 감출 것이라고 생각한 사람들이 적잖았다. 그렇게 생각한 이유는 여러 가지가 있었지만 그중 하나가 여자경찰서였다. 서울에 여자경찰서라는 것이 처음 생긴 때는 1947년 2월 17일이었고, 그해 7월 1일에는 부산·대구·인천에도 생겼다. 여자경찰서가 관장한 임무는 부녀자의 풍기 및 수사에 관한 사항, 불량소년·소녀의 지도·감화 및 단속, 여성범죄 정보 수집 및 수사에 관한 사항 등이었지만, 주된 임무는 매춘업 단속이었다. 즉, 당시의 여자경찰관들이 담당한 주된 업무가 매춘업 단속이었고 여자경찰서를 발족하게 했던 목적이었다.

1948년 8월 15일에 수립된 대한민국 정부도 당연히 매춘 금지를 표방했다. 모든 문명국가가 공통적으로 추구한 기본 자세였기 때문이다. 그러나 그와 같은 윤리관이 가난을 해결해 주지는 않았다. 생활난 때문에 매춘을 했고 그것은 특별한 능력이 없는 여자가 선택하기에 어렵지 않은 직업이었다. 대한민국 정부가 수립된 다음 해인 1949년 12월 31일자 ≪동아일보≫는 그해를 마무리하는 기획기사 마지막 회에서 매춘업을 다루어, "없어지기는커녕 늘어만 가는 사창"을 크게 보도하고 있다.

한반도 내에 당국의 허가를 받지 않고 세금도 내지 않는 사적 매춘업, 즉 사창이 생긴 것은 1920년대 중반기부터의 일이었다. 이상의 소설 「날개」가 발표된 것은 잡지 ≪조광≫ 1936년 9월호였다. 이 작품의 무대가 된 "33번지의 18가구"는 분명히 사창의 집단가옥이고 주인공의 아내는 사창이었다. 그녀는 술집 작부도 카페 여급도 아닌 보통의 여인이었지만 밤이 되면 진한 화장을 하고 외출하여 카페 같은 데서 진을 치고 있다가 남자를 낚아 오는 사창이었던 것이다.

일제시대 그리고 공창제도 폐지령 이후의 사창은 몰래 감춰진 존재였고 암암리에 행하여졌을 뿐 아니라 여기저기 흩어져서 존재한, 이른바 산창이었다. 그런데 6·25 전쟁은 그러한 사창의 모습을 전혀 새로운 것으로 바꾸어 버린다.

숫자가 엄청나게 많아졌다는 것이 첫 번째 특징이었다. 부산·대구 등 피난지에서 헐벗고 굶주려야 했던 여인들에게 있어 매춘은 가장 손쉬운 생계수단이었으니, 신분이나 체면이 문제되지 않았다. 창녀들 중에는 대학생도 유부녀도 전쟁미망인도 있었고, 12세 어린 소녀에서 40대 여인까지 있었다. 그 숫자가 너무 많아 여자경찰서가 감당할 수 없게 되었을 뿐 아니라 설령 감당할 수 있었다 한들 구호물자도 주지 못하는 형편에 생계수단을 막을 수는 없는 형편이었다. 여자경찰서는 1957년 7월 20일에 폐지되었다.

사창의 집단화, 즉 집창 현상이 그 두 번째 특징이었고, 있을 만한 곳에는 반드시 있다는 것이 세 번째 특징이었다. 있을 만한 곳들은 다음과 같다. 첫째, 역전이었다. 서울역·부산역·대구역·청량리역·용산역·영등포역 앞에는 예외 없이 사창굴이 생겼고 그 규모도 큰 것이 특징이었다. 둘째, 지난날 유곽이 있던 자리였다. 옛날 건물들이 그대로 남아 있었고 그 존재를 선전할 필요가 없는 것이 편리한 점이었다. 부산의 완월동, 대구의 자갈마당, 대전의 중동 10번지 등은 지난날 유곽이 있던 곳이었다. 셋째, 미군부대가 있는 지역, 이른바 기지촌이다.

그런데 유독 서울의 '종삼(鐘三)'만은 위의 어느 범주에도 속하지 않는다. 역전도 유곽 자리도 기지촌도 아니라 수도 서울의 중심에 생겨난 실로 희한한 존재였다. 아마도 세계 매춘의 역사에서 종삼만큼 규모가 크고 번창했던 예는 이전에도 이후에도 없을 것이다.

종삼의 실태

종로 3가 뒷골목에 소규모의 사창가가 생긴 것은 광복 직후인 1945, 1946년경부터였다고 한다. 그러나 6·25 전쟁이 일어나기 전에는 그 존재가 거의 알려지지 않았다. 규모가 작았고 암암리의 매춘 행위였기 때문이었다.

종삼은 1·4 후퇴로 많은 시민이 부산·대구에 피난을 내려가 있을 때 다시 생겨났고 걷잡을 수 없이 커져갔다. 부산에 내려가 있던 중앙정부가 서울에 돌아온 때는 1953년 8월 15일이었는데, 그때에는 이미 쉽게 손댈 수 없을 정도로 규모가 커져 있었다. 당시의 범위는 종로 3가, 단성사 뒷골목에서 종묘 앞 일대였다. 그런데 1950년대를 거쳐 1960년대에 이르면서 창녀들의 수가 크게 늘었고, 그 범위도 더 길고 넓게 퍼져나갔다. 1960년 중엽의 종삼은 파고다공원·낙원시장 주변이 서쪽 끝이었다. 그리고 동으로 뻗어나가 낙원동·돈의동·익선동·운니동·와룡동·묘동·봉익동·훈정동·인의동·원남동·종로 5가까지 동서로 1km가 넘었고 남북으로도 좁은 데는 50m, 넓은 데는 능히 100m나 되었을 것이다. 종로통의 북쪽이 주였지만 길 건너 남쪽의 관수동·장사동·예지동에도 있었다.

종로 3가, 단성사, 피카디리 극장을 중심으로 이 일대에 집창이 생긴 데는 이유가 있었다. 첫째, 이 일대의 가옥구조였다. 구획정리도 시구 개정도 하지 않아 조선시대 때부터 내려오는 좁고 굽은 길을 따라 나지막한 한옥들이 줄지어 있었다. 그 구조도 자그마한 뜰이 있었고 'ㅁ'자 아니면 'ㄷ'자 건물로 여러 개의 방이 있었으니, 방 하나에 창녀 한 명을 들일 수 있었던 것이다. 둘째, 직장·술집과의 거리 관계였다. 당시에는 직장이 종로·중구 관내에 밀집해 있었고,

술집들도 무교동·명동·낙원동 등지에 밀집되어 있었다. TV가 있었던 시대가 아니었고 남편들은 일찍 집에 간들 생활고에 시달리는 부인의 푸념을 듣는 것밖에는 별로 할 일이 없었다. 직장 동료들이나 학교 선후배 등과 어울려 거나하게 한잔 걸치면 누군가가 반드시 '종삼으로 가자'를 선창했고, 한두 사람 낙오자를 빼고는 모두가 행동을 같이했다. 승용차가 드물고 전차가 주된 교통수단이었던 시기에 전차를 타기보다는 걸어갈 만한 거리에 있는 곳, 그것이 종삼이었다.

값이 비쌌다면 그렇게 번창할 수 없었을 것이다. "남자 하나에 여자 한 트럭"이라는 말이 유행했던 시대였다. 전쟁 때문에 많은 장정이 희생된 것을 그렇게 표현했을 테지만 여하튼 여자가 천대받던 시대였다. 당시 한 신문에서 "짧은 밤이 300원 긴 밤이 800원"이라고 보도하고 있으니(≪조선일보≫ 1966년 8월 21일자 8면 "윤락의 나상지대") 1950년대에는 훨씬 더 쌌을 것이다. 1966년 당시 담배 한 갑, 커피 한 잔 값이 30~35원이었다. 날씨가 궂거나 하여 손님의 수가 적을 때면 흥정하기에 따라 얼마든지 값이 내려갈 수 있었다.

종삼의 창녀 수는 일정하지 않아 조사를 할 때마다 달랐는데, 가장 많을 때는 1,400명 정도, 적을 때도 1,000명 이하인 경우는 거의 없었다. 거기에다 100명이 넘는 포주와 200명 가까운 소개꾼들, 끊임없이 찾아오는 유객들로 종삼 골목은 아침부터 색다른 분위기를 풍겼다. 저녁이 될수록 그 농도가 짙어져 밤 10시경이면 거리마다 창녀들 웃음소리, 술 취한 유객들 고함소리가 뒤섞여 시끌시끌했는데, 조명만은 밝지 않아 어두컴컴한 것이 특징이었다.

이런 특수지대가 문학 작품의 소재가 된 것은 당연한 일이었으니, 이 시대의 서울을 다룬 문학 작품에는 거의 예외 없이 등장하였다. 최일남(崔一男)이 ≪소설문학≫ 1983년 5월호에 발표한 단편소설 「서울의 초상」은 시골에서 살다가 처음 서울에 올라온 성수라는 청년과 그 친구 두 사람이 서울의 생활에 적응해 가는 과정을 약간 해학적인 어조로 그린 작품이다. 이 작품에서 작가는 성수를 포함한 세 사람의 청년이 종삼을 찾아가는 체험을 그리면서, 그것이 서울에서 성인이 되기 위한 통과의례인 동시에 "서울 생활에 익숙해지기 위한 훈련의 하나"였음을 그리고 있다. 사실 1950~1960년대 서울에서 생활한 젊은이들 대다수가 종삼에서 성인이 되었고 종삼 출입을 통해 인간적인 성숙을 이루었다고 하더라도 지나친 표현은 아니라고 생각한다.

이호철의 장편소설『서울은 만원이다』는 1966년 2월 8일에서 11월 26일까지 모두 250회에 걸쳐 ≪동아일보≫ 지상에 연재되었다. 이 소설의 주인공은 경상남도 통영에서 중학교를 나와 무작정 상경한 길녀(吉女)라는 처녀였다. 21세에 상경하여 처음에는 을지로 4가 국도극장 근처의 일식집에도 잠깐 있었고 다방 레지로도 있다가, 기상현이라는 사나이에게 엉겁결에 겁탈당하고 난 뒤에는 서린동 골목 안에 방을 얻어 사창 노릇을 한다. 이 순진하고 인정 많고 귀여운 길녀를 중심으로 친구 미경, 포주 복실 어멈, 허풍스럽고 무책임한 사나이 남동표, 외판사원 기상현 등이 서로 속고 속이고 싸우고 할퀴며 사기를 치기도 하고 절도도 하고 염치 좋게 협박하기도 하는, 당시 서울의 밑바닥 인생을 경쾌하게 그린 작품이었다.

이 소설에서 길녀의 유일한 여자 친구 미경은 처음에는 길녀와 같은 방식의 매음을 하다가 마침내 종삼의 창녀가 된다. 그리고 미경을 통해 종삼생활의 일단이 소개되고 있다.

우선 창녀들의 수입에 관해서는,

몸은 좀 고달프지만 잘 벌면 월 5만 원도 벌고 보통 줄도 3만 원은 못 벌어도 2만 원 줄은 된단다. 이것저것 뜯기는 것은 많지만 원천 과세다 수도요금이다 전기요금이나 세금으로 골치 썩을 것도 없고 전축을 사고 캬비넷을 들이고 외국제품으로 몸을 칭칭 감을 수 있단다.

라고 설명하여, 일단 창녀가 되면 높은 소비생활을 할 수 있다고 강조하고 있다. 이어 사창 내 질서 유지 수단으로 자치회라는 것이 있어 경찰의 지휘 아래 운영되고 있다는 것도 자치위원이 된 미경의 입을 통해 다음과 같이 설명되고 있다.

평균해서 한 달에 한 번쯤 자치회가 열리는데, 지서 주임은 물론 본서에서도 정복경찰이 나오고, 때로는 시경에서도 정복 차림이, 혹은 사복 차림이 나온단다. 그리고 집집마다에서 대의원 격으로 대표 한 사람씩 나가는데, 언변깨나 있고 이것저것 따질 수 있는 여자가 뽑혀 나가지만, 정작 본회의에 나가면 할 얘기도 별로 없단다. 회의는 단성사 시사실에서도 하고 동회에서도 하고, 더러는 여염집에서도 한다는 것이다.
길녀가 물었다. "회의에서는 대체 뭘 토의하니?"
"회비 징수 문제, 병 치료 문제, 길에 나가서 히빠리하면 처벌 주는 문제, 대강대강 그런 것잉기라."

그러나 미경이의 인생은 여기까지였다. 지나친 성생활, 자치위원 생활의 스트레스 같은 이유로 병을 얻어서 죽어 버린다. 실로 허무한 인생이었다. 그녀의 유골은 그가 종삼에서 친히 사귄 영자라는 창녀와 길녀, 두 사람의 손으로 한강에 뿌려진다. 그녀의 유품 속에서 나온 3만 원이 든 저금통장은 당연한 듯이 포주의 차지가 되어 버린다.

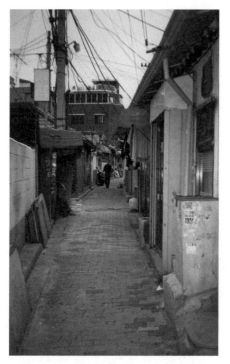

지난날 종삼이 있었던 종로 3가 뒷골목
(1998년 촬영)

이호철이 『서울은 만원이다』에서 그린 종삼은 비록 그 전성기를 벗어나기는 했지만 그래도 종삼이 없어지기 전, 아직 성업중이었던 때에 발표된 작품이라는 점이 특징이다.

한국 현대 시단을 대표하는 시인이자 에세이스트인 고은이 1995년에 발표한 자전소설 『나의 청동시대』 제1권에는 종삼 매춘의 현장, 즉 종삼 창녀들의 방 풍경이 다음과 같이 소개되어 있다.

이미 방 한쪽을 다 차지하고 있는 전축을 갖춘 여인도 있었고 분홍빛 나이론 커튼을 달아서 술 취한 사내들에게 신혼의 황홀경을 불러일으켜 주는 여자도 있었다. 더구나 그녀들의 옷가지를 걸어두는 벽에는 '스위트 홈'이라든가 '해피'라든가 하는 영문이 수놓여 매우 구슬픈 바 있었다.

종삼 방 풍경을 이렇게 리얼하게 그릴 수 있다는 것은 그만큼 종삼 출입이 잦았다는 것을 말해 주기도 한다. 솔직히 지금까지 종삼을 묘사한 글 중에서 가장 잘 된 글 하나를 고르라고 하면, 필자는 주저치 않고 고은이 《세대》 1972년 4월호에 발표한 「논픽션 1950

년대: 그 폐허의 문학 ⑯」의 내용 중 일부를 꼽는다.

그는 이 글에서 우선 당시의 사나이들이 종삼에 가야 했던 이유에 대해 다음과 같이 기술하고 있다.

1950년대의 폐허에서는 명동의 술과 종삼의 여자만이 1950년대 작가의 진정한 고향이었다. 명동에서 싸구려 술을 마시고 종로 3가에 달려와서 싸구려 여자에게 박히는 일이 그 당시의 암울한 전후감각을 가장 찬란하고 황홀하게 극복하는 스케줄이었던 것이다.

전쟁이 끝났다. 모든 작가와 시민은 돌아왔다. 폐허의 청춘, 폐허의 작가는 오스카 와일드, 랭보를 모방하고 빠리 실존주의자들을 흉내내거나 파락호 흥선대원군을 흉내냄으로써 전후의 절망·불안·부조리·극한상황·실존·고독 따위의 단어를 자동화(自同化)하고 있었다. 전쟁이 끝났을 때 그들은 깊은 상실감도 동시에 가지지 않으면 안 되었다. 1950년대는 그들 자신의 심상에 커다란 공동(空洞)이 생겼고 그런 상태의 상식을 무엇인가로 충당하지 않으면 안 되었다. 잃어버린 것은 어머니와 집만이 아니다. 책뿐이 아니다. 첫사랑의 소녀를 단 한 번 남산에 함께 올라가서 껴안아보지도 않고 경련을 일으키면서 내려오고 만 뒤 잃은 것이다.

그들은 고향도 잃고 철학도 잃고 모든 것을 잃었다. 사랑하던 순희가 양갈보 에레냐가 되어 버린 것이다. 집은 폐허가 되고 철학은 허무가 된 것이다. 오직 상처받은 혼으로 그런 상실감을 감당하지 않으면 안 되었다. 그것이 술이며 창녀였다.

…… 그들은 종삼의 여자한테서 깊은 위안을 받았던 것이다. 물론 그 여자들이 상냥하거나 좋은 몸을 가졌다는 뜻은 아니다. 그들이야말로 폐허였고 폐허처럼 무례하기 짝이 없었다. 그러나 그곳에 가서 환멸을 경험하는 것 그 자체가 위안이었던 것이다.

가자! 우리들의 고향 종삼으로!
가자! 불멸의 애인에게! 오오 나의 태양이여 밤이여!

고은의 이 글에서 더욱 통쾌한 것은 "모든 사람이 그곳에 갔다"
라고 한 점이다. 그의 표현을 빌리면,

그곳에 가지 않는 자는 거의 없다. 기성작가·신인·문학 지망생을
통틀어서 그곳에 가지 않는 자는 없는 것이다.

라고 한 다음 그 예외로 여덟 명의 문학가를 거명하여 그들은 이러이
러한 이유 — 박두진은 고학생적 기독교, 박목월은 가족적 실리주의,
이어령은 협심증이나 폐소공포증 — 때문에 각각 가지 않았다고 말
하고 있다. 그에 의하여 종삼에 가지 않았다고 증언된 문학인은 안수
길·황순원·박두진·박목월·신동문·박희진·이어령·유종호의 여덟 명
뿐이다. 다시 말하면 위 여덟 명 이외의, 신인·문학 지망생뿐만이 아
니라 저명한, 실로 기라성 같은 기성작가들 거의가 한두 번 이상 종
삼에 출입한 일이 있다는 것이다. 그것은 실로 통쾌하고도 대담한
지적이었다. 내가 그것을 대담한 지적이라고 한 데는 이유가 있다.
문학인이 아닌 여러 직업의 남자들, 예컨대 법조인·공무원·군인·기
업인·금융인·의사·교사 …… 심지어는 승려나 목회자들까지 통틀어
서 1950～1960년대에 성인으로서 서울에 살거나 서울에 여행을 와서
"단 한 번도 종삼에 간 일이 없습니다"라고 고해성사를 할 수 있는
사람이 과연 얼마나 될 것인가? 계층이나 직급의 높낮음 같은 것은
문제가 되지 않았다.
뻔질나게 종삼에 출입한 그들은 이른바 종삼동서들이었다. 이제
그들의 나이도 최하 55세, 최고 90세를 넘고 있을 것이다. 나이보다

오히려 이제는 종삼동서들의 3분의 1 이상은 이미 저세상에 가 버렸음을 실감한다.

나비작전의 전개

비록 미군정시대의 법령이었기는 하나 「공창제도 등 폐지령」에 의해 한국은 제도로서의 매춘이라는 것이 없는 문명국가의 일원이 될 수 있었다. 그러나 공창제도 폐지 직후부터 사창이 만연하고 6·25전쟁을 계기로 걷잡을 수 없게 번져나가 마침내 전국화 현상이 되어 버렸다. 조그마한 읍에도 사창 집단지대가 생겼을 뿐 아니라 역전의 여관·여인숙마다 사창 영업을 겸하게 되었으니 중앙정부의 체면이 말이 아니게 되었다. 「윤락행위 등 방지법」이라는 것이 제정·공포된 것은 군사 정부 당시인 1961년 11월 9일자 법률 제771호에서였다. 즉, 부끄럽게도 이 역시 국회가 없던 시대에 몇몇 군인들에 의해 입법되고 의결된 법률이었던 것이다. 그러나 그런 법률을 만든다고 해서 전쟁으로 가족과 헤어진 무의탁 여성이나 전쟁미망인으로서 가족을 부양해야 하는 여인들을 구제할 수 있는 것은 아니었다. 군사 정부는 이 법률을 시행하면서 두 가지 시책을 동시에 시행한다.

첫째, 전국 각지 19개소에 윤락여성 직업보도소를 설치하여 미용·이발·양재·수예·조화·운전 등의 직업교육을 실시한 것이었다. 그러나 그것은 기대했던 것만큼의 성과를 거두지 못한다. 창녀 출신이라는 경력 때문에 취업이 쉽지 않았고, 취업이 되었다 할지라도 값싼 임금을 감수해야 했다. 그리고 어떤 경우에도 그 취업은 오래 가지 않았다. 어떤 종류의 직업도 몸을 팔기보다는 훨씬 고된 것이었고 따라서 쉽게 사창의 길로 되돌아갔기 때문이다.

둘째, 시내 도처에서 산발적으로 이루어지고 있는 사창들을 몇 몇 지정된 지역에 모으고, 가두에서의 호객행위 금지, 정기적 성병 검사 실시, 부녀상담원 배치, 윤락여성 선도 등을 실시한 것이었다. 이른바 선도지역이라는 이름으로 불렸던 서울의 특정 지역은 서울 역전의 양동 일대, 영등포역전, 종로 3가 일대, 청량리역전 일대, 미8군이 있었던 용산구 이태원동 일대의 5개 지역이었다. 그러나 두 번째 시책은 특정 지역에서의 윤락행위를 공인하게 됨으로써 흡사 공창과 같은 모습이 재현되었을 뿐 아니라, 창녀-포주-선도위원회-경찰관서의 유착 관계라는 부작용을 낳는다.

매춘·윤락행위가 특정 지역 내에서 소리 없이 진행되었다면 크게 문제되지 않았을지도 모른다. 지정된 지역이 아닌 일반 지역에서의 매춘행위 및 매춘지대 형성, 창녀·소개꾼이 가두에 진출하여 요란한 호객행위를 하는 것이 말썽이었다. 그리하여 서울시는 일 년에 서너 번씩 사창가를 덮쳐 비특정 지역 및 특정 지역 내 호객행위자 등을 강제 연행하여 흑석동에 있던 부녀보호지도소에 수용하였고, 성병 치료·정신교육 등 소정의 절차를 거쳐 희망자는 강남구 일원동 소재 직업보도소로 보내고 나머지는 퇴소시켰다. 퇴소 조건은 다시는 윤락가에 돌아가지 않겠다는 서약이었지만 태반이 거짓 서약이었고, 거의는 다시 윤락가로 회귀하였다. 여하튼 종삼은 서울시내 사창가 중 으뜸인 동시에 전국 각지 사창가의 대표였다. 무엇보다도 종삼은 그 위치와 규모와 숫자에 있어 타 지역과는 비교가 되지 않았다. 그리하여 종삼은 항상 공격의 표적이 되었으며 국회 본회의, 내무 및 보건사회 분과위원회에서 성토되었고, 서울시 국정감사에서 해마다 빠짐없이 거론되는 단골 메뉴였다.

1966년 8월 15일에 동대문 밖 창신동에서 무허가 사창업을 하던 정애심이라는 포주가 동대문경찰서에 연행되어, 즉결심판에 회부되어 5,000원의 벌금을 물었다. 이 조치에 불만을 품은 정씨 내외는 그동안 매월 선도비 조로 1,000원씩을 경찰에 상납해 왔는데 그것이 체불된 데 앙심을 품은 경찰의 보복행위로 5,000원의 벌금을 물었다고 폭로하고, 그동안 돈을 줬다는 경찰관의 이름까지 밝혀버린다. 이 사건과 관련하여 모두 여섯 명의 경찰관이 옷을 벗었으니 관할 경찰서 입장에서는 수치스러운 사건이 아닐 수 없었다. 이를 계기로 공인된 특정 지역이 아닌 창신동 436번지 일대의 사창가를 일소할 것을 결심한 동대문경찰서는 그로부터 1년간에 걸쳐 포주들의 자진 폐업, 창녀들의 귀향 조치를 꾸준히 권고한다. 그리고 1년이 지난 1967년 8월 17일 오전에 강권을 발동하여, 8월 20일 이후에도 영업을 계속하면, 창녀 360명은 부녀보호소로, 포주 136명은 형사범으로 구속하고 무허가 건물인 영업장은 철거해 버리겠다는 경고문을 발송한다. 20일 이후에는 창녀촌 입구에 여섯 개의 초소를 세우고 창청파출소를 단속본부로 하여, 시경 기동대와 동대문경찰서의 전 병력을 동원하여 창녀촌이 사라질 때까지 24시간 교대근무하기로 했다. 이 조치로 창신동 사창가는 사실상 폐쇄되어 버린다. 6개소의 초소 설치가 결정적인 역할을 했다는 것이다.

　　김현옥 시장이 종삼을 소탕키로 결심한 결정적인 계기는 김 시장에 대한 예지동 창녀의 호객행위였다고 한다. 정확히 1968년 9월 26일 오후 두 시경 세운상가 건설 상황을 점검하고 수행원 두세 명과 더불어 도보로 예지동 뒷골목을 걸어가던 김 시장에게, 어떤 창녀가 "아저씨 놀다 가요" 하면서 소매를 잡았다는 것이다. TV가 방영되고 있기는 했으나 일반화된 시대가 아니었으니 창녀들이 김 시장의 얼굴 모습을 몰랐던 것이다. 김 시장은 그 길로 종로구청장실로 직행했으며, 관계 과장들과 경찰 간부들을 긴급 소집하여 종삼 소탕작전을 협의한다. 당시는 인사동길 왼편에 있었던 종로구청 정문에 종로 3가 홍등가 정화추진본부라는 간판을 내걸었고, 사업의 이름을 나비작전이라고 했다. 이른바 나비작전의 내용은 다음과 같다.

① 9월 말로 종로 3가를 중심으로 한 일대의 윤락여성 선도구역을 철폐한다.
② 오는 10월 1일부터는 이 일대에 출입하는 자(유객)를 적발하여 그 명단을 공개한다.
③ 이 지역에 정화추진본부와 상담소를 두어 윤락여성(당시 853명)에 대해 귀향 조치·직장 알선·부녀보호소 수용 등의 조치를 취하며,
④ 포주에 대한 채무관계는 일체 무효화하고 포주들이 이에 호응하지 않을 경우에는 「윤락행위방지법」 위반으로 입건 또는 구속할 방침이다.

나비작전의 전략은 바로 유객들에 대한 조치였다. '꽃(창녀)'에 대한 조치는 별로 효과가 없다. '나비(유객)'들을 족쳐야 한다는 것이었다. 라디오와 TV로 방송하고 9월 27일자 조간·석간신문에 크게 보도했다. 27일 낮에 한전 직원을 총동원하다시피 하여 골목 입구마다 수없이 많은 100촉짜리 전등을 달았다. 행인들의 얼굴을 충분히 식별할 수 있게 하기 위해서였다. 실제의 작전은 27일 저녁부터 시작되었다. 손님 하나가 골목에 들어서면 골목 어귀에 진을 치고 있던 시·구청 공무원과 사복경찰관들이 몰려가 다음과 같은 질문 공세를 퍼부었다.

"이름이 뭐요?", "직업이 뭐요?", "주소가 어디요, 전화번호가 몇
번이요?", "당신 이런 데 출입하는 것 부인이 알고 있소?", "주민
증 좀 보여주시오."

그것은 커다란 인권침해였고, 이름이건 주소건 가르쳐주지 못
하겠다고 버티면 그만이었다. 그러나 그런 항의를 하는 유객은 거의
없었으며 공무원들이 몰려들면 질문이 시작되기도 전에 도망치고
말았다. 소문이 꼬리를 물고 퍼져나가면서 사람들의 발길이 뚝 끊기
고 말았다. 밤마다 그렇게도 떠들썩했던 일대가 조용히 숨을 죽였다.
포주·창녀들에 대한 설득 작업도 병행되었다. 처음에는 창녀들에 대
한 채권을 포기할 수 없다고 우겼던 포주들도 체념하고 말았다. 김
시장의 추진력을 당할 수 없었기 때문이었다.

김 시장을 비롯하여 시·구청 당무자들이 당초에 예상했던 바로
는 10월 한 달, 경우에 따라서는 11월 말경까지 가지 않을까 생각했
다고 한다. 종삼의 힘이 그만큼 크다고 평가했기 때문이다. 그러나
실제는 그렇지가 못했다. 9월 27일에 시작하여 채 1주일도 안된 10월
4, 5일경에는 완전히 종식되고 말았다. 유객들의 발길이 끊어졌고 창
녀들과 소개꾼·포주들도 뿔뿔이 헤어져 떠나고 말았다. 작전 성공,
김 시장의 완전 승리였다.

그렇다면 왜 종삼은 그렇게도 허무하게 무너진 것인가.

앞서 소개한, 고은이 잡지 ≪세대≫에 발표한 글에 다음과 같은
문구가 있다.

그곳에서 잔 다음 날, 술도 깨이고 힘도 빠진 채 몇 달씩 닦지
않은 황치(黃齒)와 같은 절망감으로 나오면 신발 한 짝, 깨어진 술
병, 가래침, 휴지 따위의 쓰레기가 널린 이른 아침의 골목에서 만

나는 것은 현실인 것이다.

바로 1968년이라는 현실이었다. 휴전회담 후 15년의 세월이 흘렀고 한일회담이 채결된 지도 3년이 지나고 있었다. 제1차 경제개발 5개년계획이 성공적으로 끝나고 제2차 계획이 순조롭게 진행되고 있었다. 이제 '전후(戰後)'가 아니었다. 뻔질나게 종삼을 찾아 전쟁의 아픔을 잊고자 했던 사람들이 냉정을 되찾고 있었고, 술과 종삼의 중독에서 벗어날 것을 궁리하고 있을 때였다.

1961년 말부터 TV 방송이 시작되었다. TV 수상기가 아직은 고가품이었지만 그래도 그 수가 점점 늘어나 1968년 말에는 약 9만 대로 집계되어 서울시내 전 가구 수(83만 가구)의 10퍼센트를 약간 넘고 있었고, 프로레슬링과 연속극이 시청자들의 관심을 강하게 끌고 있었다. 그리고 아직 외국인 관광객은 그렇게 많지 않았지만 한일 국교 정상화 후 재일교포 고국 방문자의 수가 엄청나게 늘고 있을 때였다.

종삼 유객들의 대다수가 지식인이었다는 점에도 이유가 있어, 1966년 이후에는 그 수가 크게 감소했고 그에 따라 창녀들의 수도 많이 줄고 있었다. 그러나 그렇게도 많았던 유객들이 완전히 발을 끊은 것은 무엇인가 결정적인 계기가 있었기 때문이다. 나비작전은 실로 시의 적절한 계기가 된 것이었다. 약간 과장되게 표현하면 1968년 9월 말을 기하여 모든 종삼세대는 새로운 시대를 살게 된 것이었다. 고은도 앞에서 소개한 소설『나의 청동시대』제1권에서 "그러므로 종삼의 나비작전은 시장의 결단이 아니라 시대의 다른 단계가 시작된 것을 표상하고 있다"라고 기술하고 있다.

종삼이 없어진 후 성북구 종암동, 강동구 천호동 등지에 새로운 사창가가 생겼고 또 영등포역전, 청량리 588 등의 사창가도 없어지지 않은 것으로 알고 있으나, 그 모두가 왕년의 종삼에 비하면 규모 면에서나 유객들의 질적 측면에서 전혀 상대가 되지 않는 존재들이라고 생각하고 있다.

■ ■ ■ 참고문헌

고은. 1972.4. 「논픽션 1950년대 - 그 폐허의 문학 ⑯」. ≪세대≫.

_____ . 1995. 『나의 청동시대 I』. 민음사.

국회도서관. 1980. 『한국 경제연표』.

보건사회부. 1977. 「윤락여성실태조사보고서」.

서울특별시 부녀보호지도소. 1966. 「윤락여성에 관한 연구보고서」.

이동하. 2002. 「한국 현대소설에 나타난 종로의 모습」. 『종로: 시간·장소·사람』. 서울시립대학교 서울학연구소

이호철. 1994. 『서울은 만원이다』. 문학사상사.

한국방송공사. 1997. 『한국방송사』.

서울시 통계 연보·관보, 신문 기사.

경부고속도로 건설과 도시 체계

선거공약의 실천

    '고속도로'라는, 당시 대부분의 국민들에게 생소했던 낱말이 처음 전해진 것은 1967년 5월에 치러진 대통령 선거 때였다. 5월 3일에 있을 제6대 대통령 선거를 앞두고 현직의 박정희 대통령과 야당의 윤보선 후보가 치열한 선거전을 전개하고 있었다. 대전에서의 첫 번째 합동유세에 박 대통령을 수행했던 한 정부 고위 관리가 박 후보 공약사업의 하나로, 급격한 경제 발전에 따른 수송량 증대에 대응하기 위해 서울~인천, 서울~동해안, 서울~목포, 서울~부산 사이에 너비 50m 이상의 고속 대동맥 도로를 건설키로 하고 현재 건설부에서 기초조사 중이며, 호남선 철도의 복선 공사는 내년 초에 착수할 계획임을 밝혔다.

    이어 대통령 선거를 하루 앞둔 5월 2일 오전 10시, 청와대에서 가진 출입기자단 회견에서 박 대통령은 선거공약사업으로 제2차 경

고속도로망을 그린 박 대통령의 낙서

제개발 5개년계획 기간의 중간부터 시작해서 제3차 5개년계획 기간에 걸쳐 40억 달러를 투자하여 대(大)국토 건설 사업을 전개하겠다고 밝혔다. 내용을 보면, ① 한강·낙동강·금강·영산강 등 4대 강 개발, ② 동해안·서해안을 잇는 환상철도 건설, ③ 부산·인천·군산 등 10대 항만의 보수와 더불어 서울을 중심으로 하여 인천·강릉·부산·목포를 잇는 고속도로 건설을 펴나가겠다고 밝혔는데, 그중에서도 가장 비중이 크고 국민들의 관심을 끈 것이 고속도로 건설계획이었다.

당시 제1차 경제개발 5개년계획을 성공적으로 달성하고 제2차 5개년계획을 추진함에 따라 수송 수요는 급격히 증가하고 있었음에도 불구하고, 국내의 주된 수송 수단은 겨우 철도뿐이었고 도로 사정은 형편없었다. 국도의 포장률은 극히 낮았고 그 노폭도 좁아 도저히 대량 수송을 감당할 처지가 못 되었다. 이리하여 정부는 제2차 5개년계획 착수에 앞선 1966년 중에 IBRD(세계은행)에 의뢰하여 한국경제의 현황·장래와 수송 문제를 연구케 하는 한편으로, 그와 병행하여 제1 무임소 장관실 주관 아래 장래 교통망 구성 방안을 연구하고 있었고, 행정개혁조사위원회 주관으로 공로 및 운수 행정에 관한 조사연구를 추진하고 있었다. 그런데 폭주하는 수송 수요를 해결하기 위한 그와 같은 여러 조사 중 어느 곳에서도 "빠른 시일 내에 고속도로를 건설해야 한다"는 의견은 제시되지 않고 있었는데, 박 대통령이 불쑥 "고속도로를 건설해야 한다"라는 의견을 제시했다고 한다. 즉, 경인간·경부간에 고속도로를 건설해야 한다는 것은 결코 각종 보고서의 영향을 받은 것도, 경제기획원 장관이나 건설부 장관의 건의에 의한 것도 아니라 박 대통령의 단독 구상이었다는 것이다.

박 대통령이 그와 같은 구상을 하게 된 동기는 1964년 12월의 서독 방문 때 비롯되었다고 한다. 그해 12월 6일부터 약 1주일간에 걸친 서독 체류 때 박 대통령은 서독의 여러 산업시설을 시찰했는데, 그중에서도 고속도로(autobahn)에 상당한 인상을 받은 것 같다. 1920년대부터 건설에 착수하여 1933년 히틀러가 총통에 취임한 후 본격적으로 건설한 총 연장 4,000km가 넘는 독일의 고속도로는, 건설 당시에는 세계의 놀라움이었고 오늘날에 와서도 그 뛰어나고 훌륭함에 조금도 손색이 없다.

1969년에서 1978년까지 만 9년 2개월간 대통령 비서실장 자리에 있었던 김정렴은, "박 대통령은 고속도로 건설에 관하여 종교 같은 신념을 갖고 있었다"라고 회고하면서, 그런 신념을 갖게 된 계기는 1964년 12월의 서독 방문 때 직접 고속도로를 달린 경험이었다고 한다. 그때 박 대통령은 본~쾰른 간 아우토반을 시속 160km로 달렸고, 가고 오는 길에 두 차례나 중간에 내려 노면과 중앙분리대·교차시설들을 주의 깊게 살피고 앞뒤의 선형을 조망했다는 것이다.

박 대통령은 재선되었고 이어 6월 8일에는 제7대 국회의원 선거가 치러졌다. 부정선거 규탄 데모가 전국을 뒤덮다시피 한 와중에도 고속도로 건설의 타당성 검토는 계속되었고, 건설부 도로 관계 직원들은 밤낮을 가리지 않고 동분서주했다. 11월 14일에 있었던 정부·여당 연석회의에서 서울~인천 간, 서울~부산 간 고속도로를 다른 노선에 앞서 건설하기로 결정하였다. 울산 공업단지는 이미 제1차 5개년계획 기간 내에 조성되어 있었고 제2차 5개년계획 기간에는 포항종합제철을 건설키로 되어 있었을 뿐 아니라, 대구·울산·부산·마산 등 이른바 낙동강 경제권은 인구와 산업의 양면에서 수도권에 다음가는 지역적 비중을 점하고 있었기 때문에 양대권을 우선적으로 연결키로 한 것은 당연한 결정이었다.

그런데 경인 및 경부고속도로 건설이 발표되고 구체화되어 가는 과정에서 찬성론자들보다 반대론자들이 훨씬 많았다. 기존의 국도·지방도가 아직도 포장이 되지 않은 자갈길 그대로였을 뿐 아니라 노폭도 좁고 노면도 엉망이었으니, 이들 국도·지방도의 정비부터 선행해야 한다는 것이 대부분 식자들의 의견이었던 것이다. 일리가 있는 의견들이었고 도로 건설의 단계론으로 보더라도 기존 도로의 정비가 우선되어야 하는 것이었다. 야당이 반대했고 여당과 공무원 사이에서도 반대가 많았다. 외국에서도 한국에 벌써 고속도로가 필요하냐는 냉소적인 시각이 주류였다고 한다. 1967년 말 현재 한국인 일인당 GNP는 겨우 142달러였다. GNP 142달러 정도의 국가에서 고속도로 건설이라는 것은 너무나 빠른 발상이었음에 틀림이 없었다.

그러나 고속도로 건설 시기상조론, 기존 도로 우선 정비론은 모두가 사석이나 세미나 석상에서의 의논에 불과했고 매스컴이나 학술잡지 등에 발표되지는 않았다. 감히 그 누구도 박 대통령의 시책을 정면에서 반대할 사람이 없었던 그런 시대였던 것이다.

착공에서 완공까지

1967년 11월 14일 정부·여당 연석회의에서 경부고속도로 건설이 결정되자, 바로 국무총리가 위원장, 경제기획원 장관이 부위원장, 건설부 장관이 간사장, 내무·법무·국방·재무·농림·건설·교통·무임소 등 각 부 장관과 국세청장, 서울·부산의 시장 및 한국은행 총재 등을 위원으로 하는 국가기간고속도로 건설추진위원회가 구성되었고, 실무자들로 구성된 국가기간고속도로 건설계획조사단도 발족되었다. 계획 및 조사업무 일체를 이 조사단에서 작성했고, 최종적으로 박 대통령이 직접 지시하고 결정하였다. 고속도로 건설의 관건은 첫째, 어디에서 출발하여 어디를 거쳐 어느 지점에 이르도록 하느냐였다. 네 가지 방안을 놓고 숙의한 끝에 현재의 노선인 서울의 제3한강교 남단을 기점으로 수원~오산~천안~대전~영동~황간~김천~구미~왜관~대구~영천~경주~언양~양산을 거쳐 부산시 동래구 구단동에 이르는 428km의 노선이 확정되었다.

둘째, 얼마나 많은 건설비가 소요되며 그 재원은 어디에서 염출하는가였다. 여러 기관에서 건설에 소요되는 비용을 산출하였는데, 건설부는 650억 원, 재무부는 330억 원, 서울시는 180억 원, 육군 공병감실은 490억 원, 현대건설은 280억 원이 소요된다고 추정하였다. 고속도로라는 것이 어떤 기능을 하는 도로인지, 얼마나 단단하게 만들어야 하는 것인지에 관한 확실한 지식이 없었으니, 서울시 김현옥 시장의 180억 원이니 현대건설의 280억 원이니 하는 계산이 나온 것이었다. 그러나 여하튼 당황한 쪽은 건설부였다. 서울시가 180억 원, 현대건설이 280억 원을 제시했는데 유독 건설부만이 650억 원을 제시했으니 그 입장이 난처하게 되었다. 건설부는 결국 추정액을 다시

상정하여 450억 원이면 가능하다고 당초의 제안을 수정하였다. 박
대통령은 서울시가 제안한 180억 원과 건설부의 450억 원의 중간치
인 315억 원과 현대건설이 제안한 공사비 280억 원을 검토하여 일단
300억 원 규모로 잡고, 이에 예비비 10퍼센트를 더한 330억 원으로
사업계획을 추진하기로 하였다.

재원 염출 또한 큰 문제였다. 여러 가지 연구 끝에 1968년 2월
5일에 열렸던 경제장관 회의에서, ① 일반회계에 계상된 「석유류세
법」 중 휘발유에 대한 세율을 두 배로 인상하기로 하고, ② 95억 원
의 도로국채를 발행하여 상환 기간을 1년 거치 3년 분할로 하였으며,
③ 대일청구권 자금 27억 원, 통행료 수입 15억 원 등으로 330억 원
의 재원을 충당키로 결정하였다.

재원 염출과 관련하여 정부는 고속도로 건설용 용지매수비를
최대한 줄이는 방안을 여러 가지로 강구하였다. 그 예로 지금의 한
남대교 남단에서 과천·성남 갈림길까지의 고속도로 용지를 무상으
로 확보하기 위해 영동지구 구획정리사업을 실시키로 했으며, 서
울~인천 간에도 서울시 관내에는 경인지구 구획정리사업을, 인천시
내에도 네다섯 개의 구획정리사업을 실시키로 하여 토지보상비가
전혀 들지 않는 방안을 강구하였다.

용지를 값싸게 구입하기 위해 해당 시·도, 시·군·읍·면에 고속
도로 건설추진위원회가 구성되었다. 군수와 읍·면장이 땅 주인에게
"국가 발전을 위해 땅을 국가에 헌납하거나 헌납은 하지 않더라도
싼값으로 매각해 줄 것"을 요청하였다. 심지어는 "논밭의 일부가 도
로용지로 편입되면 나머지 땅값은 크게 오르게 된다. 일반 도로의
경우도 그런데 하물며 고속도로에 편입되게 되면 나머지 땅값은 얼
마나 오를지 모르는 일이다"라는 식으로 헐값에 용지 매수에 응할

것을 종용했다고 한다. 고속도로라는 것이 어떤 모습의 도로인지를 전혀 몰랐던 시대의 희비극이었다.

현재 전해지는 공식 기록에 의하면 이러한 수법으로 무상으로 편입된 용지와 국유지를 제외하고 보상비를 지불하고 매수한 용지는 모두 합하여 겨우 582만 7,000평이었으며, 매수금액이 13억 7,567만 3,000원으로서 한 평당 평균 236원으로 매수한 것이었다. 비록 지금으로부터 35년 전의 일이었다고는 하나 정말로 믿어지지가 않을 만큼 싼값이었다. 결국 당시의 땅 주인들은 거의 무상이나 다름없이 국가에 기부해 버렸다고 볼 수밖에 없는 것이다.

경부고속도로 건설 공사의 정확한 착공일은 알 수 없다. 공식적인 착공일은 1968년 2월 1일이었지만 서울~오산 간의 공사는 그보다 훨씬 앞선 1967년 11월부터 사실상 시작되었고 그것도 단 한 푼의 예산이 없는 사전공사였으며, 이 도로의 초기 공사는 설계도 제대로 끝나기 전에 공사가 병행되었기 때문이다. 특이한 것은 경부고속도로의 경우 노선이나 공정계획도 박 대통령이 독단적으로 직접 결정하였다는 점이다. 극단적으로 말하면 경부고속도로는 박 대통령의 원맨쇼였다고 해도 지나친 표현은 아니라고 생각한다. 김정렴에 의하면 고속도로 건설 당시 박 대통령은 "현장을 돌며 마치 전쟁처럼 지휘"했다고 한다. 이어서 그는 "박 대통령은 선전(宣戰)을 포고하고 전략을 세웠으며 직접 전투 병사들을 지휘했다"고 하고, 구체적 방안으로 "청와대에 전투상황실을 설치했다. 박 대통령은 건설계획을 분석·검토하기 위해 공병장교 세 명과 건설부의 기좌(起佐) 한 명을 청와대 신관에 상주시켰으며, 회의나 접견 같은 공식 스케줄이 없고 시간이 날 때면 차를 타고 공사 현장으로 달려갔다. 기층공사(흙 다지기)가 완성되어 트럭이 달리는 길이면 흙먼지를 일으키며 달

경부고속도로 착공을 앞두고 박 대통령이 직접 작성한 공정계획

렸다"라고 회고하고 있다.

공사는 네 개 구간으로 나누어져 착공되었다. 공사의 난이도에
따라 우선 제1차 착공은 서울~수원~오산 간이었고, 이어 그해 4월
3일에 오산~천안~대전 간이 착공되었으며, 대구~경주~부산 간
공사의 기공식은 그로부터 5개월이 지난 1968년 9월 11일에야 열렸
다. 추풍령 등 소백산맥을 넘기 때문에 가장 난공사 구간을 많이 포
함하는 대전~대구 구간은 노선 확정도 어려웠을 뿐 아니라 금강·낙
동강 등의 대형 교량과 수많은 터널 때문에 설계도 늦어 결국 해를
넘겨 1969년 1월 4일에 기공식을 가졌다. 이렇게 각 구간별로 착공일
이 일치하지 않았기에 구간별 완공일도 동일하지 않았다. 서울~수
원 간이 개통된 때는 1968년 12월 21일이었고, 수원~오산 간은 10일

후인 12월 30일, 오산~천안 간은 1969년 9월 29일, 천안~대전 간은 그해 12월 10일, 대구~부산 간은 그보다 20일이 늦은 12월 29일에야 개통되었다.

자동차 시대의 개막

서울~수원 간이 처음으로 개통된 1968년 12월 21일에는 서울~인천 간을 연결하는 경인고속도로도 완전 개통되었다. 이날 양재동 톨게이트에서 테이프를 끊고 수원까지 시주한 박 대통령의 승용차를 뒤따라간 내빈들의 차는 거의가 지프였는데, 대다수가 대통령의 승용차를 따라가지 못했으며 마지막까지 따라갔던 차들도 거의 정비공장 신세를 져야만 했다. 이때부터 당시 국내를 휩쓸던 지프는 점차 승용차로 대체되는 변화를 맞게 된다. 이른바 자동차 시대의 개막이 함께 펼쳐졌던 것이다.

길치·아감·당제·도내 등 일곱 개의 터널에다가 대전·당제의 2대 육교, 금강대교, 영동대교 등 소백산맥을 뚫고 넘어간 대전~대구 공사는 정말 난공사의 연속이었지만, "하면 된다"는 우직함이 실현된 좋은 예였다. 경부고속도로 공사에서 "하면 된다"는 우직함을 알려주는 하나의 예로 젊은 위관장교들을 공사 감리자로 기용한 이야기가 있다. 김 비서실장의 회고담을 그대로 소개하면 다음과 같다.

박 대통령은 부실공사를 막기 위해 공사를 감리할 사람을 구했는데 민간 기술자가 매우 부족했다. 대통령은 강직하고 책임감이 왕성한 육사 출신 위관 급 독신 장교 22명을 군에서 선발했다.

2차로는 ROTC 출신 12명이 뽑혔다.

1970년 7월 경부고속도로 준공식에 참석했을 때 나는 박 대통령으로부터 공로훈장을 받는 젊은 위관 급 공사 감독관들이 부동자세로 눈물을 하염없이 흘리는 것을 목격했다. 그것은 서훈의 영광 때문이 아니었다. 2년 5개월간 갖은 고생을 하며 책임을 완수해냈다는 벅찬 감동과 만감이 교차한 때문인 것이다.

마침내 총연장 428km에 걸친 대공사가 완공되었다. 토공량이 6,000여 만km², 장대교 32개, 중소 교량 273개, 횡단도로 465개소, 터널 12개, 동원된 연인원 893만 명, 동원된 장비 152만 대, 사망자 77명 등 '단군 이래 최대의 토목공사'인 이 도로가 완전 개통된 1970년 7월 7일, 대구 공설운동장에서 개최된 준공식에서 박 대통령은 "이 공사는 민족의 피와 땀과 의지의 결정이며 민족적인 대예술작품"이라고 치하한다. 그것은 바로 스스로에 대한 치하이기도 했다. 추풍령에 세워진 준공기념탑 후면에는 당시 건설부 장관이었던 이한림(李翰林)의 다음과 같은 글이 새겨져 있다.

이 고속도로는 박 대통령 각하의 역사적 영단과 직접 지휘 아래
우리나라의 재원과 우리나라의 기술과 우리나라 사람들의 힘으
로 세계 고속도로 건설사상에 있어 가장 짧은 시간에 이루어진,
조국근대화의 목표를 향해 가는 우리들의 영광스러운 자랑이다.

고속도로를 가장 싼값으로 건설했다는 것이 별로 자랑거리가 아니라는 판단 때문에 언급하지 않았지만, 경부고속도로는 당초 예산 330억 원에 99억 7,300만 원이 추가된 총 공사비 429억 7,300만 원으로 건설했다. 총길이가 428km이니 대충 잡아서 1km당 평균 1억 원의 건설비가 들었다는 계산이다. 1969~1970년 당시의 환율이 1달

러당 290원 정도였으니, 경부고속도로는 1km당 34만 4,828달러 정도가 소요되었다는 계산이 나온다. 당시의 고속도로 건설비 국제비교표 같은 것이 전혀 소개되어 있지 않으므로 단정할 수는 없지만, 아마도 세계 고속도로 건설사상 가장 값싼 것이었음에 틀림없을 것이다.

서울~부산 간 고속도로 준공식(1970.7.7.)

1968년 12월 21일의 경인고속도로 개통, 1970년 7월 7일의 경부고속도로 개통은 바로 고속화 시대, 전 국토 1일생활권 시대의 서막이었다. 1973년 11월 14일에는 호남·남해고속도로가 개통되고 1975년 10월 14일에는 영동·동해고속도로가 개통되었으며, 구마고속도로는 1977년 12월 17일에 개통되었다. 영남과 호남의 지역감정을 해소하고 직접 소통의 길을 열 목적으로 건설된 소위 88고속도로는 1981년 1월 10일에 기공하여 가야산·덕유산·지리산 등 표고 1,000m가 넘는 고산준령을 뚫고 넘어 1983년 6월 27일에 개통되었으며, 서울~대전을 잇는 또 하나의 노선인 중부고속도로는 1985년 5월 17일에 기공하여 1987년 12월 3일에 개통되었다. 이 밖에도 춘천에서 대구를 연결하는 중앙고속도로, 인천에서 서해안을 따라 남하해서 목포에 이르는 서해안고속도로 등이 연이어 건설되었다. 한국도로공사에 의하면 2001년 11월 말 현재 건설이 완료되어 운행

경부고속도로 건설과 도시 체계 215

중인 고속도로가 모두 21개 노선 2,294km에 달하며, 현재 건설 중·계획 중인 것을 합하면 2004년까지는 3,400km에 달해 이때가 되면 전국토 반나절생활권 시대에 도달한다고 한다. 여하튼 온 국토가 고속도로망으로 거미줄처럼 뒤덮이게 된 것임을 실감한다.

설 연휴, 추석 연휴 때 고속도로를 가득 메운 차량의 홍수는 이제 연례행사가 되어 버렸다. 굳이 연휴 때가 아니더라도 경부고속도로만은 밤낮 없이 자동차로 메워지고 있다. 전국의 주요 도시들이 고속도로로 연결됨으로써 경제개발, 지역개발에 미친 효과 또한 막대하다. 고속도로가 없었더라면 울산·포항의 양대 공업기지가 오늘날의 성황을 구가할 수 없었을 것이고, 구미·여천·창원·광양·이리·하남 등지의 공업단지는 형성될 수 없었을 것이다. 전국 각 지역간 시간거리가 크게 단축됨으로써 온 국민의 의식거리 또한 엄청나게 단축되었을 뿐 아니라 의식수준도 크게 향상되었고, 레저 생활의 범위도 엄청나게 광역화되었다. 자동차공업이 발달하여 지구상 도처에서 한국제 차량이 질주하게 된 것도 고속도로 건설이 그 유인(誘因)이 되었으며, 이미 1가구 1자동차 시대도 도래한 것으로 보아야 한다. 고속도로 건설을 통한 국내 토목기술의 비약적 발전이 있었기에 1970년대 중·근동 인력 수출도 가능했고, 지금도 한국의 건설업은 아시아·아프리카는 물론 오세아니아·남아메리카 진출까지도 시도하고 있다.

박정희 대통령이 18년간 남긴 공과(功過)에 대해서는 앞으로도 두고두고 평가가 내려질 것이겠지만, 그의 업적 중에서 경부고속도로 건설은 아마도 첫째나 둘째 가는 업적이 될 것으로 생각한다.

고속도로 건설의 영향과 타당성

경부고속도로는 그것이 대한민국 최초의 것이었기 때문에 지금의 시점에서 돌이켜보면 정말 웃지도 울지도 못할 숱한 희비극이 연출되었다. 시·군·읍·면장들이 용지 구입을 하면서 "고속도로가 달리게 되면 거기에 편입되고 남는 당신의 땅값은 10배, 100배 오를 것"이라고 해서 상상도 할 수 없는 헐값으로 용지를 구입한 일도 전적으로 무식이 낳은 일이었다. 이러한 일화도 있다. 경부고속도로 노선을 정했을 당시 한 시장이 생각하기를, 고속도로 인터체인지가 흡사 철도역과 같은 역할을 할 것으로 판단하였다. 그는 정일권 국무총리가 군에 있을 때 전속부관을 지낸 탓으로 정관계 유력인사 다수를 알고 있었다. 그래서 자기네 시에 설치되는 인터체인지가 가급적 도심에 가깝게 입지될 수 있도록 맹렬한 유치 운동을 전개하였다. 시를 사랑하는 시장의 충정이었다. 오늘날 경부고속도로 천안시를 통과하다 보면 마치 시내 한가운데를 달리고 있는 것같이 느껴지는데, 이것이 바로 노선 결정 당시의 시장이 운동을 벌인 결과이다.

그런데 고속도로 건설이 플러스 효과만을 가져온 것은 결코 아니었다. 고속도로를 건설할 당시 정부의 고관이나 당무자들은 이것이 건설되면 "대도시로의 인간 및 산업의 집중 현상을 방지하는 한편 지방 중소도시의 균형 있는 발전과 농·공업의 발전을 촉진함으로써 국토의 균형 발전을 선도한다"고 소리 높여 주장하였다. 그러나 당초의 예상과는 달리 교통수단이 고속화되면 될수록 사람과 물자의 지역간 이동, 대도시 집중이 가속화되었다. 이는 이미 1885년에 발표된 라벤슈타인의 인구 이동의 법칙에서 명백히 알려진 바이기도 하다. 경부고속도로 개통 후 수도권·부산권 등지로의 급격한 인구 및 산업 집중, 반대로 전국 모든 중소도시·농어촌에서의 급격한 인구 감소와 지방 산업의 상대적·절대적 쇠퇴 현상이 그것을 실증해 주고 있다. 또 도시간의 시간거리가 가까워지면 그때까지 중소도시가 담당했던 많은 기능이 대도시에 흡수되어 중소도시들은 이른바 공중분해 현상을 일으켜 오히려 쇠퇴해 버린다는 것도 이미 구미 각국이나 일본에서의 실례를 통하여 알려져 있었음에도 불구하고, 당국과 정책 입안자들이 그것과 반대로 주장한 것이다. 하지만 결코 악의가 아니었고, 다만 교통수단의 고속화가 초래할 결과에 관한 지식이 없었기 때문이다.

어떤 나라가 주된 교통수단을 선택하는 기준은 지형·지세와 인구밀도이다. 우리처럼 국토 면적이 좁고 산이 많으며 인구밀도가 높은 나라의 주된 교통수단은 자동차가 적합하지 않고 보다 대량의 교통수단인 철도가 적합하다는 것은 교통경제학에서의 정설이다. 그동안 고속도로에 투자한 자금으로 기존의 국도·지방도를 확장·포장하는 한편 경인·경부 양 철도의 복복선화, 호남·전라·경전선 철도의 복선화와 고속화를 시도했더라면 문제는 사뭇 달라졌을 것으로 생각한다. 일본이 고속도로도 건설했지만 그보다 더 철도 고속화, 즉 신칸센(新幹線) 철도 건설에 주력해 온 것이 좋은 본보기이다. 현재 일본은 고속도로 건설은 더 이상 하지 않는 것으로 정부의 정책이 바뀌고 있다. 우리도 '이제 고속도로는 그만 만들어도 되'는 시점에 와 있다고 필자는 생각한다.

■■■ 참고문헌

국회도서관. 1980. 『한국 경제연표』.
손정목. 1968.2 「교통수단의 고속화와 국토공간의 재편성」. ≪도시문제≫
한국도로공사. 1979. 『한국도로공사 10년사』.
_____ . 1980. 『한국고속도로 10년사』.
당시의 신문들.

제3한강교와 말죽거리 신화
강남 땅값 이야기

한강 다리에 얽힌 이야기들과 제3한강교

1945년 광복 당시 서울의 인구수는 95만 정도였다. 그러던 서울이 1990년대 초에 인구 1,100만 명을 넘는 거대도시로 발전되기까지, 서울 개발의 역사는 드라마의 연속이었다. 수십·수백의 드라마가 연속되고 축적된 결과가 오늘의 서울이다. 그 드라마를 형성한 요인들은 인구 집중·무허가 건물·빈곤·정경유착·국가안보·전시효과·충성심 경쟁 등 실로 잡다한 것이지만 한 가지 공통된 것이 있다. 그것은 바로 시민은 그 내용을 거의 모르는 가운데 개발이 진행되었다는 점이다. 모르는 것은 시민들만이 아니었다. 서울시 고급 간부들조차 왜 이런 일이 이루어지는지 그 이유를 모르는, 한갓 하수인들이었다는 점이다.

오늘날 한강 위에 가설되어 있는 그 숱한 교량들 자체가 각각 드라마의 일부이거나, 아니면 그 자체로서 한 개의 드라마였다. 제2

한강교와 서부전선, 제3한강교와 경부고속도로, 영동대교와 제2서울 (상공부 종합 청사), 잠실대교와 광주대단지 및 잠실 개발, 마포대교와 여의도 개발 등, 한강 교량에 얽힌 그 복잡한 드라마들의 원인·과정·결과를 일일이 소개한다면 그것만 가지고도 족히 한 권의 책이 될 것이다.

이 장에서는 그 숱한 교량들과 그것에 얽힌 드라마들 중에서 단한 개의 교량, 즉 '제3한강교와 강남 개발'에 국한시켜 그 내용을 간략하게 뼈다귀만 추려서 소개하기로 한다.

오늘날의 강남지역(여기서 강남은 강남구·서초구에 국한한다)이 서울시에 편입된 때는 1963년 1월 1일이었다. 당시의 강남은 여기저기 배 밭이 산재한 고요한 농촌이었다. 1963년 말에 실시된 상주인구조사에 의하면, 오늘날 강남구가 된 지역의 인구는 1만 4,867명, 서초구가 된 지역은 1만 2,069명이었다. 제3한강교를 가설한 직접적인 이유는 화신(和信)의 박흥식(朴興植)이 구상하고 있던 강남 개발계획을 종결시키겠다는 중앙정부의 실력 행사였다(그 사건도 한 편의 드라마였지만 『서울 도시계획이야기』에서 다루었으므로 여기서는 생략한다).

서울시가 1966년 초에 제3한강교를 가설한 데는 "남서울을 개발해야 한다. 그렇게 해야 만원 서울을 해결할 수 있다. 박흥식의 남서울 계획에 앞서서 서울시에 의한 남서울 계획이 이루어져야 한다" 같은 절실한 필요가 있었던 것이 아니다. 윤치영 시장이 1966년 초에 제3한강교 건설에 착수한 것은 남서울 개발이라는 수요보다는 오히려 군사적 필요성 때문이었다.

6·25 전쟁 때 서울시민이 겪어야 했던 '피난의 쓰라린 아픔'은 체험자가 아니면 도저히 알 수 없는 일이었다. 그 아픔을 기억하고 있기 때문에 모든 서울시민은 '인민군이 또 쳐내려오면 어떻게 하느

냐'를 걱정하고 있었다. 6·25 당시 한강 위에는 두 개의 교량(제1한강교와 광진교)이 있었다. 6·25 때는 서울시민의 80퍼센트가 피난을 가지 못하고 공산 치하에서 혹독한 3개월을 보내야 했다. 1·4 후퇴 때는 이미 한 달 전쯤부터 서둘렀는데도, 쇠약하고 가진 것 없는 사람들은 막판의 한강 도강 때문에 엄청난 고생을 치러야 했다.

다행히 제2한강교(양화대교)가 가설되기는 했다. 그러나 그것은 전쟁이 나면 군 작전용으로만 쓰이게 되어 있었다. 그렇다면 시민 피난용은 여전히 제1한강교·광진교의 두 개뿐이다. 그런데 서울의 인구수는 크게 늘어 1965년에는 이미 347만이 되어 있었다. 150만 인구일 때 두 개의 교량으로 큰 고생을 했는데 그때보다 두 배가 훨씬 넘는 사람들이 한강을 건너려면 어떻게 할 것인가? 만약에 또 북한이 침입해 오면 그때는 다 죽는 것이 아닌가? 이와 같은 걱정은 지위와 계급의 높고 낮음에 차이가 없었다. 장관도 국회의원도, 부유한 사람도 가난한 사람도, 그 누구나가 지닌 걱정이었다. 결론적으로 제3한강교는 강남 개발을 목적으로 건설되기 시작한 것이 아니다. '유사시 서울시민 도강용'에 더 절실한 필요성이 있었던 것이다.

제3한강교, 즉 오늘날의 한남대교가 착공된 때는 1966년 1월 19일이었다. 그런데 이 다리가 착공될 때 서울시민은 거의 알지 못했고 우연히 알게 된 사람도 별 관심을 두지 않았다. 관심이 없었던 것은 시민만이 아니었다. 당시의 신문을 뒤져보았더니 어느 신문에도 착공 기사가 보도되지 않고 있는 것이다. 언론에서 관심이 없었으니 일반 시민이 알 까닭이 없었다. 이 교량이 이른바 '말죽거리 신화'로 불리는 광적인 지가 앙등의 요인이 되었고 오늘날 강남 개발의 계기가 되었으며 경부고속도로의 기점이 된다는 것을 안 사람은 오직 하느님 한 분뿐이었고, 당시의 박정희 대통령, 윤치영 시장,

공사를 담당했던 현대건설, 그 누구도 알지 못한 것이었다.

원래 이 다리는 너비 20m의 4차선 교량으로 설계되었고 그렇게 기초공사가 진행되고 있었다. 그런데 착공된 지 약 3개월이 지난 어느 날, 건설부는 서울시에 대해 이 교량 너비를 6차선, 26m로 변경하라고 지시한다. 육군 대령 출신으로 건설부 국토보전국장이었던 서정우(徐正雨)가 그 무렵 평양 대동강에 너비 25m의 교량을 건설했다는 이야기를 듣고, 최소한 그것보다 1m는 더 넓은 교량을 세워야 한다고 요구해 온 것이다. 말이 쉽지 너비 20m의 다리를 26m로 넓히는 일은 결코 쉬운 작업이 아니었을 뿐 아니라 터무니없는 일이기도 했다. 당시 한국 전체의 차량 수가 겨우 2만 7·8,000대밖에 되지 않았던 시대였으니, 6차선 교량은 불필요한 것이었을 뿐 아니라 비경제적인 것이었다. 당연히 서울시 당국자들로부터 반대 의견이 제기되었다. 그러나 북한을 앞지르지 않으면 안 된다는 건설부의 지시에 맞설 수 없었다. 이북과의 대비에서는 결코 뒤질 수 없다는 것이 반공의 제1과제였기 때문이다.

제3한강교 공사를 맡은 현대건설 현장사무소는 강북에도 있었고 강남에도 있었다. 강남 쪽 현장사무소용으로 10kw짜리 발전기를 설치했는데, 그것이 강남지역에 등장한 최초의 전기시설이었다. 또 업무 연락을 위해 강북(한남동) 쪽에서 교각에 철선과 전선을 함께 묶어 연결시켜 강남의 현장사무소에 전화를 가설했는데, 이 역시 당시 강남지역에서는 최초의, 유일한 전화였다고 한다. 제3한강교가 착공될 당시 신사동 일대의 땅값은 한 평에 200원 정도였는데, 공사 착공 후 1년이 지나자 한 평에 3,000원을 호가(呼價)하게 되었다고 한다(『현대건설 35년사』, 1341쪽).

김현옥 시장의 엉뚱한 저항과 경부고속도로 건설

4차선 20m의 교량이 부랴부랴 6차선 27m 너비로 바뀌어 설계변경이 되고 교각의 기초가 확대되기 시작할 무렵, 윤치영 시장이 물러나고 김현옥 시장이 부임해 온다. 김 시장 부임 날짜는 1966년 4월 4일이었다.

김현옥은 부임해 오자마자 지하보도 공사, 보도육교 공사, 도로 신설·확장 공사에 초인적인 정력을 발휘하는 한편, 새로운 시가지 조성에도 강한 관심을 나타냈다. 1966년 8월 11일에 발표된 새서울 백지계획 및 8월 13일에 발표된 대서울 백서라는 것이 그렇다. 그 내용들을 액면 그대로 받아들이면, 김 시장은 부임 초부터 강남을 개발하겠다는 강한 의지를 가진 것처럼 생각할 수 있다.

그러나 필자가 최근 7·8년 동안 김 시장의 임기 4년간을 깊이 있게 고찰해 본 결과, 과연 그가 강남을 개발할 의지가 있었는지 의심하게 되었다. 그 이유는 이렇다.

김 시장은 한번 계획을 세우면 1년간은 그 실행에만 몰두해 버린다. 말하자면 미쳐 버리는 것이다. 그러나 그는 4년 동안 끝내 강남 개발에는 미치지 않았다. 오히려 방관했다는 느낌이 들 정도로 무관심했다. 김 시장이 강남 개발에 별로 관심이 없었음을 알려주는 가장 큰 이유는, 그가 제3한강교 건설에 제동을 걸었다는 점이다.

당시 부총리 겸 경제기획원 장관은 장기영이었다. 장기영 부총리는 김현옥 시장을 대단히 싫어했고 공·사석을 막론하고 "사단장 출신은 그런 걸 잘 모른다. 서울 사람 아니면 그런 것을 알 수가 없다"는 식의 야유를 자주 내뱉었다. 용산구 한남동에서 출생한 장기영은 강 건너 말죽거리 일대에 많은 토지를 갖고 있다는 소문이 나 있었다. 제3한강교가 준공되면 제일 득을 보는 사람이 장기영이라는 소문은 당시의 공인된 풍문이었다.

1966년 서울시 예산에 제3한강교 건설비 1억 원이 계상되었고 1967년에도 1억 원이 계상되어 집행되었다. 그런데 1967년 여름에 김 시장은 서울시 간부를 경제기획원 예산국에 보내어 "제3한강교 건설비를 국고에서 부담해 달라"는 요구를 한다. 즉, "제3한강교가 건설되면 그 다리로 득을 보는 것은 국민 전체이고 국민경제 전반이지 결코 서울시민이 아니다. 그러므로 제3한강교 건설비를 서울시민이 부담한다는 것은 불공평하고 불합리하다. 만약에 국고에서 부담해 주지 않는다면 서울시에서는 부득이 공사를 중단해 버릴 수밖에 없다"라는 통고를 한다. 결국 1968년도 서울시 예산에는 제3한강교 건설비가 1,000만 원만 계상된다. 제3한강교 공사는 사실상 중단되고 만 것이었다.

박 대통령이 경부고속도로 건설을 발표한 것은 1967년 5월 2일이었고, 5월 3일에 치러질 대통령 선거 하루 전의 기자회견에서였다. 그해 11월 14일의 정부·여당 연석회의에서 경부고속도로 건설이 결정되자 바로 국가기간고속도로 건설추진위원회가 구성되었고, 실무자로 구성된 고속도로 건설계획조사단도 발족되었다.

경부고속도로 기공식이 거행된 때는 1968년 2월 1일이었다. 제3한강교에서 남쪽으로 7.6km, 9만 2,000평에 달하는 고속도로 용지를 무상으로 확보하기 위해 영동 구획정리사업 실시 인가가 내려진다.

구획정리사업이라는 것은 도로·하수도·공원·학교와 같은 기본적 공공시설이 갖추어지지 않은 (자연 상태의) 지역에 정지를 하고 공공시설을 갖추어 택지를 조성하는 사업으로서, 토지의 교환·분합, 형질 변경·지목 변경 등을 수반하는 공공사업이다. 원 토지 면적 가

박 대통령 영동 신시가지 개발계획 청취(1970.12.24.)

운데 일부를 감보(減步)하여 그것으로 공공용지를 확보하고 정지공
사비용도 충당하는 방법인데, 민간이 조합을 형성하여 시행할 수도
있으나 우리나라에서는 시·군이 시행 주체가 된 사업이 주류를 이
루고 있으며, 특히 서울에서는 1990년 이전의 택지 조성은 거의 구
획정리뿐이었다고 할 수 있을 정도로 성행하였다.

　　영동지구 313만 평 구획정리사업 시행 공고가 난 때는 1968년
2월 2일, 바로 경부고속도로 기공식이 거행된 다음 날이었다. 서울~
수원 간의 고속도로가 개통된 때는 1968년 12월 21일이었다. 장 부총
리와의 세력다툼 때문에 1968년에 제3한강교 공사를 중단해 버린 김
시장의 입장이 말이 아니게 되었다. 제3한강교의 남단이 경부고속도
로의 기점이 되었기 때문에 제3한강교가 완성되지 않으면 경부고속
도로 자체가 준공되지 않은 것이 되기 때문이었다. 경부고속도로가

준공되기 이전에 제3한강교를 완공시켜야 한다는 절체절명의 과제가 김 시장에게 부여되었다.

1969년의 당초 예산에 5억 5,000만 원을 계상했지만 그것으로는 부족했다. 국고에서도 3억 원이 보조되었고 강재(鋼材)는 차관으로 들여왔다. 결국 이 교량공사에는 11억 3,300만 원이 소요되었고 1969년에만 9억 3,000만 원이 투입되었다. 길이 915m에 너비 27m(차도 23m, 보도 4m), 접속구간 공사까지 합하여 철근이 3,410톤, 시멘트 30만 부대, 상판 강재 2,956톤, 연인원 20만 명, 크레인·불도저 등 중장비 연 8,500대, 바지선 900여 척이 동원된, 당시로 봐서는 대단히 큰 공사였던 제3한강교가 준공된 때는 1969년 12월 26일이었다. 이날 타워호텔에서 제3한강교에 이르는 너비 35m, 길이 1,800m의 도로도 준공되었다. 착공되었을 때는 매스컴에 의해 완전히 묵살되었고 서울시민 누구 하나도 관심을 두지 않았던 이 교량이, 3년 11개월이 지나서 준공되었을 때의 비중은 착공 때와는 전혀 달랐다. 오전 11시에 있었던 준공식에서는 박 대통령 내외가 개통 테이프를 끊었고, 텔레비전과 주요 신문사는 헬리콥터를 동원하여 준공식 장면을 다투어 보도했다.

서울~부산 간 428km의 경부고속도로가 완전 개통된 때는 1970년 7월 7일이었다.

강남 고속버스 터미널과 영동 아파트지구 개발계획

당초 영동 구획정리지구는 313만 평이었으나, 설계를 해 보니 그 넓이로는 고속도로 부지를 비롯한 도로·공원·학교용지 등이 확보되지 않게 되어 확장을 거듭한 결과 마침내 520만 평의 광역이 되었다. 그리고 1970년 후반에는 삼성동에 상공부 산하 12개 국영기업체가 들어갈 종합 청사를 건립할 목적으로 영동 제2구획정리사업에 착수했다. 두 지구를 합하여 영동 구획정리지구는 총 937만 평의 광역이 되었다.

구획정리라는 것은 개인의 토지소유권과 관련된 사업이므로 공사 기간이나 서류 정리의 편의상 30~50만 평 정도가 적정 규모이고, 그보다 더 큰 규모는 가급적 시행하지 않는 것이 상례가 되어 있었다. 그런데 영동 1·2지구는 그 규모가 900만 평을 넘었으니 바로 '하면 된다'는 군사문화적 사업의 대표적인 사례 중 하나였다.

여의도의 11배가 넘는 이 광역의 토지에 주택이 쉽게 들어서지 않은 것은 당연한 일이었다. 강남은 허허벌판인 채로 땅값만 오르고 있었다. 서울시는 이 지역의 개발을 위해 여러 가지 시책을 강구한다. 1971년에는 논현동 22번지에 공무원아파트 12개 동을 건립하였고, 1972년에는 10개 단지 1,400동의 공영주택을 건설하였다. 「특정지구 개발촉진에 관한 임시조치법」을 제정·공포하여 맨 처음 적용한 신시가지도 영동지구였고, 강북 일대에는 백화점·고등학교·술집 등의 신설을 억제하는 강북억제책도 강구되었다. 그래도 강남은 크게 개발되지 않았다. 강남이라는 덩어리가 워낙 컸기 때문에 그런 시책들의 효과가 두드러지게 나타나지 않았던 것이다.

제3한강교에 이어 강남의 오늘을 있게 한 가장 큰 요인은 고속버스 터미널의 입지와 동시에 추진된 영동 아파트지구 개발계획이었다. 강남 고속버스 터미널 공사는 1976년 4월 8일에 착공되었고, 9월 1일에 허름한 가건물로 출발하였다. 서울역전, 동대문 6가 등 강북 6개소에 산재해 있던 고속버스 터미널을 폐지하고 강남으로 집결하라는 교통부 장관 행정명령이 내려진 때는 1977년 4월 1일이었다. "200km 이상을 달리는 고속버스는 4월 22일부터, 200km 이내를 달리는 고속버스도 7월 1일까지 모두 강남 터미널을 기점으로 하라. 이 행정명령에 따르지 않는 고속버스 업자에게는 버스 운행 면허를 취소한다"는 추상같은 명령이었다. 1977년 7월 1일을 기해 강북의 터미널들은 모두 폐쇄되었다.

그런데 강남 터미널에는 두 가지 큰 문제가 있었다. 첫째, 강북 도심과의 접근이었다. 당시는 아직 제1한강교(한강대교)와 제3한강교 (한남대교)가 있을 뿐이었다. 그래서 강북 도심에서 강남 터미널로 가자면 부득이 이 두 개 교량을 이용할 수밖에 없었다. 강북 도심과 강남 터미널을 가장 싼값으로 연결하는 교량이 연구되었다. 이른바 잠수교라는 것이었다. 잠수되는 기간은 홍수 때 연 평균 2주일 정도, 평상시는 수면 위 2.7m에 걸려 있으므로 적의 폭격을 받더라도 바로 복구가 가능하다고 해서 안보교(安保橋)라고도 불렸다. 잠수교는 1975년 9월 5일에 착공되어 10개월이 지난 1976년 7월 15일에 완공되었다. 너비 18m에 길이 795m, 공사비는 22억 4,000만 원이었다. 성수대교가 2년 6개월 공기에 115억 8,000만 원, 성산대교가 3년 3개월 공기에 258억 원이 든 데 비해 엄청나게 짧은 기간에 대단한 헐값으로 한강 교량 하나가 생겨나게 된 것이다.

그러나 잠수교 건설이 추진되었지만 그것만으로 강북 도심과 원활하게 연결될 수는 없었다. 결국 남산에 또 한 개의 터널을 뚫어야 했다. 잠수교가 착공된 지 2개월 정도가 지난 1975년 11월 18일에 서울시는 남산 3호터널 건설계획을 발표했다. 제3터널 기공식이 거행된 때는 잠수교가 개통되기 2개월 전인 1976년 5월 15일 오전이었다.

두 번째 문제는 강남 터미널이 승객이 거의 없는 곳에 입지했다는 점이었다. 1977년 당시 강남은 아직 허허벌판이었다. 그러므로 초기의 강남 터미널은 "지방 손님 실어다 벌판에 쏟는 서울 관문"이었고, "교통이 없는 교통 센터"였다(당시의 신문 기사 인용).

"고속버스 터미널 주변에 아파트단지를 조성하라"는 구자춘 시장의 지시가 내린 때는 1975년 4월이었다. 그 지시에 따라 영동 아파트지구 개발계획이라는 것이 서둘러 수립되었다. 1976년 1월 28일자 대통령령 제7963호에 의해 「도시계획법」 시행령을 개정하여 제16조에 '아파트지구'라는 것을 신설하게 되었다.

1976년 8월 21일에 반포·압구정·청담·도곡 등 영동 1·2 구획정리지구 내 779만 4,000m²(약 236만 1,820평)의 광역이 아파트지구로 지정되었다. 영동 구획정리지구 937만 평의 25퍼센트에 달하는 엄청난 넓이였다. 다행이 1977년은 제4차 경제개발 5개년계획이 시작되는 해였다. 국민의 주택문제 해결을 위해 정부는 제4차 계획기간 중인 1977~1981년의 5년간에 총 2조 6,400억 원을 투자하여 113만 호 주택 건설을 계획하고 있었다.

영동 아파트지구 내 아파트 건설을 적극 지원한 것은 서울시·건설부 및 주택은행이었다. 아파트 업자들은 분양계약서만 지참하면 바로 그에 상응하는 거액의 융자를 받을 수 있었다.

강남 터미널 맞은편에 반포 우성아파트 4개 동 408가구분이 준공된 때는 1978년 11월 28일이었다. 실제 입주는 그보다 3~4개월 전에 이루어지고 있었다. 반포 우성아파트 준공에 이어 주택공사·한신공영·롯데건설·현대·한양·삼익주택 등에 의해 영동 아파트지구 내에 중·고층 아파트단지가 연이어 건설·준공되고 있었다. 시장의 지시에 따라 영동 아파트지구라는 것이 설정되었고 그 지구 내에 12~13년 동안 681개 동 4만 9,280가구분의 아파트가 들어선 것이다. 고속버스 터미널 강남 이전, 아파트단지 조성으로 허허벌판이나 다름없던 강남 일대가 아파트 숲으로 변해 버린 것이다.

강남이 아파트 숲으로 변해 버린 데는 또 다른 이유가 있었다. 1975년에 인도차이나 반도를 구성하는 3개 국가, 베트남·캄보디아·라오스가 차례로 공산화되어 버린, 이른바 공산화의 도미노 현상이라는 것이었다. 이로 인해 서울시민의 강남 지향이 급격히 고조되었으며, "아직도 강북에 사십니까?"라는 유행어까지 생겨 널리 유포되었다.

1978년에 시작하여 약 10년 동안 전개된 영동 아파트지구 개발계획은 두 가지 측면에서 큰 의미를 지니게 된다.

첫째, 아파트 가격의 웃돈(프리미엄), 아파트 가수요라는 현상이었다. '아파트만 사두면 떼돈을 번다'는 것이 이른바 복부인들에게 널리 전파되어 막대한 유휴자금이 아파트 시장과 강남의 토지 투기에 동원되었다. 그에 대한 대책으로 정부는 1978년 8월 8일을 기하여 '부동산 투기 억제 및 지가 안정을 위한 종합대책'을 발표한다. 이른바 8·8 조치라는 것이었다.

둘째, 국민 주(住)생활의 전환, 즉 개인 주택에서 아파트로의 전환이었다. 그때까지 주 연료였던 연탄 대신 중앙난방식 보일러와 도시가스가 일반화되었다. 강남구 대치동에 도시가스 공장이 기공된 때는 1978년 10월 6일이었고, 1979년 12월에 우선 1단계 10만 호에 도시가스가 공급되었다.

연료혁명과 세탁기 보급, 그리고 아파트 열쇠 하나로 출입이 가능해진 것은 주부생활·가정생활에 큰 전환을 가져오게 된다. 입주 가정부가 없어진 대신 시간제 파출부가 일반화되었고, 유휴시간의

1980년대 후반의 말죽거리 일대 (현재 지하철 3호선 양재역)

활용을 위해 에어로빅, 서예교실 등이 유행했으며, 운전 교습소에 주부들이 떼를 지어 다니기 시작했다. 실로 엄청난 변화였다. 1978년이라는 해가 바로 이 나라의 주부생활, 국민 주생활의 전환점이었다. 길옥윤이 작사·작곡하고 혜은희가 부른 「제3한강교」라는 노래가 발표되고 크게 유행된 때도 1978년이었다.

강남의 땅값 상승: 말죽거리 신화

제3한강교를 계기로 개발되기 시작한 강남은 전국적인 부동산 가수요, 토지 투기의 발상지였다. 강남 토지 투기가 시작되기 전에는 부동산 가수요라는 현상이 결코 일반적이지 않았다. 강남 토지 투기가 시작된 데는 당시 일본에서 일어나고 있던 지가 앙등 현상이 크게 작용했다고 보아야 한다. 제3한강교 기공식이 거행된 1966년 전반기부터 서서히 토지 투기가 시작되고 있었다. 지금의 지하철 3호선 양재역의 동남쪽, 이른바 말죽거리가 복덕방 집단의 발상지요 본거지였다. "말죽거리에 가서 땅을 사면 떼돈을 번다"는 소문은 은밀하게 그러나 매우 빨리 돌았다. 매일처럼 수십 명의 손님이 말죽거리 복덕방을 찾았다. 많은 날은 그 숫자가 엄청났다고 한다. 말죽거리 바람은 1966년 초에 평당 200~400원 선에서 시작한 땅값을 1968년 말에는 평당 6,000원 선까지 끌어올렸다.

당시 유행했던 것이 이른바 500원 떼기, 1,000원 떼기라는 것이었다. 한 중개업자가 A라는 자를 꼬여서 그가 조상 대대로 물려받은 전답을 평당 2,000원에 B에게 팔도록 한다. 그 다음날 토지를 사겠다고 오는 자가 있으면 B에게 연락하여 어제 구입한 땅에 평당 500원을 더 얹어서 팔 것을 권한다. B는 겨우 하루 전에 평당 2,000원씩 200평을 그것도 계약금 4만 원만 지급하고 계약했는데, 계약금 4만 원에 10만 원을 더 얹어줄 테니 팔라는 것이다. 이리하여 계약이 A에서 B로, B에서 C로, 다시 D·E·F로 이어지면서 평당 가격이 순식간에 500원, 1,000원씩 올라가서 2,000원이 5,000원이 되고 1만 원이 된 것이었다. 당시는 인감증명의 효력이 3개월이었다. 원(原)소유자 A가 잔금을 모두 받고 인감증명을 떼어주고 난 뒤의 3개월까지, 즉 합계 4개월 동안 토지문서는 전전하고 중간 매매자는 모두 생략된 채 원 소유자에서 최종 취득자 간에 등기가 이전된 것이다.

「부동산투기 억제에 관한 특별조치세법」이 1967년 11월 29일에 법률 제1972호로 제정·공포되었고 1968년 1월 1일부터 발효되었다. 주 내용은 부동산 양도차액의 50퍼센트를 과세한다는 것이었다. 그러나 이 투기억제세는 별로 효력을 발휘하지 못한다. 당시의 시가표준액이 그렇게 높지 않았기 때문이었다.

부동산 투기억제세 때문에 약간 고개를 숙인 토지 투기는 1970년대에 들어가면서 다시 고개를 든다. 최고 권력에 의한 토지 투기로 거액의 정치자금이 마련된 점, 상공부 단지, 상공부 주택단지라는 것이 그 직접적인 계기가 되었다. 거액의 정치자금 조성, 상공부 단지·상공부 주택단지에 관해서는 『서울 도시계획이야기』의 「강남 개발계획의 전개」에 상술되어 있으므로, 여기서는 상공부 단지에 대해서만 약간 언급하기로 한다.

내용은 1970년대 초에 당시 상공부 장관이었던 이낙선(李洛善)이 상공부 및 산하 12개 국영기업체를 강남으로 이전·신축하기 위해 삼성동 소재 유명 사찰인 봉은사(奉恩寺) 사유지 10만 평을 평당 5,000원의 가격으로 구입한 일이었다. 당시 이 일은 정부 청사 일부의 강남 이전이라는 이름 아래 크게 보도되었고 영동대교 건설의 원인이 되었으며, 강남 땅값 앙등의 큰 요인이 되었다. 정부 청사 신축은 반드시 서울시내를 벗어나야 한다는 그 후의 정부 방침 때문에 이곳에 상공부 단지가 형성되지는 않는다. 그러나 오늘날 지상 57층의 무역센터빌딩을 비롯하여 아셈빌딩·공항터미널·한국전력공사 등이 들어서 있는 지하철 2호선 삼성역 일대의 땅이 이렇게 해서 확보된 것이다.

여하튼 경제불황기, 토지 거래의 휴면기가 간혹은 있었다 할지라도 영동지구는 언제나 지역 개발을 선도하였고 전국의 땅값을 끌어올리는 견인차 역할을 했다. 영동지구의 지가 현상의 추이는 <표 1>에 잘 나타나 있다.

1963년의 땅값 수준(지수)을 100으로 했을 때, 1970년 현재 지금

<표 1> 강남지역의 지가 현상(1963~1979년) (단위: 원)

연도별	거리별	(시청 중심) 5km 이내		5km~10km		
		중구	용산구	강남구		
		신당동	후암동	학동	압구정동	신사동
1963	평당 가격	20,000	20,000	300	400	400
	상승 추세	100	100	100	100	100
1964	평당 가격	30,000	25,000	1,000	1,000	1,000
	상승 추세	150	125	333	333	250
1965	평당 가격	40,000	30,000	2,000	2,000	2,000
	상승 추세	200	150	666	666	500
1967	평당 가격	80,000	70,000	3,000	3,000	3,000
	상승 추세	400	350	1,000	1,000	750
1968	평당 가격	100,000	70,000	3,000	3,000	5,000
	상승 추세	500	350	1,000	1,000	1,250
1969	평당 가격	200,000	100,000	5,000	5,000	10,000
	상승 추세	1,000	500	1,666	1,250	2,500
1970	평당 가격	200,000	150,000	6,000	10,000	20,000
	상승 추세	1,000	750	2,000	2,500	5,000
1971	평당 가격	150,000	150,000	10,000	15,000	20,000
	상승 추세	750	750	3,333	3,750	5,000
1972	평당 가격	150,000	150,000	10,000	15,000	30,000
	상승 추세	750	750	3,333	3,750	7,500
1973	평당 가격	150,000	120,000	15,000	15,000	30,000
	상승 추세	750	600	5,000	3,750	7,500
1974	평당 가격	150,000	120,000	70,000	50,000	70,000
	상승 추세	750	600	23,333	12,500	17,500
1975	평당 가격	200,000	150,000	100,000	70,000	100,000
	상승 추세	1,000	750	33,333	17,500	25,000
1976	평당 가격	250,000	200,000	150,000	100,000	150,000
	상승 추세	1,250	1,000	50,000	25,000	37,500
1977	평당 가격	250,000	200,000	150,000	100,000	150,000
	상승 추세	1,250	1,000	50,000	25,000	37,500
1978	평당 가격	350,000	350,000	250,000	250,000	250,000
	상승 추세	1,750	1,750	83,333	62,500	75,000
1979	평당 가격	500,000	500,000	400,000	350,000	400,000
	상승 추세	2,500	2,500	133,333	87,500	100,000

자료: ≪토지 개발≫, 1980년 6월호 <자료 2>.

의 강남구 학동은 2,000, 압구정동은 2,500, 신사동은 5,000이었다. 7년 만에 각각 20배·25배·50배가 오른 것이다. 같은 기간에 중구 신당동과 용산구 후암동의 땅값은 각각 10배와 7.5배가 오른 데 불과하였다. 그런데 1970년대 말, 즉 1979년 현재 학동·압구정동·신사동의 지가지수는 각각 13만 3,333과 8만 7,500, 10만이었다. 즉, 1963년에서 1979년에 이르는 16년 동안 학동의 땅값은 1,333배, 압구정동은 875배, 신사동은 1,000배가 오른 것이었다. 같은 기간(1963~1979) 중구 신당동과 용산구 후암동은 각각 25배씩 올랐을 뿐이다. 이상과 같은 현상을 가리켜 말죽거리 신화라고들 말한다. 말죽거리 신화는 1980년대에 들어서도 계속되었고, 1990년대에 들어서도 좀처럼 식을 줄 모르고 꾸준히 지속되었다.

1960년대 후반에서 1990년까지 장장 25년에 걸쳐 가히 살인적인 지가 상승이 계속된 데는 여러 가지 이유가 있다.

첫째, 제3한강교 개통 이전의 강남 땅값이 서울시내 그 밖의 지역, 강북의 기개발지나 영등포지역에 비해 상대적으로 매우 낮은 수준에 있었다는 점이다.

둘째, 구도심인 종로·중구에서 매우 가까운 거리에 위치한다는 점이다. 셋째, 그것이 강남이었다는 점이다. 1970년대에 강북에는 강력한 개발 억제책이 시행되었다. 이는 언제 일어날지 모르는 북한의 전쟁 도발에 대한 대비책이었다. 넷째, 영동 구획정리사업이 비교적 빠른 속도로 추진되었다는 점이다. 다섯째, 개발촉진지구로 지정되었기 때문에 1973년 6월부터 1978년 말까지 5년 반 동안 부동산 관련 국세·지방세 등 각종 세금이 면제되었다는 점이다. 여섯째, 규모가 워낙 커서 공급에 제한이 없었다는 점이다. 즉, '여의도 80만 평' 같은 것이 아니었고 아무리 수요가 계속되어도 공급에 끝이 없

탁 트인 영동대로의 모습

었다. 900만 평이 넘는 영동 1·2지구에 끝이 보일 때는 개포지구 258만 평이 뒤따랐고, 개포지구가 끝날 무렵이 되자 수서·대치지구가 뒤를 이었다. 성남이니 분당이니 평촌·산본·용인 등도 본질적으로는 강남이었다. 실로 강남은 가히 무진장한 택지 공급원이었다. 일곱째, 항상 어떤 종류의 인센티브 또는 개발촉진책이 끊이지 않았다는 점이다. 제3한강교·경부고속도로·상공부 종합 청사·개발 촉진지구 지정·삼핵(三核)도시 개발 구상·지하철 2호선 건설·대규모 아파트지구 지정·시청 강남 이전안(案)·고속버스 터미널 입지·남부 버스 터미널 입지·법원 및 검찰청 이전·지하철 3~4호선 통과·고등학교 제8학군·압구정동 유행의 첨단지역화 등 이루 헤아릴 수 없다. 생각해 보면 지금의 강남구·서초구가 된 영동 1·2 구획정리지구는 정말로 복받은 땅, 축복이 충만한 땅이었음을 실감한다.

상식의 범위를 벗어난 땅값 상승, 이른바 말죽거리 신화가 계속되었으니 정부의 땅값·집값 대책도 이 지역에 집중되었다. 즉, 강남

지역은 땅값 상승의 발원인 동시에 정부에 의한 부동산대책이 집중된 지역이기도 했던 것이다. 투기억제세·양도소득세·공한지세에서 1980년대 말의 토지공개념에 이르는 일련의 지가대책들은 항상 강남지역을 초점으로 입법되고 시행된 것이었다. 2002년에는 아파트 가격 상승으로 한바탕 소란을 피우고 있다.

이 글을 쓰면서 현재의 강남 땅값을 조사해 보았다. 물론 지역에 따라 다르고 용도별로 상업지역·주거지역에 따라 다르고 고시 가격과 실거래 가격에도 크게 차이가 나기는 했지만, 대체적으로 평당 평균가격이 3,000만 원 정도 되는 것임을 알 수 있었다. 대학 교수의 1년 봉급으로 강남의 땅 한 평을 겨우 살 정도라는 것이 필자의 상식으로는 도저히 납득이 되지 않는 일이다.

제3한강교(한남대교)라는 교량 건설이 미친 영향의 크기는 실로 혁명적인 것이었다고 생각한다.

■■■ 참고문헌

강남구. 1993. 『강남구지』.
서울특별시. 1990. 『서울특별시 토지구획정리 백서』.
손정목. 2003. 『서울 도시계획이야기』. 한울.
"투혼으로 만든 경부고속도"(김정렴 정치회고록 15). ≪중앙일보≫, 1997.5.14.
『현대 한국을 뒤흔든 60대 사건』. ≪신동아≫, 1988년 1월호 별책부록.
당시의 신문 및 관보 등.

서울의 무허가 건물과 와우아파트 사건

토막집에서 해방촌까지

일제강점기에도 엄청나게 많은 무허가 건물이 있었다. 속칭 토막집이라는 것이었다. 1910년대 후반기부터 생겨나 처음에는 땅을 파서 토굴을 만들었기 때문에 토굴집으로 불렀으나, 1920년대를 거쳐 1930년대로 접어들면서 지면을 약간 파서 토벽을 만든 뒤 그 위에 멍석이나 가마니, 가벼운 목재 등으로 벽면과 지붕을 만든 원시적 주택이 되었으며, 그 이름을 토막이라 했다. 처음에는 홍제동·돈암동·아현동 등지에 산발적으로 입지하여 1920년대 말까지는 몇 백 호였던 것이 1930년대에 들면서 3,000~4,000호로 늘어나, 이른바 토막민(土幕民)의 수도 2만 명을 넘게 되었다.

조선총독부가 조사한 바에 의하면 토막집 수는 1940년대에 들면서 훨씬 더 늘어나서 1942년 10월 1일 현재로 7,426호에 3만 7,000명이나 되었다고 보고되고 있다. 그런데 1943년이 되자 총독부와 경성부는 실로 기상천외한 방법으로 토막을 정리한다. 그들을 감언이설로 속이거나 강제수단을 동원하여 일본 본토의 북해도 또는 사할린 지역의 탄광노동자로 징용해 간 것이다. 어떤 자는 많은 수입이 보장된다는 감언이설에 속아서 갔고 어떤 자는 강제 연행되어 갔으며, 눈치 빠른 일부는 가족과 더불어 감쪽같이 자취를 감추어 시내의 셋방으로, 버리고 나온 고향으로 혹은 만주로 도주해 버린다. 분명한 것은 8·15 광복 당시 서울을 비롯한 전국 각 도시에서 토막과 토막민의 자취는 찾아볼 수 없게 되어 있었다는 것이다.

8·15 광복이 이루어지기 이전, 즉 1944년경부터 조선총독부의 지시를 받은 경성부는 성북동·돈암동·남산의 허리 등의 임야지대에 굉장히 규모가 큰 방공호를 구축하였다. 미군의 대규모 공습에 대비한 조치였다. 지금은 퇴락하여 그 자취도 찾아보기 힘들게 되었지만, 광복 직후만 하더라도 이들 방공호는 쉽게 눈에 띄었고 그 수도 적잖았다.

그런데 강제 연행 등으로 일본·만주 등지에 가서 살다가 광복이 되어 고국에 돌아온 피난민들 중 일부가 이들 방공호에 들어가 살게 되었다. 새로운 형태의 토막민이었다. 그러나 당시에 이런 방공호가 몇 개나 되었으며 방공호 안에서 생활한 가구 수가 얼마나 되었는가에 관한 공식 통계나 자료는 전혀 전해지지 않는다. 아마 당시의 서울시 직원들은 이런 문제에 관심을 두고 조사할 정신적·시간적 여유가 없었을 것이다. 다만 이에 관한 자료가 소설과 희곡의 형태로 전해지고 있다.

광복 후에서 1980년대 말까지 이 나라 소설문학의 거두었던 김동리(金東里)가 잡지 ≪백민(白民)≫ 1947년 3월호에 발표한 「혈거부족(穴居部族)」이 전자이고, 그 무대는 돈암동과 삼선교 사이의 언덕에 있던 방공호였다. 후자는 극작가 김영수(金永壽)가 쓴 『혈맥(血脈)』이라는 희곡이었는데, 그 무대는 성북동 언덕에 있던 방공호였다. 한국전쟁이 일어났던 1950년 봄에 당시 을지로 4가에 있던 국제극장에서 이 희곡을 상연했을 때 모여든 관객으로 인산인해를 이루었던 것을 기억하고 있다.

방공호 시대는 얼마 안 가서 끝이 나고 바로 무허가 판잣집시대로 옮아간다. 남산의 남서쪽 기슭에서 맨 처음 일어난 현상이었다. 지금의 용산구 용산동 2가를 형성하는 일대, 북으로는 남산의 울창한 송림을 등에 업고 남으로는 완만한 경사지에 맑고 푸른 한강을 굽어보는 광활한 터전이었다.

일제시대에는 일본군 제20사단의 사격장이었던 이곳 용산동 2가 일대에 해외에서의 귀환 동포, 이북에서의 월남 동포들이 들어가 정착한 것은 광복 직후부터의 일이었다. 처음에는 한두 동이었던 것이 소문을 듣고 찾아와 서너 동씩 더 늘어난 것이 마침내는 마을을 형성하였고, 해방촌이라고 불렸다. 8·15 해방 덕에 생겨난 마을이라는 뜻이었다.

그것이 점점 불어나는 세가 워낙 강하여 걷잡을 수 없이 팽창해 가자 정부도 그대로 보아 넘길 수 없게 되었다. 3,500가구 2만 5,000명이 정착할 수 있게 일제가 사격장으로 쓰던 자리인 국유지 42정보(약 41만 6,531m^2)를 대부 조치한다(≪동아일보≫, 1948.9.30.). 국내 최초의 대규모 판잣집 집단마을이었다. 그리고 다음 해(1949년) 7월 25일에 새 동제(洞制)가 실시되자 종전까지 후암동에 속했던 해방촌을 분리하여 새 행정동을 창설한다. 새 동명을 해방동이라고는 할 수가 없어 신흥동(新興洞)이라는 이름을 붙였다.

한국전쟁의 휴전협정이 체결되기도 전인 1952년 하반기경, 아직

시민 대다수가 피난지에서 돌아오지 않은 상태였는데 유독 해방촌만은 활기를 띠었다. 전쟁 전부터 살던 주민들이 재빨리 돌아와 정착한 데다가 더 많은 새 난민들이 들어와서 판잣집을 짓고 정착했기 때문이다. 이렇게 주민 수가 늘어나자 파출소도 생겨 그 이름이 용산경찰서 해방지서였고 개신교 해방교회라는 것도 생겼다. 그리고 그들 수만 명 주민 대다수의 주소지는 한결같이 용산동 2가 산 2의 5였으니 하늘 아래 둘도 없는 고밀도 저질 환경이 창출된 것이었다. 해방촌은 국내 최초의 무허가 건물 집단마을이었다.

무허가 건물의 증가

서울의 무허가 건물은 6·25 전쟁 이후에 본격적으로 늘어난다. 1953년 7월 27일에 휴전협정이 체결되고 그때까지 철저히 제한되었던 한강 도강이 자유롭게 되자 많은 전재민이 일시에 들어온 데 이어, 1950년대 후반기에서 1960년대에 걸쳐 서울의 인구수가 격증한 데 따라 무허가 불량건물의 수도 급격히 늘어나게 된다. 1950년대 이후의 무허가 건물은 지난날의 움막집·토막집과는 그 재질을 달리했다. 주로 미군부대에서 흘러나온 두터운 종이상자·루핑·목재·아연철판 등이 쓰였다. 미군들의 휴대 식량인 레이션(ration) 박스가 주된 재질이었던 탓에 처음에는 하꼬(상자, 箱)라는 일본말에 방(房)을 붙여 '하꼬방'이라고 하다가 얼마 안 가서 판잣집이라는 말로 바뀐다. 미군부대에서 흘러나온 판자때기가 기둥·대들보가 되었고 레이션 상자가 벽면이 되고 루핑이 지붕이 되었다.

처음에는 한 채, 두 채이던 것이 옆으로 옆으로 번지면서 마침

서울의 무허가 건물. 서대문형무소를 중심으로 그 위는 무허가 건물, 아래는 천막촌이 형성되어 있다(1970.5.9.).

내는 온 산허리와 하천가를 덮어 버린다. 서울의 판잣집을 그렇게 겉잡을 수 없이 늘어나게 한 데는 두 가지 원인이 있었다.

첫째, 선거 때가 되면 반복되는 행정력 이완 현상이었다. 공권력이 깊이 개입했던 1950~1960년대 선거에서는 관에 대한 민심의 이탈을 염려하여 행정력에 의한 감시니 단속이니 하는 것이 느슨해졌다. 그래서 어지간한 위법은 보고도 못 본 채 눈을 감아버렸다. 이렇게 행정력이 이완된 틈을 타서 하룻밤 사이에 수백 채씩 늘어날 수 있었으니 한 번의 선거가 끝나면 능히 1만여 동 이상씩 늘어날 수 있었다.

둘째, 이른바 정착지(定着地) 조성이었다. 정착지는 수재나 대규모 화재가 났을 경우 이재민의 구호·수용대책으로써, 도로용지와 같은 공공용 부지를 무허가 건물이 집단 점령하고 있는 경우 점령자들을 강제 퇴거시키는 수단으로, 교외부에 일단의 국·공유지를 확보하여 매 가구당 8평씩의 땅을 분양하여 집단 정착시킨 방법이다.

1957~1962년에 일제 때 공동묘지가 있던 미아리 일대에 시도한 것이 처음이며, 1970년에 이르기까지 시내 교외부 20여 개 장소에 모두 4만 3,000가구를 정착시킨 것이다. 이 정착지 정책이 잘못된 점은, 첫째, 그 자체가 불량지역일 수밖에 없는 것을 시가 앞장서서 주도했다는 점, 둘째, 이러한 정착지가 중심이 되어 그 주변 일대에 수없이 많은 무허가 건물의 입지를 유도했다는 점이다. 이른바 무허가 불량지대의 확대재생산이었던 것이다. 지금은 재개발되어 그 모습을 찾기 힘들게 되었지만, 강북구 미아 1~9동, 노원구 상계 1~10동, 관악구 봉천 본동과 봉천 1~10동, 신림본동과 신림 1~13동 등은 바로 정착지 정책의 결과로 생겨나서 비대·과밀화된 지역들이었다.

1950년대 하반기부터 1960년대에 걸쳐 무허가 불량건물의 수가 얼마나 되었는가에 관해 1960년대 전반기까지는 전수조사를 실시한 일이 없어 정확히 알 수 없으나, 1961년에 약 8만 8,000여 동, 1964년에 11만 6,000여 동 정도였다고 추계된 바 있고, 1960년대를 통하여 매년 10~15퍼센트 정도씩 늘어난 것으로 추정되고 있다.

보통의 주택이 재산이듯이 무허가 불량건물도 재산이었다. 무허가 건물 안에 세들어 사는 사람도 생겼고 가격이 붙여져서 매매도 되었다. 그렇게 재산이 되면서 재질도 바뀌고 구조도 튼튼해졌다.

목재 사용량이 늘어났고 시멘트 사용량도 늘어났다. 말이 무허가 건물이지 외관으로만 보면 허가 건물보다도 더 튼튼한 것도 적잖게 있었다.

무허가 건물의 정리

무허가 건물이 걷잡을 수 없이 늘어나는 것을 우려하는 목소리가 커져 가고 있었다. 그중에서도 박정희 대통령이 가장 염려하여 기회 있을 때마다 "무허가 건물의 발생을 억제하라. 무허가 건물 정리를 서둘러라"는 지시를 내렸다.

1966년 4월 4일에 시장으로 부임해 온 김현옥이 부임 후 얼마 안 가서 각 구청에 지시하여 무허가 건물 전수조사를 실시하였다. 그 집계 결과가 13만 6,650동이었다. 그러나 이 조사의 정확성은 의심할 여지가 있다. 국세조사를 하는 것처럼 어느 일시를 지정해서 정확을 기했다면 그 수는 더 많아졌을 것이다. 여하튼 김 시장은 위의 숫자를 근거로 그중 4만 6,650동을 이른바 양성화라는 이름으로 현지 개량하고, 나머지 9만 동을 시민아파트를 건립하여 이주시키거나 경기도 광주군내에 대단지를 조성하여 이주·정착시킨다는 방침을 세운다.

현지 개량은 그렇게 어려운 일이 아니었지만, 시민아파트 건립과 광주대단지 조성은 결코 쉬운 일이 아니었다. 다른 곳에서도 언급했지만 김현옥 시장은 일에 미친 사람이었고 미친 대상도 해가 바뀔 때마다 동일하지 않았다. 부임 첫해인 1966년에는 지하도·육교·고가도로 등 교통도로 건설에 미쳤고, 다음 해인 1967년에는 세운상가·낙원상가·대왕코너 등 민자 유치사업에 미쳤다. 3년째인 1968년에는 한강 개발·여의도 윤중제 건설에 미쳤고 4년째 되는 1969년에는 시민아파트 건설에 미친다. 무허가 건물 정리가 박 대통령의 관심사항 가운데 큰 비중을 차지하고 있었음에도 불구하고 김 시장이 미친 순서 중에서 맨 마지막이었던 것은 그 일이 결코 쉽지 않았기 때문이다.

시민아파트라는 것이 처음 나타난 것은 1968년 6월 12일자 각 일간신문 4면 서울판 구석 2단짜리 기사의 모습에서였다. 그 내용은 다음과 같다.

> **철거민 위한 아파트 19채 천연동에 2억 들여 건립**
> 12일 서울시는 영천지구 도시 재개발사업 계획에 따라 오는 15일 서대문구 천연동에 850가구를 수용할 프레임식 아파트 19동을 짓기로 했다.
> 시 당국은 현재 무허가 건물이 난립하고 있는 이 지구의 재개발을 위해 시비 2억 원을 투입, 1만 1,730평의 대지 위에 4~5층의 철근콘크리트 아파트를 건립, 철거민을 입주시킬 방침이다.

기사 내용을 풀이해 보면, "서울시가 서대문 밖 영천지구 재개발사업 계획을 세우는 과정에서 그 일대 구석구석에 흩어져 있는 무허가 건물을 철거 이주시켜야 할 필요성을 느꼈는데, 이들 무허가 건물을 봉천·신림 등지의 정착지나 광주대단지로 보내기보다 차라리 재개발계획 지구 내에 값싼 프레임 아파트를 세워 집단 이주시키면 기존의 생활근거지도 바꾸지 않게 되고 철거 이주에서 생기는 저항도 없어질 수 있으므로, 천연동 산허리에 4~5층짜리 아파트를 짓기로 했다"는 것이다.

아파트 건립 기공식은 기사를 발표한 지 채 일주일도 안 된 1968년 6월 18일이었다. 부지 정지작업도, 아파트의 설계도 안 된 상태에서의 기공식이었다. 훗날 금화아파트라는 이름으로 널리 알려지게 될 시민아파트 제1호의 기공식에 참석한 사람은 김 시장을 비롯한 극소수의 시 관계자들뿐이었다. 신문기자 등 매스컴 관계자는 아무도 관심을 가지지 않았으며 따라서 일체의 보도도 되지 않았다.

금화아파트는 해발 203m 높이의 금화산 위에 지은 것이었다. 고지대에 건립되었으니 자재 운반·공사 진척 모두가 힘들었다. 서울시 간부가 "시장님 왜 이렇게 높은 자리에 아파트를 지어야 합니까? 공사하기도 힘들고 입주자들이 출퇴근하기도 힘들 것 아닙니까? 조금 낮은 지대에 지으면 되지 않겠습니까?"라고 물었다. 그에 대한 시장의 답변이, "이 바보들아. 높은 데 지어야 청와대에서 잘 보일 것이 아니냐"라고 했다는 것이었다. 1970년대 후반기에 금화터널을 건설하면서 이 금화아파트 19동은 철거되어 없어졌지만, 김 시장의 발언 그대로 청와대에서 서쪽으로 바라보면 정면으로 보이는 아파트였다. 1969년에 지어진 시민아파트도 모두가 산허리 또는 산등성이에 지어졌다. 고층건물이 거의 없던 시대에 박 대통령이 승용차로 시내를 순회한다면 차창 밖으로 모두 쳐다볼 수 있는 입지에 세워진 것이다. 김 시장의 그 말은 시민아파트 철거가 마무리 되어 가는 1980년대 말까지 서울시 실무자 사이에서는 두고두고 화제가 되었다.

김현옥 시장이 집단 무허가 건물을 철거하여 그 자리 또는 약간 떨어진 자리에 값싼 아파트를 세워 주민을 수용한다는 구상을 굳혀 간 것은 금화아파트가 그 모습을 조금씩 드러내게 되는 1968년 하반기부터의 일이었다. 대대적인 시민아파트 건립 계획이 발표된 때는 1968년 12월 3일이었다. 이른바 69 시민아파트 건립 기본계획이라는 것을 요약하면 다음과 같다.

첫째, 1969년부터 시작하여 3년간에 걸쳐 240억 원의 비용으로
　　　서민용 아파트 2,000동을 건립한다.
둘째, 1차연도인 1969년에 우선 48억 원을 들여 전반기에 200동,
　　　후반기에 200동 등 모두 400동을 건립하고, 1970년도에 800
　　　동, 1971년도에 800동을 짓는다.
셋째, 건립비는 도로·환경조성비 등을 합해 1동당 1,200만 원이
　　　들고 2,000동을 모두 세우는 데 240억 원이 드는데, 그 재원
　　　은 여의도 대지매각비의 80퍼센트를 전용한다.
넷째, 아파트 구조는 철근콘크리트 라멘조로 하고 층수는 지상
　　　5층이며 1동당 45가구 수용을 원칙으로 하나, 지형에 따라
　　　30~50가구로 할 수도 있다. 가구당 평수는 11평(실평수 8
　　　평)으로 한다.
다섯째, 사업기간은 1969년 1월 4일~12월 30일로 하고, 전반기
　　　에 284개 동, 후반기에 116개 동을 건립한다.
여섯째, 1969년에 건립할 400동 중 183개 동은 시 본청에서 건립
　　　하고 217개 동은 각 구청이 나누어서 건립한다.
일곱째, 아파트 건립에 소요될 자재는 시멘트 8만 2,000톤(동당
　　　205톤), 철근 2만 4,000톤(동당 60톤), 목재 4,800m³(동당
　　　12m³)이며, 시멘트 및 철근의 일부는 시에서 일괄 구입하
　　　여 시공업자에게 공급한다.
여덟째, 시(구)는 진입로 및 부지조성공사, 골조공사(외벽 포함)
　　　및 전기 배관공사, 옥외 상하수도공사를 담당하고, 입주자
　　　가 건물의 사이벽(칸막이), 내부의 전기 및 상하수도공사,
　　　화장실·정화조·세탁장·온돌공사를 담당한다.
아홉째, 1동당 사업자금 1,200만 원 중 900만 원(가구당 20만 원)
　　　은 15년간 연리 8퍼센트의 이자와 소정의 관리비를 가산하
　　　여 입주자로부터 상환 받는다(월 2,300원 정도). 1,200만 원

중 300만 원은 진입로공사 등 환경정리에 필요한 부대공사
비로서, 시비 보조로 한다.

열째, 400동의 아파트가 들어설 대지 합계는 36만 1,333평이며,
그중 24만 8,764평(68.8퍼센트)은 국·공유지이고 11만 2,569
평(31.2퍼센트)은 사유지이다.

서울시는 또 새로 건립될 시민아파트 입주자 우선순위도 제시
하고 있는데, ① 재개발 또는 공공용지 내에 들어가 있는 무허가 건
물을 자진 철거하여 이주한 자, ② 자진 철거 후 임시수용당한 자,
③ 사업 지구 내 적법 재산 소유자 등이며, ④ 모범경찰관, ⑤ 기타
시에서 특별히 인정한 자 등의 순이었다. 그런데 이때 서울시는 "한
번 부여된 입주권은 절대로 매매해서는 안 된다. 입주권을 타인에게
매매하는 경우는 무효로 한다"는 것을 강조하고 있다.

시민아파트 건설사업은 "1969년 1년간 400동의 시민아파트를
건립하자. 그것이 모두 건립되면 주택을 소유하지 못한 1만 8,000가
구에 새 보금자리를 마련해 주게 된다", "3년간 2,000동을 건립하게
되면 9만 개의 무허가 건물이 철거되고 영세민 9만 가구가 내 집을
갖게 된다"는 강한 의욕 아래 추진되었다. 시민아파트의 건설 및 관
리를 전담하는 기구인 서울시 아파트관리사업소가 설치된 때는 1969
년 9월 17일이었고, 사업소장에는 본청 국장 급이 임명되었다.

김 시장이 미친 것은 당연한 일이었다. 아파트 기공식이 거행되
고 점차 그 모습을 드러냈을 때 시청 현관에 내걸렸던 시정구호들은
다음과 같다. 모두 김 시장이 미친 정도를 알려주는 글귀들이다.

선택 + 준비 + 실천 + 집념 + 증거……
시민 위한 아파트 2,000동, 450만 우리의 용기이다. 훈장이다.

와우아파트 무너지다

1969년도의 시민아파트 건설사업 기공식은 4월과 5월, 9월과 10월에 나누어 거행되었다. 그중에서도 5월 15일에 있었던 100동분 기공식 상황은 신문에 사진까지 실려 보도되고 있다. 이날 기공식이 거행된 지역은 16개소였고, 아침 일곱 시부터 김 시장, 김정오 제1부시장, 차일석 제2부시장이 각 지구별로 나누어 차례로 참석하여 주민 대표와 더불어 기공 삽질을 했다. 16개소의 기공식은 깜깜한 밤이 되어서야 모두 끝났다고 한다.

1969년 한 해 동안 시민아파트가 건립된 지역은 32개 지구였고, 406동 1만 5,840가구분의 아파트가 건립되었다. 그중 205동 6,927가구분은 시 본청에서 담당하였고 201동 8,913가구분은 구청에서 담당하였다. 이 사업에 참여한 업자는 모두 33개였다.

그런데 이 시민아파트 공사는 처음부터 몇 가지 결정적인 문제점을 안고 있었다. 첫째, 일단의 아파트가 들어설 부지에 대한 측량도 되지 않은 상태에서 시공했으므로 지질검사 같은 것은 처음부터 실시하지 않았다. 모두가 높은 산허리였으니 지하는 화강암 암반이고 따라서 튼튼할 것이라는 전제 아래 공사를 진행했던 것이다.

둘째, 입주자의 생활 상태에 대한 잘못된 판단이었다. 당시 불량 무허가 건물 입주자들의 생활 상태는 지금의 시점에서는 상상도 할 수 없는 수준에 있었다. 쌀 한 가마 5,220원, 연탄 한 개 16원, 담배(신탄진) 한 갑이 60원 할 당시에 무허가 건물 입주자들의 한 달 평균소득은 1만 원 이하였다. 그러므로 그들 대다수는 불과 며칠 분의 양식과 2, 3일분의 연탄으로 생활을 유지하였고, 장롱이나 피아노, 가전제품 등의 가재도구를 소유하지는 못했다.

입주 대상자의 생활 상태가 최하 수준이었고 이렇다 할 가재도 구도 없었으므로 그들을 수용할 아파트의 구조는 처음부터 매우 취약하게 설계되어 있었다. 입주권 매매는 금지되어 있었으니 그것을 믿고 취약한 구조 계산을 했던 것이다. 그러나 입주권 매매금지는 한갓 희망사항에 불과했고 실제로는 공공연히 매매되었다. 처음부터 행정력으로 그것을 막을 방법이 없었던 것이다. 훗날 밝혀진 바에 의하면 실 입주자는 거의가 장롱에다 피아노·가전제품을 갖추고 쌀 한 가마니, 연탄 100장씩을 들여놓는 중산층들이었다. 그러니 처음부터 취약하게 설계된 아파트가 실입주자들의 생활용품 무게를 감당할 방법이 없었던 것이다.

셋째, 시는 골조공사만 하고 내부공사 일체는 입주자가 공동으로 부담하여 시공한다는 원칙이었으니, 옥상의 난간, 옥내·옥외계단의 난간도 입주자 부담이었다. 입주자들은 각 가구마다의 내부공사 (칸막이·문틀·온돌·화장실)는 열심히 했지만 공동 부담인 옥상과 계단의 난간공사 같은 것은 등한히 했다. 그 결과 난간 없는 비상계단에서 추락사고가 일어나 아이들이 사망하거나 중상을 입는 불상사가 빈발했는데, 이런 사건에 대한 비난의 소리도 시 당국에 집중될 수밖에 없었다.

넷째, 406개 동의 아파트를 33개 업자가 나누어 시공했는데, 당연히 건설업자들의 경제적 실력은 탄탄한 것이어야 했다. 그러나 1969년 당시만 하더라도 국내에는 겨우 현대·대림·동아·극동 등 몇몇 건설업자를 제외하고는 모두가 취약한 업체들이었다. 현대·대림 등 실력 있는 업자들은 이런 시민아파트 공사에는 처음부터 참여하지 않았으므로, 33개 업체는 거의가 부실업체였다.

다섯째, 아파트의 형태는 A·B·C의 3개 형이었고 표준설계도가

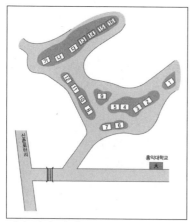

사업 현장 배치도

작성되어 각 구청 및 업자에게 미리 시달되어 있었다. 그러나 지나치게 적은 예산에 맞추어 설계됨으로써 구조물의 단면 및 기둥에 들어가는 철근량이 처음부터 부족하였다.

여섯째, 경사지에 건축할 때는 반드시 암반에 기초를 정착시키고 횡적인 힘에 저항할 수 있는 구조로 설계·시공해야 함에도 불구하고 기초가 암반에 도달치도 못하고 수평력에 대한 고려도 없었으므로, 처음부터 지반 이동과 수평력을 지탱할 수 없다는 문제점을 안고 있었다.

1969년에 마포구 관내에는 와우지구 16개 동, 노고산지구 10개 동의 아파트가 건립되었다. 전자는 구청 담당이었고 후자는 시 본청 담당이었다. 와우지구(창전동 산 2번지) 16개 동 가운데 13·14·15·16의 4개 동(각 30가구분)을 지명경쟁 입찰에서 낙찰한 업자는 대룡건설(대표 장익수)이었으며 낙찰가격은 3,002만 7,026원이었다. 공사대금 3,000여 만 원 중에는 시멘트 2,700부대, 철근 35톤 등 관급 자재비 932만 7,026원이 포함되어 있었다. 착공일은 1969년 6월 26일이었고 준공일은 12월 26일이었다. 시공 현장은 70도의 경사가 진 산비탈이었다.

이 공사의 진행에는 다음과 같은 문제점이 있었다.

첫째, 시 당국이 각 구청에 시달한 업자 선정 기준에는 "특수한 공사를 치른 실적이 있는 우수한 업체"로 하라는 것이었다. 그리고 어떤 공사에 있어서도 지명경쟁 입찰을 할 때 지명되는 업자는 충분한 재력과 시공 경험이 풍부한 업자여야 한다. 그런데 훗날 밝혀진 바에 의하면 대룡건설이라는 업체는 그동안 서울시 공사를 시행한 실적이 전혀 없는 업체였을 뿐 아니라 공사계약 후 500만 원의 커미션을 받고 무면허 업자인 박영배(朴榮培)에게 하청을 주었으며 하청 준 공사가 준공이 되기 이전인 1969년 11월에 부도를 내고 잠적해 버렸다는 것이다. 그런데 대룡건설이 부도를 내고 잠적해 버렸다는 것, 하청을 받은 박영배가 무면허 업자라는 것을 구청 건축과가 알게 된 때는 와우아파트가 부실공사로 밝혀진 1970년 4월 3일이 되어서였다고 하니 실로 한심한 일이었다.

둘째, 공사비 규모가 턱없이 낮아 부실공사가 될 수밖에 없다는 원초적인 요인을 안고 있었다는 점이다. 당시는 아직 아파트라는 것이 일반화되지 않은 시대였고 겨우 주택공사가 용산구 동부이촌동에 공무원아파트, 강서구 화곡동에 화곡아파트를 건립하고 있었다. 그런데 당시 건설업자들이 그 공사를 수주할 때의 최저비용이 한 평당 4만 원을 넘고 있었고 이른바 고급 아파트의 경우는 평당 공사비 가격이 8~10만 원이 든다는 것이 상식이었다.

그러나 김현옥 시장의 건설 철학은 가장 적은 비용으로 되도록 많은 양을 이룩한다는 것이었다. 그리하여 서울시가 계산한 시민아파트 한 평당 평균 공사비는 1만 8,000원이었으니 처음부터 부실공사가 될 수밖에 없었다. 그 부실함을 막기 위해 시멘트·철근·목재를 공동 구매하여 관급한다는 것이 시의 방침이었던 것이다.

대룡건설이 와우아파트 13~16동(120가구분, 한 가구당 건평 11평)을 낙찰한 가격은 3,002만 7,026원이었다. 이 3,000여 만 원 중에는 시멘트·철근 등 관급 자재비 932만 7,026원이 포함되어 있었으니 실제 계약액은 2,070만 원뿐이었다. 대룡건설은 공과잡비를 포함하여 500만 원의 커미션을 받고 박영배에게 하청을 주었고 박영배는 그중 20만 원을 구청 건축과에 뇌물로 주기로 약속되어 있었다고 하니, 박영배가 최종적으로 수령할 액수는 1,550만 원에 지나지 않는다. 한 가구당 건평 11평(실평수 8평), 120가구분의 아파트를 지어야 했으니 건평 한 평당 건축비는 1만 1,742원밖에 되지 않는다.

당시의 아파트 공사 노임 단가를 알 수가 없고 이 공사에 투입된 인원이 얼마나 되었는지도 알 수가 없지만, 여하튼 7월 초에 시작하여 12월 26일에 준공을 봤으니 6개월간의 공사였다. 아마도 매일 수십 명의 인원이 종사했을 것이니 처음부터 한 평당 1만 1,742원의 건축비로는 도저히 감당할 수 없는 공사였다. 이런 조건하에서 약간이라도 이윤을 내기 위해서는 부실공사, 관급 자재 유출밖에 방법이 없었다. 사고가 난 뒤에 밝혀진 바에 의하면, ① 고지대여서 물 한 지게에 30~40원씩 주고 사서 콘크리트 배합을 했는데, 물을 아끼기 위해 맑은 물 대신 구정물을 썼다. ② 처음부터 지중량(地中梁: 기초 부분에서 기둥과 기둥 사이를 잇는 철근콘크리트) 없이 시공되었다. ③ 기둥 하나에 19미리 철근 일곱 개씩 들어가도록 되어 있었는데 다섯 개 정도밖에 쓰지 않았다. ④ 슬래브를 만들 때 12미리와 9미리 철근을 쓰도록 되어 있었는데 12미리짜리는 하나도 쓰지 않고 9미리짜리만 썼다. ⑤ 콘크리트의 시멘트 배합률이 시방서대로 되지 않았다. 모래와 자갈을 더 많이 섞은 것이다. 또 자갈은 규격보다 훨씬 더 큰 것을 썼다.

관급 시멘트 300부대 중 30부대를 빼내어 인근 대중목욕탕인 와우탕 신축공사에 사용했다. 와우탕은 전 마포경찰서장 송봉운(宋鳳雲) 총경(당시 경찰전문학교 근무)의 소유였다. 그동안 무허가로 공사가 진행되어 오다가 와우아파트 사건이 일어나자 부랴부랴 4월 9일에 건축 허가 신청을 내어 10일에 건축 허가를 받았다는 것이다.

셋째, 당시 공무원들의 자질이었다. 공사 당시의 마포구청장은 김옥현(金玉鉉)이라는 자였는데, 군에 있을 때 정일권 총참모장의 전속부관이었으며 정일권이 국무총리가 되자 그 덕에 충남 천안시장을 하다가 1968년 10월 1일자로 서울시에 전출되어 마포구청장이 된 자이며, 건축 행정 등에는 전혀 식견이 없었다. 건축과장 조성두는 뇌물 챙기는 데나 관심이 있었지 업자 선정, 현장 점검 등에는 거의 관심이 없었다. 12월 중순에 건설업자가 준공검사 의뢰를 했더니 현장에 가 보지도 않고 검사필증을 내주었다는 것이다. 현장감독을 맡은 구청 건축과 기사보 이성종은 매일 현장에 나타나 부실공사를 눈감아준 대신에 500원 내지 1,000원씩을 받아 도합 4만 5,000원을 챙겼다고 한다.

와우아파트 13~16동이 준공된 때는 1969년 12월 26일이었고 준공식에는 박 대통령이 임석하여 테이프를 끊었다고 한다. 준공은 되었지만 겨울철이라 바로 입주하지는 않고 있다가 1970년 3월 12일부터 입주가 시작되었는데, 입주를 해 보니 벽면 여러 곳에 금이 가 있어 구청에 신고했더니 별것 아니므로 얼마 안 가서 손봐주겠다고 했다는 것이다. 3월 20일부터 14동과 15동 모두 1층 받침 부분에 금이 가기 시작하여 입주민들이 구청과 경찰에 신고했으나, 현장을 둘러본 구청장과 건축과장이 4월 3일에 14동 주민만 대피시키고 15동은 "가벼운 보수공사만으로 괜찮다"고 해서 그대로 머물러 있었다고 한다. 4월 4일에 구청장 김옥현과 건축과장 조성두가 직위해제되었다. 본청 아파트 관리사업소는 철강제 I빔을 긴급 구입하여 4월 6일부터 와우아파트 기초부분 기둥 보강공사를 시작하여 6일에 13동, 7일

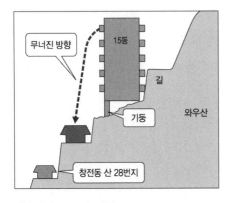

무너진 방향

15동

길

와우산

기둥

창전동 산 28번지

와우아파트 도괴 방향

에 14동을 마치고 8일에는 15동 보강공사가 추진될 예정이었다. 15동의 보강공사를 실시하려던 1970년 4월 8일 새벽 6시 20분, 아직 모든 주민이 잠자리에 있을 때였다. 갑자기 '우르르 쿵' 하는 소리와 함께 15동 건물이 앞을 향해 폭삭 무너져 내렸다. 금이 가 있던 1층 받침부분이 무너진 것이다. 바로 아비규환이었다.

시청 인부 260명, 경찰기동대 116명, 마포경찰서 경찰관 150명, 제6관구 1201 건설공병단 소속 공병대대원 50명, 미군 공병대원 50여 명 등의 인력과 대산자동차(주)가 가진 8톤짜리 레커차와 한국양회(주)가 가진 11톤짜리 크레인차가 도착하여 잔해 속에 갇힌 생존자 수색·구조작업이 9일 새벽까지 계속되었다. 결국 그때까지 입주해 있던 15가구 70명 중 32명이 사망하고 38명이 부상당했다. 또 아파트가 내려앉으면서 그 아래에 있던 판잣집 한 채가 깔려 한 명이 사망하고 두 명이 부상당했다.

와우아파트 사건으로 불리는 이 사고로 16가구 73명 중 사망 33명, 부상 40명을 낸 것이다. 30가구 중 15가구만 입주한 상태의 도괴였으니 망정이지 30가구가 모두 입주한 후에 도괴되었다면 희생자는 훨씬 더 많았을 것이다. 이미 직위해제되어 있던 전 마포구청장 김옥현과 건축과장 조성두, 건축기사보 이성종, 시민아파트 관리사업소 공사과장 허필정, 시공업자 박영배, 계약자인 대룡건설 사장 장익수 등이 구속되었다.

무너진 와우아파트 철거작업(1970.4.10.)

 사망자 합동위령제가 마포중·고교 교정에서 거행된 때는 8월 11일 오전 11시였다. 국무총리 정일권, 국회의장 서리 윤치영, 마포구 출신 김홍일 의원 등이 참석한 가운데 낭독된 김 시장의 조사에는 "이 엄청난 재화를 당해 통곡에 목이 메고 슬픔에 가슴이 찢어진다"고 했고 "집 없는 설움을 덜고 가난을 추방하려던 노력이 참화를 부르게 됐으나 가신 영들의 넋을 위로하기 위해 스스로 매질하면서 온갖 힘을 쏟겠다"고 목메인 소리로 다짐했다.

 도괴된 15동과 더불어 박영배에 의하여 지어진 13·14·16동이 철거되기 시작한 것은 4월 17일부터였다. 콘크리트가 제대로 굳어지지 않아 버석버석할 정도여서 조심스러운 작업이 8일간이나 계속되어야 했다. 사망자 유족에 대한 대책으로는 한 가구당 조위금 10만 원, 위로금 100만 원이 지급되었으며, 부상자에 대해서도 극진한 조치가 취해졌다.

실로 충격적인 사건이었고 엄청난 반응이 일어난 것은 당연한 일이었다. 많은 전문가와 일반 시민의 의견을 종합하면, "불도저식 건설 행정과 전시효과적인 겉치레 실적주의, 부패한 관료 행정이 한계점에 도달하여 스스로 자기 모순을 노출시킨 것이 이번 사건의 진정한 의미"라는 것이었다. 더 간단히 "무리와 부패"의 합작이라는 평도 있었다.

잡지 ≪기독교사상≫의 주간 박형규(朴炯圭) 목사는 사건 3일 후인 4월 11일 오후 YMCA에서 열린 "와우아파트 도괴 사건과 시민적 관심"이라는 특별 강연에서 이 사건을 가리켜 "숫자만 늘리면 칭찬받는 종적 권력구조, 돈이면 제일이라는 업자들의 사고방식, 이런 것들이 얽혀서 빚어진 결과"라고 말하고, 이른바 와우식 근대화가 지속된다면 우리는 모두 죽게 되는 결과가 올 것이라고 비난했다.

김현옥 시장은 4월 16일자로 경질되었으며 후임에 경상북도 지사로 있던 양택식(梁鐸植)이 임명되었다. 와우아파트 사건 이후 서울시는 건축구조를 전공하는 권위자들로 시민아파트 안전진단반을 편성하여 그동안에 지어졌던 전 시민아파트의 안전도를 점검했다. 그 결과 총 대상 405동 중 안전성을 보강해야 할 동 수가 349동이며, 그중 크게 보강해야 할 곳이 20동, 중보강이 72동, 소보강이 257동으로 밝혀졌으므로, 서울시는 15억 8,680여 만 원의 예산을 투입하여 두 차례로 나누어 보강하였다(1개 동은 철거).

1970년 4월 18일 신임 양택식 시장에게 임명장을 수여하는 자리에서 박 대통령은 시민아파트 계획을 전면 백지화하고 앞으로 건립하지 말 것을 지시한다. 그러나 서울시의 입장에서는 일시에 중단할 수 없었다. 와우 사건 이전에 이미 공약해 둔 것도 있고 또 건립 준비 중에 있는 것도 있어, 1970년에도 용산구 산천지구 등에 모두 12개의 시민아파트를 더 건립하였다. 여하튼 1968년에 최초로 건립한 금화지구 9동, 1969~1970년 건립분(철거분 제외)을 합쳐 1970년 말 현재로 서울시내에는 모두 432개 동 1만 7,300가구분의 시민아파트가 남아 있었다. 그중에서 적잖은 부분이 보강되었으나 1971년 이후는 보강보다 철거하는 쪽으로 정책을 전환한다. 1977년 말에 서울시 주택관리과에서 조사한 바에 의하면 1971~1977년간에 모두 101동이 철거되었고, 철거에 소요된 비용이 437개 동 건립비에 거의 맞먹는 50억 700만 원이었다.

전체 437개 동 중에는 튼튼하게 지어진 것도 있어 30년이 지난 2000년 3월 당시에도 65개 동 3,109가구분이 남아 있었는데, 그해 연말까지 모두 철거되었다고 한다(≪동아일보≫, 2000.3.14. 27면 기사).

■■■ 참고문헌

내무부. 1971. 「한국도시개발의 문제와 전망, 내무부 도시개발 세미나보고서」.
서울특별시. 1969. 「'69 시민아파트건립기본계획」.
＿＿＿. 1970. 「와우지구시민아파트 사고경위 및 대책」.
＿＿＿. 1970. 「'70 아파트건립사업기본계획」.
손정목. 1996. 『일제강점기 도시사회상연구』. 일지사.
＿＿＿. 1982.12. 「6·25를 전후한 대도시주택사정」, 서울시립대학 부설 수도권 개발연구소 연구논총.
정출도 「시민아파트」, ≪신동아≫, 1970년 5월호.
당시의 중앙지 신문 기사들

무령왕릉 발굴과 공주

공주라는 이름의 도시

'주(州)'는 큰 고을(大邑·大郡)이라는 뜻을 가지는 한자이다. 그러므로 고래로 많은 고을들의 이름에 주자를 넣게 되었다. 수원은 수주, 인천은 인주, 용인은 용주, 춘천은 춘주로 하는 따위였다. 아마 고려시대 말기에는 주자 이름을 쓰는 고을이 100개도 더 넘었을 것이다.

그러나 주자를 쓰는 고을이 너무 많다는 것은 결코 바람직한 일이 아니었다. 군·현의 질서를 교란시킬 우려가 있기 때문이었다. 그리하여 조선왕조로 바뀐 지 얼마 안 된 태종 13년(1413) 10월 14일(신유)에 각 도명 개편과 함께 읍호(邑號)도 개칭하면서, 종 2품 부윤의 임지와 정 3품 임지인 목(牧)이 아닌 고을의 이름에는 주자의 사용을 금지하는 결정을 내린다. 결국 이 결정으로 주자를 남기게 된 고을은 경기도의 양주·광주·여주, 충청도의 공주·청주·홍주, 강원도의

원주, 전라도의 전주·나주·제주, 경상도의 경주·상주·성주, 황해도의 해주·황주, 함경도의 길주, 평안도의 안주·의주의 18개뿐이었다. 그 후 원래는 목이었는데 일시 대도호부(大都護府)가 되었다가 다시 목이 되었다든가 국방상의 중요성 때문에 새롭게 목으로 승격되었다든가 하는 이유로 진주·충주(이상 정종 때), 전라도 광주(문종 때), 파주·삭주·정주(세조 때)같이 새롭게 주자를 붙이게 된 고을들이 있기는 했으나, 왕조 말에 이르기까지도 결코 25개 전후를 넘지 않았고 그 모두가 당시의 대읍(大邑) 또는 웅부(雄府)들이었다.

그러나 그렇게 주자를 단 고을에도 계서와 서열이 있었음은 당연한 일이다. 경주나 전주처럼 지난날 수도였던 곳, 구역이 넓고 인구가 많은 곳, 큰 장시(場市)가 섰던 곳, 관찰사 영이 있는 곳, 여러 고을의 중심에 위치한 곳(중심성), 물산이 풍부하고 세수가 많은 곳 같은 이유로 주자 고을 중에서도 큰 고을, 작은 고을의 서열이 생긴 것이다.

필자는 지금부터 20년 전쯤에 한반도 역사에서 차지하는 각 도시의 비중을 따져 서울·평양·경주·전주·개성의 다섯 개를 차례로 들고 공주가 그 다음 자리를 차지한다고 설명한 바 있다. 전국의 수많은 도시 중에서 공주를 그렇게 높은 자리에 놓은 까닭은 백제의 옛 서울에서 시작하여 충청도 제1의 웅부였으며, 조선왕조 500년을 통해 언제나 충청감영(監營)의 소재지였기 때문이다. 또 공주의 장시는 대구·강경 또는 대구·평양과 더불어 이 나라 3대 장시의 하나로 꼽혔다. 공주는 그렇게 행정적 측면뿐 아니라 경제적 측면에서도 한반도 굴지의 웅부였던 것이다.

조선시대 말까지 공주가 이렇게 국내 굴지의 대도시일 수 있었던 까닭은 9-90리의 중심에 위치한다는 지리상의 중심성 때문이었다. 보행이 주된 교통수단이었던 시대, 하루의 적정 교통량은 80리(약 32km)였다. 그리하여 군·현 소재지인 읍내(邑內)에서 다음 읍내까지의 거리는 대체로 60리에서 110리, 평균해서 80리 거리에 있는 것이 보통이었다. 예를 들어 경상도 경주를 중심으로 고찰하면 울산·언양·영천은 모두 80리 거리이고, 연일 60리, 흥해·장기는 110리 거리에 위치하였다. 전라도의 경우 전주에서 임실이 80리, 임실·남원·구례·순천이 차례로 80리씩, 순천~여수가 100리였다(물론 조선시대의 리 수치가 수학적 정확성을 지니는 것은 아니었다). 그런데 충청도, 그것도 충청남도는 계룡산이라는 예외가 있기는 하나 그 밖에는 별로 높은 산이 없어서 하루의 보행거리 평균이 80리보다 10리가 더 긴 90리였다. 그 대표적인 예가 공주인데, 공주를 중심으로 주변 아홉 개 고을[천안·아산·예산·대흥·청양·부여·논산·회덕(대전)·청주]이 각각 90리 거리에 위치하였다. 보행 위주의 시대에 공주는 바로 9-90리라고 하는 천혜의 중심성을 지닌 고을이었다.

삼한시대에 시작하여 조선시대 말까지 장장 2,000년간이나 이어 온 중심성이 19세기 말, 20세기 초에 걸쳐서 일시에 무너지게 된다. 철도의 등장 때문이었다. 경부선 철도가 완전 개통된 때는 1904년 11월 10일이었으며, 다음 해 1월 1일부터 영업이 개시되고 있다. 공주는 경부선 연선에 위치할 수 없게 되면서 그동안에 누려온 천혜의 중심성에 큰 타격을 입게 되었다. 보행에서 철도로 교통체계가 바뀌었기 때문이다.

호남선 철도를 놓게 되었을 때 경부선과의 분기점을 조치원으로 할 것인가 대전으로 할 것인가를 두고 적잖은 마찰이 있었다. 후보 노선을 측량한 일본인 기술자들도 당초에는 조치원에서 분기하여 공주를 거쳐 논산에 이르는 노선을 상정하였다. 공주가 지닌 중심성 때문에 훨씬 많은 물자와 승객을 수송할 수 있을 것으로 예상했기 때문이다. 그러나 러일전쟁을 힘겹게 치른 당시의 일본 국고는 가히 고갈 상태에 있었다. 그리하여 호남선 철도의 건설에도 '가장 적은 비용으로 빠른 시일 내에'라는 대명제가 붙게 되었다. 대전을 분기점으로 하면 금강에 철교를 가설하지 않고 논산까지 갈 수 있는데 비해 조치원에서 분기하여 공주를 경유할 때는 논산에서 금강을 건너야 했기 때문에 철교 건설이 불가피해져서 비용은 물론 공기도 훨씬 연장된다는 난점이 있었다. 결국 조치원이 아니라 대전에서 분기하게 되었다.

당시 호남선 분기점을 둘러싸고 비록 소수였기는 하나 대전지구 일본인과 조치원·공주 거주 일본인 사회에서 치열한 유치운동이 전개되었다. 실로 사활을 건 싸움이었다. 그런데 그런 와중에서도 오히려 공주 한국인 사회에서는 유림을 중심으로 맹렬한 철도 부설 반대운동이 전개되었다고 전해지고 있다. 철도를 놓게 되면 지맥이 끊어져서 고을의 명운이 다한다는 풍수지리설 때문이었다. 당시 그와 같은 반대운동은 비단 공주뿐만 아니라 유림세력이 강했던 거의 모든 고을에서 전개되었다(호남선이 광주 중심부를 비껴나서 약 3km 정도 떨어진 송정리를 경유한 것도 광주 유림들의 반대 때문이었다).

호남선 철도가 대전에서 기공된 때는 1910년 10월 1일이었고 전 노선이 개통된 때는 3년 3개월이 지난 1914년 1월 22일이었다. 경부선·호남선 철도의 개통으로 공주가 유사 이래로 지녀왔던 중심성의 상당 부분이 대전으로 옮겨간다. 대전은 충북과의 경계에 가까워 공간적인 측면에서 보면 충남의 중심은커녕 오히려 벽지에 위치한 고요한 한촌에 불과하였다.

공주에 있던 충남 도청을 대전으로 이전해 간다는 점에 관해서는 비단 공주 주민들뿐만 아니라 예산·당진·아산 등 이웃 고을의 주민들까지 합세하여 마치 독립운동과 같은 치열한 반대운동을 전개하였다. 그러나 당시의 조선총독부가 그런 운동에 굴복할 리가 없었기 때문에 반대운동은 결국 허사가 되고 만다. 충청남도 도청의 대전 이전이 확정·발표된 때는 1931년 1월 13일 오후 세 시경이었다. 그 후에도 여러 가지 우여곡절이 있기는 했으나 1932년 10월 1일을 기하여 그동안 공주에 있던 충남 도청은 대전으로 완전히 이전해 간다. 도청을 공주에서 대전으로 옮긴 보상으로 공주군민이 받은 것은 1932년 5월 10일에 기공하여 1933년 8월 15일에 준공된 길이 514m, 너비 6m의 금강 교량과, 그로부터 6년 뒤인 1938년에 그때까지 3년제였던 도립 공주사범학교를 5년제로 바꾸어 여자사범학교로 개편해 준 것이었다(공주여자사범학교가 오늘날의 공주교육대학으로 발전한다).

한반도에 최초의 읍제(邑制)가 시행된 1931년 4월 1일에 공주와 대전은 동시에 읍이 되었다. 아직 충남 도청이 공주에 있을 때의 일이다. 이렇게 같은 날짜에 읍이 되었지만 도청 소재지가 된 대전은 읍 승격 4년 반 뒤인 1935년 10월 1일에 부(府)로 승격되었다. 도청 소재지가 된 덕에 부로 승격된 대전은 하루가 다르게 발전해 간 데 비해 공주는 상대적으로 쇠퇴를 거듭하게 된다. 이 땅 안에 최초로 국세조사가 치러졌던 1925년 당시 대전과 공주의 인구는 각각 8,614명과 1만 690명이었고, 공주 쪽이 2,000명 더 많았다. 그런데 도청이 이전해 간 지 12년이 지난 1944년에는, 대전부는 7만 6,675명이었는데 비해 공주읍은 1만 8,271명이었다.

원래 주자를 단 고을은 큰 고을이었으므로 부 승격·시 승격도 빨랐다. 전주·광주·진주·해주는 이미 일제 강점기에 부로 승격되었고 광복 후 미군정시대에는 청주가 시로 승격되었으며, 대한민국 정부 수립 후에는 제주·경주·원주·충주 등지가 시로 승격되었다. 주자를 단 고을만이 아니었다. 광복 후 그리고 정부 수립 후, 춘천·이리·수원·여수·순천·포항·김천·강릉·진해·삼천포·의정부·천안·안동·안양·성남·부천·구미 등지가 줄줄이 시로 승격되었다. 이들 타 도시들의 부 승격·시 승격 기사가 보도될 때마다 공주읍민들의 감회는 과연 어떤 것이었을까를 생각해 본다.

그런데 그렇게 고요히 잠든 공주에도 찬란한 볕이 비칠 날이 있었으니, 바로 1971년 7월의 무령왕릉 발굴이었다.

세기의 대발굴

신라의 고도 경주시내 남쪽 지역 일대가 온통 고분군으로 메워지다시피 한 것과 마찬가지로 공주 시가지 안팎 여러 곳에도 고분군이 산재해 있다. 금학동 고분군이니 봉안리 고분군이니 하는 이름으로 불려지는 이들 공주의 고분군도 모두 나열하면 자그마치 열 군데는 되는 것으로 알고 있다. 그 여러 고분들 중 시가지에서 가장 가까운 곳에 있는 것이 송산리 고분군이다.

시가지 중심에서 약 2km 정도 서북쪽에 송산(宋山)이라는 이름의 나지막한 산이 있다. 산이라고는 하나 가장 높은 곳이 겨우 130m 정도이니 언덕이라고 하는 것이 더 어울릴 듯하다. 그 언덕의 남쪽 비탈면에 작은 계곡을 사이에 두고 약 10기 정도의 고분이 있는데, 그중 계곡의 동북쪽에 있는 네 개를 1~4호분, 서쪽에 있는 두 개를 5·6호분이라고 한다. 1~5호분은 1927년에 조선총독부에 의해 조사

되었고, 벽화가 있는 무덤인 6호분은 1933년에 가루베지온(輕部慈恩)이라는 일본인 고고학자에 의해 조사되었다. 조선총독부와 가루베가 조사했을 당시 이 무덤들은 이미 거의가 도굴된 흔적이 있었다.

공주지역 고분군을 샅샅이 답사한 것으로 알려진 가루베가 6호분을 조사할 때 5·6호분 바로 뒤편에도 고분 모양을 한 봉토가 있는 것을 감지했다고 한다. 그러나 그는 그 봉토가 앞에 있는 5·6호분을 위해 인공으로 만들어진 주산(主山)이라고 생각했지 독립된 무덤이라고는 전혀 생각하지 않았다는 것이다. 가루베가 그렇게 착각한 것은 실로 천만다행한 일이었다. 송산리 고분군이 사적 제13호로 지정된 때는 1963년 1월 21일이었다.

1970년경부터 석실분인 5호분과 벽돌무덤인 6호분 모두의 벽면으로 물이 스며 나와서 보존대책이 시급히 강구되어야 했다. 1971년도 예산에 방수대책비를 계상한 문화재관리국은 비용을 공주군에 시달하였고, 공주박물관장 김영배(金永培)가 공사에 입회하도록 지시하였다.

물이 스며드는 것을 막기 위해 이들 무덤 뒤로 배수로 공사가 시작된 때는 그해 장마를 앞둔 6월 29일이었다. 공사를 담당한 삼남건설 소속 한 인부의 삽이 전돌의 모서리를 친 때는 7월 5일이었다. 김영일 현장소장이 급히 김영배 박물관장을 찾았다.

공사 지점은 벽돌무덤인 6호분으로부터 북쪽으로 3m 정도 떨어진 곳이었다. 6호분에서 3m나 떨어진 위치에서 새로운 벽돌의 벽면이 발견되었다는 것은 정말 놀랄 수밖에 없는 일이었다. 공주박물관장 김영배와 공주사범대학 교수 안승주(安承周)는 흥분 속에 발굴 작업을 계속하였다. 그때 부여지구 문화재 확인조사차 문화재관리국 건축기사 윤홍로가 그곳에 와 있었다. 급히 연락을 받은 윤 기사가 현장에 달려가 보니 이미 널길(연도: 무덤으로 들어가는 입구) 앞면을 약 3분의 1 정도 파 들어간 상태였다. 보수공사보다는 발굴조사가 더 시급함을 인식한 윤 기사는 즉시 공사를 중지시키고 문화재관리국에 연락해서 조사단을 급파해 줄 것을 요청하였다. 보고를 받은 문화재과장 장인기는 즉각 문화공보부 윤주영 장관에게 보고하고, 국립박물관장 김원룡(金元龍)을 단장으로 한 조사단을 파견하기로 결정하였다.

문화재과장 장인기, 학예관 지건길·이호관·조유전 등 다섯 명의 조사단 일진이 7월 7일 아침에 공주에 도착했고, 김원룡은 한 발 늦게 오후 세 시경에 도착하였다. 이들 중앙에서 파견된 일행에다 공주에 거주하는 세 명(공주박물관장 김영배, 공주사대 교수 안승주, 공주교대 교수 박용전)이 합류하였다.

이미 벽체의 3분의 1 정도가 발굴되어 있었고 아치형의 전열도 나타나 있었다. 우선 벽돌로 된 벽체와 아치형 구조의 정체를 확인하기 위해 땅을 파기 시작했다. 오후 4시쯤이었다. 정상으로부터 약 1m 정도 파 내려갔더니 벽돌을 옆으로 쌓은 아치형 입구가 나타났다. 이 시점에서 그것 또한 벽돌무덤임이 확인된 것이다. 그런데 입구 앞 흙으로 쌓은 부분이 석회가 많이 섞여 너무 단단하여 작업이 쉽게 진전되지 않았다. 그때 바닥까지 다 내려가지 못한 채 시간은 저녁으로 들어갔지만 일단 입구부가 노출된 이상 경비 문제도 있고 해서 철야작업을 해서라도 발굴작업을 밤 사이에 끝내고 8일 아침부터는 연문을 열고 본 조사에 들어간다는 방침을 세웠다.

한편 이 무렵부터 벽돌무덤 출현의 소식을 들은 서울의 기자들이 모여들기 시작했는데, 마침 해질 무렵부터 내리기 시작한 비가 호우로 변하면서 작업현장에 물이 고이기 시작해 급히 서둘러 배수구를 설치할 필요성이 생겼다. 배수구를 만들지 않으면 물이 무덤 안으로 역류할 위험이 있었기 때문이었다. 배수구 설치가 끝난 시각이 자정 30분 전이었다. 조사단은 경찰관들에게 경비를 부탁하고 숙소로 돌아가 잠을 청했다.

이튿날 작업은 아침 여덟 시부터 시작되었고 투입된 인부는 12명이었다. 석회 섞인 단단한 흙을 굴착하는 작업은 난공사의 연속이었지만 오후 3시경에는 바닥 부분까지 내려갈 수 있었다. 그것이 왕릉인 줄은 꿈에도 생각지 못한 발굴단은 바닥 위에다 막걸리·북어·수박만이 놓인 간단한 제상을 차려놓고 간소한 위령제를 지냈다.

위령제가 끝나자 김원룡·김영배가 폐쇄부 맨 위의 벽돌 두 개를 들어냈다. 그때가 오후 4시 15분경이었다. 벽돌은 아래쪽 세 개 단을 제외하고는 전혀 접착제를 쓰지 않은 채 옆으로 쌓여져 있었으므로 한 장씩 빼내면 그만이었다. 처음에는 그 안쪽에 또 하나의 전열(塼列)이나 문짝 같은 것이 있을 줄 알았는데 벽돌 한 겹 뒤는 텅 뚫린 터널이었다. 들어낸 벽돌 틈으로 들여다보니 제일 먼저 눈에 들어온 것이 연도 앞쪽에서 바깥쪽을 바라다보고 서 있는 뿔 한 개 달린 돌짐승이었고, 그 앞에 놓여 있는 두 장의 석판(지석)이었다. 정말로 놀라운 장면이었다. 그 무렵 무덤 바깥은 발굴 관계자, 보도진, 구경꾼으로 메워져 있었다. 만약 두 사람이 흥분된 기색을 나타내었다가는 필시 사람들이 떼를 지어 몰려올 것이 틀림없었다.

아무 소리 없이 계속 벽들을 들어내다가 문턱 정도까지 내려갔을 때 연도 안으로 들어가 돌짐승 앞으로 다가갔다. 커다란 입에 붉은빛을 띠며 떡 버티고 서 있는, 난생 처음 보는 돌짐승이었다. 돌짐승만 쳐다보고 있을 노릇이 아니었다. 우선 누구의 무덤인지 확인할 필요가 있었다. 허리를 구부리고 석판을 들여다보니 동쪽 석판의

무령왕릉에서 출토된 돌짐승(국보 제162호)

첫줄에 "요동대장군백제사(遼東大將軍百濟斯)"의 여덟 자가 달필의 해서로 새겨져 있고, 둘째 줄에는 "마왕년육십이세계(麻王年六十二歲癸)"로 이어지고 있었다. "사마왕은 무령왕이다." 백제사에 밝은 김영배가 작지만 힘에 찬, 흥분을 억누른 소리를 지른다. 서쪽 석판은 "병오년 11월 백제국 왕대비 수종(壽終)"으로 시작되는 왕비의 지석이었다.

일단 무령왕과 그 왕비의 능임을 확인하자 안으로 더 들어가 무덤 안을 둘러보았다. 널길에 나뒹굴 듯 넘어져 있는 항아리들, 장구한 시간에 걸쳐 무너져 내린 관곽의 파편들, 그 사이사이로 금빛의 유물들이 빛을 발하고 있었다. 널길이 끝나는 천장에서는 벽돌 사이를 뚫고 들어온 나무뿌리들이 장막처럼 드리워 있고 무덤 바닥에도 잔뿌리들이 마치 양탄자처럼 깔려 있었다. 전혀 도굴되지 않은 완전한 처녀분임이 확인된 순간이었다.

이것은 한국 고고학의 역사상 한 세기에 한 번 있을까 말까 하는 대발견이었다. 만약에 6호분 배수로를 파고 내려가던 인부의 삽이 약간만 비껴갔더라면 결코 일어나지 못했을 이 무덤의 발견이 세기의 대발견이 된 데는 크게 두 가지 이유가 있다.

첫째, 그것이 백제 고분 중에서는 극히 드물게 보는 처녀분이었다는 점이다. 신라의 고분들은 대개 나무 널을 놓고 그 둘레를 겹겹이 돌로 쌓는 목곽적석분(木槨積石墳)이기 때문에 도굴이 쉽지 않아 이른바 처녀분이 적잖은 데 비해, 고구려·백제의 고분들 대다수는 널 둘레를 공동(空洞)으로 두고 그 위에 돌 또는 벽돌을 두른 석실분·전축분이기 때문에 거의가 도굴된 흔적을 지니고 있었다. 말하자면 도굴꾼들에 의해 이미 도굴된 상태인 것이 대부분이었다. 그런데 무령왕릉은 백제의 왕릉이면서도 완전한 모습의 처녀분이었다는 데 큰 의의가 있는 것이다.

무령왕릉 발굴 완료 후의 현실 내부

둘째, 그것이 백제 제25대 무령왕과 왕비의 능으로 확정된 점이었다. 20세기 들어서 경주·평양·공주 등지에서 숱하게 많은 고분들이 발굴되었고, 그중에는 경주의 금관총·서봉총·천마총·황남대총 등의 경우처럼 분명히 왕릉으로 추정되는 무덤이고 그에 상응하여 엄청나게 많은 부장품이 출토되기는 했으되 그 어느 것에서도 왕을 특정할 수 있는 증거품이 출토되지 않았는데, 유독 무령왕릉에서는 그것을 확정할 지석이 나왔으니 실로 엄청난 대발견이었던 것이다.

무덤 안에 들어간 지 20분이 지난 오후 4시 30분, 두 사람은 일단 밖으로 나갔고 몰려드는 발굴단원, 신문기자들에게 이 무덤은 무령왕과 왕비의 지석을 갖춘 완전분임을 발표하였다. 그리고 보도진의 요청을 받아들여 연도 입구 밖에서 내부를 향해 사진을 찍게 했다. 그러나 혼잡과 발굴작업의 지연을 막기 위해 각 언론사마다 순서를 정했고 시간은 2분씩으로 제한하였다.

새로 발견된 봉분이 무령왕릉이라는 소식은 전파를 타고 삽시간에 전국에 번져나갔고 맹렬한 취재전이 전개되었다. 문자 그대로 전쟁이었다. 사진기자들은 시간제한 따위는 아랑곳없이 카메라를 들고 연문에서 떠나지를 않았다. 그리고 연도에 들어서서는 안 된다는 엄중한 지시에도 불구하고 누군가가 안으로 들어가서 근접촬영을 시도하다가 육이호(六耳壺) 옆에 있는 청동 숟가락을 밟아 부러뜨리는 불상사까지 일어나고 말았다.

연대와 명문이 뚜렷한 왕릉의 발견이라는 것은 고고학자 개인에 있어서도 평생에 한 번 있을까 말까 하는 큰 행운이었다. 그 같은 행운이 현실로 나타났을 뿐 아니라 경향각지에서 모여든 수많은 취재진들 틈에 끼이면서 발굴단장 김원룡의 멀쩡하던 머리가 돌게 되었다는 것이다.

김원룡은 1945년에 경성제국대학 동양사학과를 졸업하고 1947년부터 국립박물관에 들어가 고고학을 연구하였다. 1961년에 서울대학교에 고고인류학과가 생기자 초대 학과장을 맡아 한국 고고학을 궤도 위에 올려놓았고, 1970년에 다시 국립박물관에 돌아가 중앙박물관장을 맡은, 명실 공히 한국 고고학계의 제1인자였다.

흥분의 극에 달하여 이성을 잃은 것은 다른 발굴단원들도 마찬가지였다. 기자들이 사진을 찍는 동안에 발굴단원들끼리 발굴 방침에 관한 회의를 열었다. 회의의 결론은 '될 수 있는 한 빨리 발굴을 끝내는 것이 보도진이나 구경꾼들과의 마찰과 사고 방지에 효과적'이라는 것이었다. 그러나 조급한 발굴 방침 수립은 이 역사적인 유적 발굴에 졸속이라는 오점과 후회막급의 한을 남기게 한다.

일단 방침이 세워지자 그 뒤의 진행은 빨랐다. 급히 마련된 발전기로 현실(玄室) 안에 전등을 켜고 발굴 착수 전 원상을 기록하기 위해 사진을 찍고 실측도를 작성하였다. 이 작업은 밤 10시에 끝났고 이어서 유물 수집과 반출 작업이 시작되었다. 큰 유물만 대충 수거하고 나머지는 풀뿌리째 큰 삽으로 무덤 바닥에서부터 훑어서 자루에 쓸어 담았다. 실로 어이없는 작업이었다. 여러 달이 걸려야 할 작업을 하룻밤에 해치운 것이다.

철야작업이 진행되는 동안 무덤 밖에서는 경찰과 보도진, 구경꾼들이 지켜보는 가운데 수습된 유물들은 즉시 공주박물관으로 옮겨졌다. 자그마치 108종 3,000여 점에 달하는 유물들이 모두 수습된 것은 다음날(9일) 아침 여덟 시경이었다. 10여 시간의 작업으로 무덤 내부의 수습이 완전히 끝난 것이었다.

발굴 후의 과정

무령왕릉 발굴은 큰 사건이었다. 충남 도청이 대전으로 옮겨 간 1932년 이후로 공주는 조용한 고을이었다. 도시라는 표현보다는 고을이라는 표현이 적절한 대취락에 불과하였다. 그러므로 한국사에 정통하지 않은 대다수 국민들에게는 공주라는 이름이 잊혀진 지 오래였다. 실로 40년에 걸쳐 그렇게 잊혀져 간 고을이 어느 날 갑자기 각광을 받았다. 한 무덤의 발굴 때문이었다.

모든 무덤의 발굴에는 크고 작은 액이 따른다고 했는데 하물며 왕릉의 발굴이었으니 숱한 말썽이 따른 것은 당연한 일이었다. "왕릉 입구를 파헤치자 천둥번개와 함께 소나기가 쏟아졌다.", "현실 문을 열자 오색의 무지개가 섰다.", "바깥 공기가 일시에 안으로 들어

가서 모든 유물이 순식간에 썩고 부서졌다.", "바깥 공기를 쐬자 돌짐승의 뿔이 녹아서 떨어졌다"와 같은 유언비어가 고을의 구석구석에 퍼졌고, 어떤 것은 서울에까지 전파되었다. 그런 유언비어가 퍼진 이면에는 모든 자극에서 장기간 소외되었던 공주 주민들이 오랜만에 느끼게 된 흥분이 자리 잡고 있었다. 7월 11일의 공주 장날은 인산인해를 이루었다. 물건을 사러 왔다기보다는 무령왕릉을 둘러보겠다는 일념 때문이었다.

그런 흥분이 가라앉고 이성을 되찾게 된 주민들이 다음 순간에 느낀 것은 그 숱한 보물들을 서울에 빼앗기지 않을까 하는 두려움이었다. 대전에 도청을 빼앗긴 체험을 통해 한번 떠나간 것은 다시는 되돌려지지 않는다는 것을 뼈저리게 알고 있었다.

수습된 유물들은 공주박물관 내에 임시로 수장되어 있었다. 1971년 당시의 공주박물관 건물은 조선시대 충청도 관찰사의 본관 건물인 선화당(宣化堂)이었다. 도청이 대전으로 옮겨간 후 그때까지 관현리에 있던 관찰사 건물이 헐리게 되었을 때 공주고적보존회, 공주고적현창회 등의 민간단체가 그 건물을 해체하여 지금의 박물관이 있는 중동의 영산공원으로 옮기고 유물들을 모아 박물관으로 사용해 온 것이 광복 후 국립박물관 공주 분관으로 승격된 것이다. 그러나 당시의 공주박물관은 80여 평의 단층 목조건물로 비좁기도 했지만, 당장 무령왕릉 출토 유물의 보관시설이 전무한 형편이었다. 직원도 관장 외에 단 두 명뿐이었으니 유물의 분실을 막을 방법도 없었다고 한다.

7월 12일 오전에 문화재관리국장·국립중앙박물관장을 대동하고 공주에 내려간 윤주영 문화공보부 장관은 발굴이 끝난 무령왕릉과 유물들을 둘러본 후, "발굴 유물의 정리와 수리를 위해 서울로의 이송이 불가피해졌다. 공주박물관은 금년 가을에 착공하여 두 배로 증축하겠다. 서울로 이송해 간 유품은 2~3년 내에 완전 수리·정리하여 모두 신축된 공주박물관에 옮겨와 전시토록 하겠다"라고 발표한다. 그러나 공주 군민들은 윤 장관의 느닷없는 서울 이송 발언에 술렁이기 시작한다.

그날 오후 두 시경부터 공주군민 약 9,000여 명과 중·고등학교 학생들까지 합쳐 약 1만여 주민이 공주박물관을 둘러싸고 "국보는 우리를 떠날 수 없다"는 등의 현수막을 내걸고 농성을 벌이기 시작한다. '백제유품공주보존 투쟁위원회'라는 것이 서둘러 구성되어 이복문(李福文)이라는 유지가 위원장에 선출되었다. 투쟁위원회는 경비원 다섯 명을 별도로 배치하여 경찰과 함께 박물관에 보관 중인 유물을 지키는 한편, 도 당국과 협의하여 무령왕릉의 성역화사업도 서두르기로 했다.

그러나 마침 장마철을 맞이하고 있었다. 보존처리를 서두르지 않으면 일부 유물은 부식될 염려까지 있있다. 12일부터 지방순시차 서울을 떠나 13일에 충남·북을 순시 중이던 김종필 국무총리가 급히 비서실장을 공주로 보내 유지들을 설득하기에 나선다. "공주 유물 수리·정리, 새 박물관 건립, 수리·정리된 유물 전량을 단 하나도 빠짐없이 공주로 돌려보내겠다. 내가 책임지고 그렇게 할 터이니 나를 믿어달라"는 것이 김 총리의 약속이었다. 부여 출신으로서 공주에서 중학교(구제)를 졸업한 김 총리의 설득은 절대적인 힘을 발휘한다.

김원룡 발굴단장은 14일 오전, 출토된 유물 중에서 상태가 아주 나쁜 청동제 신발을 들고 농성 중인 투쟁위원회 간부들 앞에 나갔다. "이 청동제 신발은 보시다시피 중병에 걸려 있다. 공주에는 이 병을 고칠 병원이 없다. 빨리 서울의 큰 병원으로 옮기지 않으면 썩어 없

무령왕릉에서 출토된 왕의 관식
(국보 제154호)

어지고 만다. 그래서 유물 보존 처리를 위해 서울로 옮기겠다는데도 계속 막을 것인가. 그렇다면 좋다. 모든 것은 공주 사람들이 책임져라"고 한 뒤, "보존처리는 원자력연구소에서만 가능한데 원자력연구소를 공주로 옮겨 올 수는 없는 일이 아니냐, 유물 보존을 위해서는 서울로 이송할 수밖에 다른 방법이 없다"고 역설한다. 마침내 투쟁위원회가 고집을 꺾는다.

서둘러 문화재 운반을 위한 목재 상자를 마련했다. 15일 하루 동안 준비를 마치고 16일 자정이 넘어서야 포장을 시작했다. 현지 경찰관 다섯 명과 함께 문화재관리국 직원들이 호위한 유물이 서울 관 2-277호 반트럭에 실려 공주를 출발한 시각은 새벽 다섯 시경이었다. 고속도로 위를 되도록 천천히 달려 9시 40분쯤에 유물이 덕수궁 국립박물관에 들어서자 기다리고 있던 직원들은 일제히 함성을 질렀다. 마치 잔칫집 같은 분위기였다.

1971년 당시 공주를 중심으로 한 충남 서부 일대는 지역적으로 매우 침체되어 있었다. 한 해 전에 경부고속도로가 개통되었지만 공주에서는 멀리 떨어져 있었고, 국내 여러 곳에서 공업단지 조성이 논의되고 있었지만 공주 주민들에게는 항상 대안의 화제일 뿐이었다. 전국을 뒤덮다시피 한 개발의 물결에서 공주지역은 완전히 소외되어 있었던 것이다. 무령왕릉 발굴은 바로 그런 시기에 일어난 일이었다. 비록 금관은 출토되지 않았지만 왕과 왕비의 금제 관식(冠飾) 등이 출토되어 신라의 금속공예품에 비해 결코 손색이 없다는 것, 경주에서는 출토된 일이 없는 묘지석, 돌짐승, 두침(頭枕), 족좌(足座) 등이 출토되어 백제 왕실의 습관, 문화 정도, 묘제 등이 밝혀졌다는 것 등은 그동안 쌓이고 쌓였던 공주 사람들의 소외감을 씻어주고도 남았다.

도청이 대전으로 옮겨간 후 공주라는 지명은 서서히 잊혀져 가고 있었고, 충청도가 아닌 다른 지방의 경우 초등학생은 물론 중학생들까지도 공주를 알고 있는 학생의 비율이 결코 높지 않았을 것이다. 그런데 무령왕릉 발굴은 그와 같은 사정을 완전히 바꾸어 놓았다. 공주는 충남의 한 개 고을 이름에서 일약 전국적인 이름이 되었다.

무령왕릉 발굴로 충격을 받은 것은 일본 고고학계 또한 마찬가지였다. 무령왕은 중국의 남조와 가까워 요동대장군이라는 칭호는 양(梁)나라에서 받은 것이지만 일본 조정과도 깊은 관계를 맺어 오경박사 단양이(段楊爾)·고안무(高安茂) 등을 일본에 보냈다는 것 등은 일본의 정사인 『일본서기(日本書紀)』에 편년체로 기록되어 있다. 그러나 그 기록을 뒷받침할 만한 물증이 없어 전설처럼 취급되어 왔는데, 무령왕릉 발굴로 인해 『일본서기』의 기록들이 훨씬 현실성을 지니게 된 것이다.

연건평 2,082.3m²인 국립 공주박물관 신관 건물이 준공된 때는 1972년 12월 30일이었고, 무령왕릉 출토 유물 2,561점을 중심으로 화려한 개관식을 가진 때는 1973년 5월 1일이었다. 그리고 공주박물관이 보관·전시 중인 무령왕릉 출토 유물 중 12종 15개 품목이 국보 제154~165호로 지정된 때는 1974년 7월 9일이었다.

국립박물관 2000년도 연보에 의하면 공주박물관 연간 관람자 수는 중앙·경주의 두 박물관에는 크게 못 미치지만, 그래도 다른 지 방박물관 중에서는 가장 으뜸이고 외국인 관람자 수에 있어서도 마 찬가지였으니 자랑할 만한 일이다. 공주가 시로 승격된 것은 1986년 1월 1일이었다.

■ ■ ■ 참고문헌

공주대학교 백제문화연구소 편. 1991.『백제무령왕릉』.
국립중앙박물관. 2001.『2000 국립박물관 연보』.
김원룡. 1996.『나의 인생 나의 학문』. 학고재.
김정학 편. 1995.『韓國의 考古學』. 河出書房新社.
문화재관리국 편. 1974.「무령왕릉 발굴조사보고서」.
손정목. 1996.『일제강점기도시화과정연구』. 일지사.
조유전. 1996.『발굴이야기』. 대원사.
각종 대백과사전. 당시의 중앙지 신문들

자동차 사회가 되기까지
한국 자동차 100년의 역사

한국 사회 최대의 변화 요인, 자동차

20세기는 5000년간 계속되어 온 인간의 생활을 근본에서부터 송두리째 바꾸어 버린 그런 100년이었다. 한국의 경우를 예로 들면, 종로 네거리에 (전기)가로등 세 개가 처음 점등된 때가 1900년(광무 4년) 4월 10일이었다. 한국의 20세기는 전기에서 시작되었다고 해도 크게 틀리지 않을 것 같다. DDT와 페니실린이 한반도에 들어온 때는 1945년 9월 8일, 미군이 인천에 상륙하면서부터였다. DDT, 페니실린, 마이신 등의 항생물질 덕에 한국인의 수명이 두 배 가까이 늘어났다. 피임약(Pill)과 세탁기·청소기 등의 가전제품이 여성을 가정과 육아에서 해방시켰다. 여성의 생활이 완전히 달라지게 된 것이다. 1가구 1전화의 실현과 휴대전화라는 이름의 전화 개인화가 인간의 생활공간을 얼마나 확장해 버린 것인지는 헤아릴 수가 없다. 컴퓨터와 인터넷이라는 것이 이렇게 빨리 일반화되어 인간의 공간거리, 의식거리를 0에 가깝게 단축시킬 날이 오리라고는, 솔직히 지금부터 10년 전까지만 해도 예측할 수 없었다.

그런데 그와 같은 숱한 변화의 요인들 중에서 한국의 도시와 도시 생활을 변화시킨 가장 큰 요인을 들라면 필자는 20세기 전반기는 전기와 전차, 20세기 후반은 자동차와 고속도로라고 생각한다. 경부고속도로가 완전 개통된 때는 1970년 7월 7일이었다. 그런데 그해 (1970년) 12월 말 현재 전국 각 시도에 등록된 차량(승용·승합·화물)의 총수는 12만 5,409대였고, 서울시에 등록된 차량 총수는 5만 9,000대였다. 자가용 승용차의 경우 1970년 말 현재 전국이 2만 8,687대, 서울이 2만 2,043대, 부산이 2,223대, 인천을 포함한 경기도가 1,140대였다(『교통통계연보』, 1971) 그것이 30년이 지난 2000년 말의 경우 전국의 차량 합계가 1,205만 9,276대, 서울이 244만 992대로 집계되어 있다. 자가용 승용차의 경우 전국 합계가 779만 8,452대, 서울이 170만 9,948대, 부산이 52만 274대, 인천(42만 6,612대)과 경기도(165만 2,112대) 합계가 207만 8,724대로 집계되어 있다(『건설교통통계연보』, 2001).

경부고속도로가 개통된 1970년으로부터 만 30년이 지난 2000년까지 전국의 자동차 수는 96배, 자가용 승용차에 국한해 보면 전국이 272배, 서울이 78배, 부산이 234배, 인천·경기도가 1,823배라는 놀라운 증가세를 보이고 있다. 1970년 당시는 531.4인당 자동차 한 대였는데 '88 하계올림픽' 당시는 37.6인당 한 대, 2000년 말에는 5.8인당 한 대, 약간 과장되게 표현하면 온 마을 안이 자동차 천지나 다름없다. 결론적으로 1971~2000년의 30년 동안 한국의 전 국토에는 자동차에 의한 공간혁명이 일어난 것이다. 아마 앞으로도 당분간 자동차 증가 추세는 멈추지 않을 것으로 전망된다. 1가구 1자동차 시대는 머지않아 실현될 것이고, 여유가 있는 가구에는 두 대를 넘어 서너 대를 보유하기도 할 것으로 전망되고 있다.

이렇게 자동차가 늘어나고 도로가 정비되어 시간거리가 단축되면서 한국 사회 전반에는 실로 엄청난 변화가 일어났다. 우선, 생활권의 확장이다. 서울에서 고속도로로 목포나 진주·삼천포까지 하루에 왕복할 수 있다. 농촌─중소도시─대도시라는 도시 체계가 무너진 것은 벌써 옛일이 되어 가고 있다. 체계니 계서(階序)니 하는 과정이 붕괴된 것이다. 농어촌이 먼저 와해되었고 이어서 중소도시도 와해되었다. 엄청나게 많은 중소도시가 공중분해되어 인구의 절대 수 감소 현상에 허덕이고 있다. 절대 수가 감소되지는 않았지만 적어도 지난 10~20년 동안 인구가 거의 늘지 않은 중소도시가 허다하다. 그 모두가 자동차 때문만은 아니지만 자동차가 중요한 요인이 되고 있는 것만은 부인할 수 없다. '농촌에서 중소도시를 거쳐 대도시로'라는 질서가 무너져서 중소도시의 존재 가치가 사실상 소멸해 버린 것이다.

농촌─도시의 체계도 체계이지만 도시의 형태에도 엄청난 변화가 생겼다. 모든 대도시의 외연이 거침없이 확대되었고 저층─중층─고층의 계서도 무너졌다. 도심부와 교외부를 가릴 것 없이 모든 건물은 고층만을 지향하고 있다. 도로공간과 주차공간 확보가 그 주된 원인이다.

자동차를 몰고 다니는 개개인의 생활에도 변화가 일어나고 있다. 자동차라는 이름의 노예가 생겼으니 상전된 몸에 변화가 일어나는 것은 당연한 일이지만, 동시에 그 노예 때문에 입게 되는 생활상의 제약 또한 적은 것이 아니다. '몇 시까지'라는 시간의 부담도 생기고 주행공간·주차공간 등 공간상의 부담도 있다. 더 좋은 자동차를 가져야 신분 상승을 자랑할 수 있다는 대외적·홍보적 압력 또한 작은 것이 아니다. 자동차라는 노예를 부리면서 실상은 조금씩 조금씩 자동차의 노예가 되어 가고 있는 것이 아닐까.

　20세기 말, 21세기 초의 한국 사회를 '자동차 사회'라고 표현해도 크게 잘못이 없다. 아래에서는 한국 사회가 자동차 사회가 된 과정을 고찰해 보기로 한다.

도입에서 1950년까지

자동차의 도입: 1903년 설의 검증

　자동차가 1903년에 들어왔다고 처음 퍼뜨린 사람이 누구인지를 알 수가 없다. 필자가 본 것으로는 1974년에 발간된 『신생활 100년(한국 현대사 7)』에 "우리나라의 자동차 보급은 1903년 고종 황제가 미국에서 승용차 한 대를 구입한 데서 비롯되며"(『신생활 100년』, 288쪽)가 처음이며, 이어 이듬해(1975년)에 발간된 윤준모(尹準模)의 『한국자동차 70년사』에는, "우리나라에 자동차가 처음 들어온 것은 1903년, 고종 황제가 우리나라에 와 있는 외국 공관을 통하여 미국에서 승용차 한 대를 구입한 데서 비롯된다"(『한국자동차 70년사』, 31쪽)라고 기술되어 있다.

　위 두 개의 기술에 뒤이어 1903년 자동차 도입설은 도처에서 볼 수 있다. 예컨대 1981년에 한국도로공사에서 발간한 『한국도로사』 184쪽에도 "자동차가 처음 등장한 것은 1903년(광무 7)의 일이었다"라고 기술하고 있고(184쪽), 오원철의 『한국형 경제건설』 제4권 20쪽에도 "고종 황제가 즉위 40주년을 맞아 외국 공관을 통해서 미국 차를 한 대 수입했다고 한다"라고 기술되어 있다. 이런 기술들에서 대단히 흥미로운 것은『신생활 100년』의 기술 이후 설명이 거듭될수록 한마디씩 군더더기가 붙여진다는 점이다. 더욱더 진실에 가깝게 표현하려는 노력임을 알 수가 있다. 결론적으로 말하면 필자는 1903년 도입설에 찬성하지 않는다. 그것은 거짓이라고 생각하기 때문이다. 그렇게 결론짓는 이유는 다음과 같다.

첫째, 필자는 당시의 사료들,『고종·순종실록』,『일성록』, 구한국 외교문서 등을 모두 뒤져보았는데 그 어디에서도 1903년에 자동차를 들여온 흔적을 찾을 수가 없었다.『일성록』등에는 고종이 감기에 걸린 것까지 모두 기술해 두었고, 지방에서 약간 규모가 큰 화재가 난 것도 모두 기술해 두었는데, 당시로 보아서는 신기하기 비길 바 없는 자동차의 도입에 대해 일체의 언급이 없는 것은 이해할 수가 없다.

둘째, 왕실에서 전등을 처음 도입했을 때 주한 미국 공사관과의 사이에 조복문서가 여러 번 교환되고 있는데, 만약에 자동차도 미·영·일 등 외국 공관을 통해 들어왔다면 당연히 상호간에 교환된 문서가 남아 있을 텐데 아무런 문서도 없는 점으로 보아 1903년 도입설을 믿을 수가 없다.

참고로 일본에 자동차가 처음 들어간 때는 1900년, 황태자(훗날의 다이쇼천황)의 성혼을 축하하기 위해 샌프란시스코에 거주하는 이민회가 전기자동차 한 대를 헌상한 것이다. 그런데 누가 운전하느냐, 충전은 어떻게 하느냐 등의 문제로 옥신각신하다가 결국 기관차 운전자를 고용하여 발차를 해 보았는데, 100m도 가지 못한 채 브레이크에 고장이 나서 궁성 둘레의 해자에 빠져 버려 끝장이 났다고 한다. 그런 다음에 일본에 자동차가 등장한 때는 1903년, 오사카에서

황실용으로 쓰인 두 대의 자동차(흔히 1903년에 들어온 차 또는 대한제국시대의 차라고 소개되고 있으나 이 차는 포드 1917년형으로서 1917년 이후에 들어온 차이다).

개최된 권업박람회에 구경거리 전시품으로 버스 한 대가 선보였다는 기록이 있다. 일본에서 자동차가 실용품으로 도입된 때는 1907~1908년 포드 4기통 20마력 T형 차가 생산·보급된 뒤부터의 일이었다. 아마도 한반도에는 그보다도 2~3년 뒤에 들어왔을 것이다. 우리나라에 자동차가 들어온 최초의 시기는 1911년이었다. 그해 조선총독부에서 승용차 2대를 관용으로 들여와서 한 대는 총독용으로, 다른 한 대는 왕실용으로 했다는 것이다. 공식 기록인 동시에 가장 믿을 수 있는 기록이다.

우리나라에서 자동차로 최초로 영업을 시작한 때는 1912년 4월이다. 일본에서 건너 온 곤도미치조라는 자가 당시 을지로에 거주했던 오리이가이치란 자와 조선인 갑부 이봉래(李鳳來)와 더불어 공동 출자금 20만 엔으로 오리이 자동차상회라는 회사를 세워, 요코하마에 있던 아메리카 상회와 계약하여 포드 T형 차 두 대를 들여와서 서울에서 시간당 5엔의 임대비를 받고 영업을 했다고 한다. 당시 서울 거리에는 인력거와 교자, 목에 방울을 단 조랑말이 달리고 있을 정도였다는 것이다. 철도는 이미 개통되어 있었지만 도로교통수단은 겨우 가마나 수레, 달구지밖에 없었던 시절, 자동차의 등장은 혁명적인 사실이었다. 1912년에 오츠카긴지로라는 자가 승합차(버스) 영업허가를 경상북도에 제출했을 때 관민(官民)간에 자동차란 어떤 물건인가가 화제가 되었는데, "말(馬)보다 빠르다고 한다. 아니, 기차보다도 더 빠르대"라는 논란이 벌어졌다고 한다. 이때 경상북도(대구~경주~포항 간)에 취업한 자동차는 겨우 한 대뿐이었으며, 1일 1왕복이었고 차량 번호가 '경북 1호'였다는 것이다. 최초의 자동차들을 이렇게 신기한 눈으로 바라보았지만 영업은 결코 평탄하지 않았다고 한다. 서울의 오리이 자동차상회는 영업 개시 2년 만에 40만 엔 가까운 손실을 보고 사실상 파산해 버렸고, 버스 한 대로 대구~경주~포항 간을 운영했던 오츠카 자동차회사도 1923년 4월에는 다른 회사에 매수·합병되고 있다.

영업은 결코 쉽지 않았지만 그 편리함은 인정되어 1913년경부터는 총독부의 고관, 조선군사령부의 고급 군인, 주한 외교관 중 일부, 구왕실, 윤택영(尹澤榮)·이완용(李完用)·박영효(朴泳孝) 등 친일 귀족들을 중심으로 한 대, 두 대씩 승용차가 늘어 갔으며, 호기심으로 임대자동차를 빌려 타는 자도 늘어나고 있었다. 1937년에 조선총독부가 발행한『조선토목사업지』71쪽에 육상운반구 누년비교표라는 매우 귀중한 통계자료가 소개되어 있는데, 그중 자동차는 1911년 이후 다음과 같이 수가 증가하고 있다.

연도	1911	1912	1913	1914	1915	1916	1917	1918	1919	1920
수(대)	2	6	31	43	70	89	114	212	416	679

1930년대 말까지의 자동차

도시와 도시를 연결하는 승합자동차가 우리나라에서 자동차가
늘어나게 된 주요 원인이었다. 승합자동차라고 해 봤자 오늘날의 버
스는 아니었으며, 처음에는 겨우 포드 8인승이었고 점점 규모가 커져
서 1930년대 말경에는 36인승 정도의 것도 있었다. 승합차 영업 1호
는 대구~경주~포항 간을 부정기로 운행한 경북 1호였지만 1913~
1914년경부터는 점점 그 수가 늘어나 경성~장호원 간, 경성~춘천
간, 예성강 입구의 벽란도~황해도 해주 간, 부산~마산 간, 마산~진
주 간 등에 영업이 개시되었다. 이리하여 승합차 영업은 점차 전 조
선으로 범위를 확대해 갔다. 결국은 서울~춘천 간, 부산~마산 간,
마산~진주 간에도 모두 철도가 부설되지만, 철도가 개통되기 이전에
주요 도시를 연결하는 데는 승합자동차가 가장 편리했을 뿐 아니라
사실상 유일한 교통수단이었던 것이다.

1928년에 조선총독부 경무국에서 발간한 『승합자동차 운전상
황』이라는 책자가 전해지고 있다. 이 책자에 의해 다음과 같은 사실
을 알 수가 있다.

첫째, 당시 전 조선 내에는 모두 615개의 버스 노선이 있었으며
서울~제천, 서울~충주 등의 원거리도 있었으나, 반대로 서울~개운
사(안암동) 간, 서울~정릉 간, 행당동(성수동)~광나루 간, 행당동~뚝
섬 간 등 매우 가까운 거리도 시외 노선버스가 다니고 있었다.

둘째, 서울~제천 간이 열 시간 10분, 서울~충주 간이 일곱 시간
50분, 서울~춘천 간이 다섯 시간 30분이나 걸렸다고 기록되어 있다.
이렇게 소요 시간이 길었던 것으로 보아 당시의 도로 사정이 얼마나
열악했는지, 또 당시의 자동차 주행능력이 얼마나 더딘 것이었는지

를 짐작할 수 있다.

셋째, 소요 시간도 문제였지만 더 흥미를 끄는 것은 요금이었다. 서울~제천 간이 9원 60전, 서울~충주 간이 6원, 서울~춘천 간도 6원, 행당동(성수동)~광나루 간이 60전이었다. 전문학교를 나온 회사원 한 달 원급이 30원 하던 시대였고 쌀 한 가마니 값이 가장 비쌀 때도 2원을 넘지 않는 시대였으니, 서울~춘천 간 요금이 6원이라는 것은 너무나 고액이었다. 결국 승합자동차를 탈 수 있는 사람은 한정될 수밖에 없었고 사회 전반이 폐쇄적일 수밖에 없었다.

요금이 이렇게 비싼 데는 자동차 값이 비싼 데도 원인이 있었다. 지금처럼 한 달 월급으로 중고차 한 대 구입할 수 있다는 식이 아니었다. 일본에서 몇 년간 타다가 온 중고 버스도 500엔은 넘었고, 신품이면 1,000엔 정도는 줘야 했다. 즉, 자동차 한 대 값이 집 한 채 값보다 더 비쌌다. 이렇게 자동차 값이 비싼 이유는 그것이 수입품이었기 때문이다. 포드 4기통 T형 차 이후 대량생산이 가능해져서 자동차 값이 대중화되었다 할지라도 조선인 사회에서는 대단한 귀중품일 수밖에 없었다. 1933년에 남만주철도(주) 조사부에서 발간한 『조선의 자동차에 관하여』라는 책자에서는 당시의 승합자동차(버스)에 대해 다음과 같이 설명하고 있다.

조선에 있어서의 승합자동차는 주로 포드, 시보레가 사용되고 간혹 국산자동차인 우즈레를 볼 수 있다. 승객용 차량은 대부분이 8인승이며 때로 14인승도 있다. 그 모양도 상자형은 적고 포장(幌)형이 많다. 이것은 조선과 같이 산악지대에 사용하는 차량은 특히 밸런스에 유의해야 하기 때문에 중력 중심이 가급적 차량의 밑부분에 있어야 하기 때문이다. …… 또 차량의 종류를 되도록 적게 하여 차종의 통일, 단순화를 기하고 있다. 조선철도주식회사에서 사용하고 있는 차량은 거의가 포드인데, 주된 이유는 부속품 교체가 편리한 점과 가격이 비교적 싸기 때문이다. 더욱이 차종의 통일은 승객에 대하여 평등한 대우를 하게 되는 한편 경영 전체의 집약적 효과를 크게 하기도 한다(『조선의 자동차에 관하여』, 204쪽).

자동차 한 대 값이 그렇게 비쌌을 뿐 아니라 대합실이니 주·정차장이니 하는 시설이 있어야 했기 때문에 버스회사를 개인이 운영할 수는 없었다. 또 총독부의 노선 영업 허가 방침의 첫 번째가 '1노선 1영업주의'였기 때문에 자연히 합승자동차회사의 경영주는 충분한 자본력을 가지고 평소에 총독정치에 적극적으로 협조하는 자에 한정되었고, 자연스럽게 사설 철도회사 등 국책회사에 국한되었다. 당시의 사설 철도회사는 조선총독부가 최소한 손실은 입지 않도록 보조금을 지급하게 되어 있었다. 결국 1930년대 조선 내 승합자동차 경영주는, ① 사설철도 영업이 본업이고 승합자동차업이 부대사업이었던 조선철도(주)가 충청북도, 황해도 및 경남 서부 일대의 노선을 독점하고 있었고, ② 조선철도(주)의 방계회사였던 조선자동차(주)가 안동·의성·예천·영주를 중심으로 한 경북 북부노선을 독점하고 있었고, ③ 천안에 본거를 두고 있던 경남(京南)철도(주)가 경기도 남부와 충남 북부 일대의 노선을, ④ 경춘철도(주)가 강원도 일원을, ⑤ 전남 광주에 본거를 두고 있던 남조선철도(주)가 전남의 노선을 독점함으로써 철도와 자동차의 연계 운영을 하고 있었다.

경기도의 경우는 그 사정이 좀 달라서, 1931년의 만주사변 이후 일본의 대륙침략정책으로 경성의 군사기지로서의 지위가 향상되고 인구수도 급격히 늘어나자 경부선 철도 승객이 급증하는 한편, 서울~인천 간, 서울~수원 간 등 근교와의 연락도 빈번해지자 서울을

1930년대 후반기에 등장한 경인간 대형 버스 전차 종점인 노량진에서 인천까지 달렸으며, 오류동·소사·주안에 정차했다.

기점으로 한 많은 버스회사들이 설립·운영되었다. 1939년 당시 서울과 그 주변지역을 연결하는 버스회사로는 경룡(京龍)버스, 경수(京水)버스, 경춘(京春)버스, 경충(京忠)버스, 경기(京幾)버스, 경원(京原)버스, 경포(京抱)버스 등이 있었으니 이때가 일제하 자동차 교통의 전성기였던 것이다.

　서울에 자동차가 처음 들어온 때는 1911년이었지만 그 후에도 급격히 늘어나지는 않았다. 1927년 당시 서울의 자동차 총수는 겨우 130대뿐이었고 그 밖에 사이드카(side car) 68대가 있을 뿐이었다. 사이드카란 오토바이 옆에 사람이 앉아서 갈 수 있는, 흡사 배(舟) 밑에 바퀴가 달린 모양의 탈 것이었다. 그렇게 자동차가 늘지 않은 데는 여러 가지 요인이 있었으니, 자동차 값에 대한 부담이 결코 적지 않앉다는 점, 운전에는 큰 기술이 필요하였고 운전수 시험도 매우 까다로운 것이어서 운전수를 고용하기가 쉽지 않았다는 점, 오늘날과 같은 오너드라이버라는 것은 상상도 할 수 없는 시대였다는 점 등이다. 또 서울의 인구 규모도 1927년 당시는 겨우 31만 5,000명 정도였고 행정구역도 확장되기 이전이라, 동대문 밖은 고양군 숭인면·한지면이었고 서대문 밖은 고양군 용강면·연희면·은평면이었으니, 시내 교통은 보행으로 충분하였고 경제적으로 여유가 있으면 인력거 한 대 정도 비치해 두면 충분한 그런 시대였다.

유럽의 승합자동차는 19세기 초의 승합마차가 그 기원이었다. 런던에 승합자동차가 등장한 때가 1899년이었고 1907년부터는 2층 버스도 운영되고 있다. 도쿄에서 시내버스가 운영되기 시작한 때는 1919년 3월 1일이었고 그해 말에는 114대의 차량에 8개 노선이 운영되고 있다.

경성부가 조선총독부로부터 시내버스 운영 허가를 받은 때는 1928년 4월 10일이었다. 경성부는 4월 18일자로 '경성부 승합자동차 조례'를 발포하였고, 4월 22일부터 흑색 상자형 버스 열 대, 운전수·여차장 각 15명으로 영업을 개시하고 있다. 운전수와 여차장의 제복·제모는 진한 감색이었다. 이렇게 처음에는 겨우 열 대로 시작한 부영버스가 2개월 후에는 20대가 되었고 1932년에는 56대가 되었으며, 노선도 당초의 네 개 노선에서 점점 더 늘어나 1932년 9월 말 현재로는 18개 노선에 이르렀다. 한 가지 특이한 것은 차량 번호였는데, 3000번에서 시작하여 3001, 3002 식으로 순차적으로 매겨졌다. 요금은 처음에는 7전이었으나 1929년에 들어 운행 차량을 크게 늘리면서 5전으로 내린다. 버스의 영업시간은 계절에 따라 달랐으며 여름철(4월 1일~10월 말)에는 오전 여섯 시부터 밤 열 시까지, 겨울철(11월 1일~3월 말)에는 오전 여덟 시부터 오후 일곱 시까지였다. 요금을 7전에서 5전으로 내린 것은 전차 요금과 같이할 필요 때문이었는데, 결국 경전(京電)에서 운영한 전차와 경성부의 버스 간에 치열한 경쟁이 시작되었을 뿐 아니라 운영 대수와 영업 노선을 늘려도 승객 수는 크게 늘지 않아 부영버스는 점차 적자경영을 면하지 못하게 된다.

경성부와 경성전기의 양자를 다 같이 감독하는 입장에 있던 총독부와 경기도가 개입하여 버스운영권 일체를 경성전기(주)에 이양한 때가 1933년 4월 1일이었다. 버스 54대, 화물차 한 대, 차고·사무소·공장·창고 등 24개 동 477평, 운전사·차장을 포함하여 사무원 네 명, 현업원 188명 등 일체가 경전에 인계되었다. 경전이 경성부에 지불한 대금은 21만 8,000원이었다. 부영버스를 인수한 경전은 우선 차체의 색깔을 모두 은색으로 바꿔 칠하고 전차 및 버스의 경영 합리화를 위하여 버스 노선을 전차 노선과 병행시키지 않았으며, 원칙적으로는 전차가 다니지 않는 구간을 택함으로써 버스를 전차의 보조 수단으로 하였다. 즉, 전차를 내리면 버스를 탈 수 있게 하여 한 장의 표로 환승할 수 있도록 하고 요금은 종전대로 5전 균일로 하였다. 전차-버스 환승 자유, 요금 5전 균일은 당시 일본 본토에도 그 유례가 없다고 자랑하고 있다.

일제하 서울에만 유일하게 유람버스라는 것이 있었다. 경성역 전을 기점으로 남대문~조선 신궁(하차. 신궁 참배 후 승차)~장춘단(하차)~서울운동장~동대문~중앙공업시험소~경성제국대학~창경원~대학 병원~파고다공원~보신각~안국동~경복궁(하차, 도보로 총독부 구경 후 승차)~광화문~부민관~부청~덕수궁~조선은행~혼마치 입구~미츠코시 백화점~경성역전이 코스였다. 봄부터 가을까지는 1일 2회(9시, 1시 출발) 운행하고 세 시간 반이 소요되었으며, 요금은 어른 2원 20전, 어린이(6~12세) 1원 10전이었고 단체를 위해 임시운행도 했고 요금도 할인해 주었다. 버스는 16인승, 20인승의 두 가지였다.

경성의 부영버스가 초기에 비교적 성공적으로 운영되자 시내 전차가 있는 부산과 평양을 제외한 몇몇 지방도시에서도 부영버스 운영을 계획하지만 실제로 버스를 운영한 것은 대구부뿐이었다. 대구에는 이미 1920년 6월 3일에 당시 대구호텔 경영주였던 요네무라라는 일본인이 시내버스 운영 허가를 받고 동년 7월부터 자동차 네 대로 대구역 기점 팔달교 방면, 동촌 방면에 승합버스 운행을 개시한 바 있으나 얼마 못 가서 폐업해 버린다. 당시만 하더라도 시내버스 영업은 개인이 운영할 사업이 아니었던 것이다. 대구 부영버스 운영 문제가 본격적으로 논의된 것은 1928년 여름부터의 일이다. 기업자금 6만 엔을 기채하여 승합자동차 여섯 대로 1929년 7월 1일부터 운영하기 시작한다. 다섯 개 노선에 요금은 6전 균일이었다. 그러나 여섯 대로 다섯 개 노선을 달렸으니 시민의 불평이 비등했을 뿐 아니라 자연히 영업 실적도 좋지 않아 여러 차례 노선 개편과 증차를 단행하였고, 결국은 대구역을 기점으로 동인동~동촌선, 달성동~팔달교선, 봉산동~대봉동(80연대 앞)선만 취업하다가 훗날 내당동 경유 화원선도 운행하게 된다.

택시는 자동차가 들어온 직후부터 운영되고 있었으나 항상 영업소에 대기하고 있다가 전화로 요청이 있어야만 운행할 수 있었으며 당시 일본에서 크게 유행하던 속칭 나가시는 인정되지 않았다. 즉, 오늘날처럼 택시가 자유로 돌아다니다가 손님이 있으면 태우는 제도가 아니었다. 택시요금은 시내 균일이었으며 1920년대에는 1원,

조선은행 앞에서 대기 중인 1930년대의 택시

1931년 11월 1일부터는 80전으로 내리고 있다. 이 요금은 지방에 따라 달랐으며 부산이 80전, 평양·대구 70전, 인천·원산·진남포 등은 60전이었고 소형택시는 50전도 받았다. 또 시외로 나갈 때는 약 20퍼센트 정도 할증되었다. 그러나 요금을 이렇게 시내 1원 균일제로 하는 것이 부당하다는 여론과 업자들의 요청도 있어, 서울에서는 1936년 5월 1일부터 미터제로 바꾸었으며 지방도시도 이에 따르거나 아니면 구간제를 채택하고 있다.

이때 서울에서 채택한 미터제의 내용은 다음과 같다.

부내: 최초의 2km까지 50전, 이후 800m 또는 그 우수리가 증가할
　　　때마다 10전.
부외: 최초의 2km까지 50전, 이후 500m 또는 그 우수리가 증가할
　　　때마다 10전.

화물자동차 영업이 처음으로 인가된 때는 1913년 4월부터의 일이다. 이때부터 전 조선 내의 화물자동차 영업이 정식으로 시작된 것이었다. 그러나 초기에는 화물자동차에 의한 화물 수송이 실로 미미한 것이었다고 한다. 지게, 달구지, 철도 수송이 화물 운반의 대종을 이루었던 것이다. 서울에서 수원으로 가는 화물일지라도 화물자동차로 수송하는 일은 없었다. 반드시 서울역까지는 지게나 달구지로, 그리고 철도로 수원역에 도착하면 역시 지게나 달구지로 목적지까지 수송하는 것이 원칙이고 관례였다. 자동차의 수도 적었고 수송 비용이 엄청나게 많이 들었기 때문이다. 그러나 아직도 철도가 부설되지 않았던 강원도 방면이나 경기도 동부지역 간에는 화물자동차로 상호간의 물자 운반을 할 수밖에 없었다. 1930년대, 서울을 중심으로 한 화물자동차 운영 상태를 고찰하면 다음과 같다.

첫째, 1931년 11월 당시 서울~강원도 간을 왕래한 화물자동차 업자는 조선운송·조선트럭 등 일곱 개가 있었다고 한다. 그러나 모두가 영세한 기업이었다. 겨우 트럭 한두 대, 많아봤자 열 대 미만이었다. 그들 일곱 개 업자가 치열한 경쟁을 벌이고 있었으며 그 결과로 경영이 매우 어려웠다는 것이다. 1931년 11월에 그들이 연대하여 경강(京江) 트럭작업조합이라는 것을 조직하였다. 이 조합의 영업 노선은 경성~춘천 간, 경성~원주 간, 경성~횡성~평창 간을 주 간선으로 하여 강원도내 전역을 영업 구역으로 한 것이었는데, 모두 36대의 화물자동차로 경성~춘천 간을 매일 한 시간 간격으로 여덟 번 왕복하고 춘천에도 두세 대를 상치하여 인근 화물의 춘천 집중에 주력했다는 것이다.

둘째, 1930년대 한반도 최대의 화물 운송업체였던 조선운송(주) 경성 지점에는 1930년 12월에 경성부내 임대 화물자동차 영업이 인가되었는데, 1936년 8월에 사업구역이 고양군·양주군·시흥군·김포 군까지 확대되었다.

위의 예는 화물자동차가 보급되어 가는 과정을 1930년대 경성을 중심으로 고찰한 것인데, 그와 같은 사례는 조선 내 도처에서 나름대로의 상정에 따라 시행되고 있었다. 그 경우 부산·대구·대전·해주·평양·신의주·함흥·청진 등 각 도 도청 소재지가 화물차 운송의 본거지가 된 것임은 경성의 경우와 마찬가지였다.

태평양전쟁과 자동차의 쇠퇴

자체적으로 자원을 가지지 못한 나라가 자원이 풍부한 나라들과 교전 상태에 들어가는 경우, 속전속결이 된다면 다행이지만 그렇지 못한 경우라면 자원을 가지지 못했기 때문에 한없이 괴로움을 겪게 되고 마침내는 그 이유 때문에 패배할 수밖에 없다. 1931년 9월 18일의 유조구(柳條溝) 사건이 발단이 되어 만주사변·중일전쟁·태평양전쟁으로 이어진 일본의 15년전쟁이 바로 그러한 것이었다. 1930년대 후반기에 들어서는 이미 주민의 일상생활에 깊숙이 파고들어 있었을 뿐 아니라 그 자체가 군수품이고 경우에 따라서는 무기이기도 한 자동차에 있어서도, 생산·수송·운행 등 여러 측면에서 일본의 빈곤한 자원은 결정적인 패배 요인의 하나로 작용한다.

타이어의 원료인 고무의 예를 들어보자. 고무의 원료는 영국의 식민지였던 말레이시아 등지에서 수입한 것인데, 당시 영국은 일본의 적성국가였으므로 고무의 수입 물량이 제한될 수밖에 없었다. 고무 사용 제한령이라는 것이 조선총독부령 제227호로 발포된 때가 1938년 11월 5일이었다. 이때부터 고무로 만든 장화·단화·슬리퍼 등

23종의 물품 제조가 금지되었다.

일제시대에 한반도를 달리던 자동차의 타이어(튜브 포함)는 3개 회사에서만 생산되었고, 그 이름은 각각 브리지스톤(Bridgestone), 굿리치(Goodrich), 던롭(Dunlop)이었다. 그런데 다른 고무제품과 동일하게 타이어·튜브도 1938년 가을부터 품귀 현상이 일어났고 곧이어 배급제가 되었으며, 1939년에 들어서면서 그 품귀의 정도는 심각해진다. 이와 같은 타이어·튜브의 품귀현상에 대비하기 위하여 일본 과학계는 중일전쟁 발발 직후부터 한 번 쓰고 버린 고무제품의 재생 방안을 연구한다. 1941년에 영등포 바깥, 시흥군 동면 도림리에 설립된 조선타이어공업(주)은 재생타이어를 생산·보급하기 위한 공장이었다. 그러나 재생고무는 결국 재생품, 대용품에 불과하였다. 표면은 번듯하지만 사용 후 얼마 가지 않아서 여러 가지 결함이 노출되었고, 마침내는 사용 불능, 폐기 상태가 될 수밖에 없었다.

1930년대 후반기는 물론 1945년의 종전 때까지 일본에서 운행되는 자동차의 대종은 미국에서 생산된 포드와 시보레였다. 그리하여 일본은 1936년 가을 제69회 제국의회에서 「자동차제조법」을 제정·공포하고 닛산·도요타 두 개 회사에 자동차 생산을, 이스즈·미쓰비시 등 6개 회사에 각종 부분품 생산을 허가하고 중앙정부 차원의 여러 가지 지원책을 강구하기 시작한다. 그러나 원래가 철광석 자원을 가지지 않은 나라였기에 자체적으로 자동차 및 그 부품을 생산한다는 것은 여간 힘든 일이 아니었음이 당연한 일이었다.

1941년 10월 28일에 자동차 수리용 부분품 통제규칙이 총독부령 제285호로 발포되었다. 이때부터 자동차 수리용 부분품은 고급 관용차나 군수품 수송 등 시국과 관련된 특수차가 아니면 구득할 수 없게 되었으니, 일반 버스나 화물차는 그 혜택을 입을 수 없게 된다.

조선에서 운행되는 차량의 대부분이 포드 아니면 시보레였는데, 수리용 부분품을 구할 수 없게 되었다는 것은 모든 자동차의 가동을 중지하라는 것과 같았다. 그리하여 이때부터는 노후차 해체 작업이 유행했고, 그 과정에서 아직은 쓸 수 있는 많은 부분품을 다른 차량용으로 팔게 되었다.

중일전쟁·태평양전쟁이 전개되었던 1937~1945년에 이르는 시대에 일본의 자동차 운행에 가장 심각한 영향을 미친 것은 석유 사정이었다. 당시의 세계 석유 생산자본의 대종도 미·영 양대국에 있었으니, 두 국가와 전쟁 상태에 들어간 일본에 석유가 들어갈 리가 없었다. 석유류 소비 절약, 인조석유 제조, 대용 석유 개발 등 여러 가지 시책이 강구되었지만 모두가 허사였다. 결국 정부 당국과 자동차업자들이 최종적으로 도달한 대용연료는 목탄이었다. 그들의 거듭된 실험 결과 목탄이 가장 적은 비용, 적당한 양(부피)으로 높은 효율을 올릴 수 있다는 것이었다. 자동차 엔진 옆에 가스발생로라는 별도의 장치를 설치하여 숯불을 피워 엔진을 움직인다는 것이었다. 그러나 목탄은 목탄이었지 결코 석유가 될 수 없었다. 처음 시동을 거는 데 5~10분이 소요되었을 뿐 아니라 출력이 약한 탓에 경사지를 오르기가 대단히 힘들었고, 경우에 따라서는 완전히 정지해 버려 인력으로 밀고 가는 일도 빈번하였다. 일제 말기 조선의 도처에서 볼 수 있었던 광경이었다. 그리고 목탄인들 무제한으로 공급되는 것이 아니었다. 한반도에는 원래 깊은 산이 드문데다가 목재 자원 또한 풍부하지 못했다. 목재 자원이 풍부했다 할지라도 숯을 굽는 노동력도 고갈 상태에 있었다. 1940년 7월 26일에 목탄 배급 통제규칙이 총독부령 제182호로 발포되었다.

수리용 부속품도 타이어·튜브도 석유도 목탄도 모두 품귀 상태가 아니면 절품 상태였으니 자동차가 움직일 방법이 없었다. 우선 불요불급한 차량, 즉 부잣집의 자가용 승용차와 택시의 운행을 중지 시켰고 버스 회사, 화물자동차회사는 1도 1사로 통합되었다. 버스 운행 제한, 화물 수송 억제 등으로 인해 자동차 교통은 급격히 쇠퇴의 길을 걸어야 했고 결국은 빈사 상태에 빠지고 만다.

일제시대 자동차 보유 대수의 변천

앞서 고찰한 바와 같이 한반도의 자동차 보유 대수는 1911년에 2대, 1912년에 6대, 1913년에 31대, 1914년에 43대, 1915년에 70대, 1916년에 89대였다가 1917년에 114대로 비로소 100대를 넘어서고 있다. 자동차는 1910년대까지만 해도 오늘날의 우주선만큼이나 희귀했음을 알 수 있다. 1932년까지의 보유 대수 증가는 아래 표와 같다.

여기서 소개한 자동차 수 통계는, 1931년분까지는 조선총독부가 발간한 『조선토목사업지』(1937: 71)에 의한 것이고, 1932년분은 남만주철도(주)가 발행한 『조선에 있어서 자동차 운송사업에 관하여(朝鮮に於ける 自動車運送事業に就て)』라는 책자에 의한 것이다. 이 책자는 1932년 6월 말 당시의 자동차 총수 4,808대의 내용을 승용차·화물차 등 기능별로, 그리고 관용·자가용 승용차·영업용 등 소유별로도 분류하고 있다(<표 1> 참조).

1918년	212대	1923년	1,088대	1928년	2,544대
1919년	416대	1924년	1,205대	1929년	3,426대
1920년	679대	1925년	1,341대	1930년	3,873대
1921년	774대	1926년	1,587대	1931년	4,331대
1922년	935대	1927년	2,005대	1932년	4,808대

그런데 일제시대 조선의 자동차 통계는 1932년 6월 말 현재의 숫자를 끝으로 공식·비공식 등 일체의 숫자를 접할 수 없게 되어 버린다. 매년 발간된 『조선총독부통계연보』와 『조선연감』(경성일보사 발간)에도 자동차 통계는 전혀 게재되지 않고 있다. 심지어 자동차 전문 월간 잡지 ≪朝鮮の自動車≫에도 세계 각국의 차량 보유 대수와 일본 본토의 것은 비교적 상세히 소개하고 있으면서 유독 한반도 내의 차량 대수에 관해서는 완벽할 만큼 묵비권을 행사하고 있다. 일제시대 조선의 자동차 보유 대수 통계를 이렇게 극비로 취급한 것은 그것을 무기로 다루었기 때문이다. 즉, 한반도는 중국 대륙과 육지로 연결되어 있기 때문에 조선의 자동차는 언제든지 군수물자화할 수 있는 것으로 판단한 것이었다. 그러한 상황에서 필자는 겨우 다음과 같은 수치를 찾을 수 있었다.

　　잡지 ≪朝鮮の自動車≫ 1936년 11월호에 소개된 미국의 잡지 *American Automobile*에서 조사한 세계 각국 자동차 수 가운데 조선에 관한 수치(1936년 1월 현재): 총 보유 대수 7,360대 가운데 승용차 2,212대, 화물자동차 2,688대, 승합자동차 2,460대.

　　일본국 대장성이 1950년에 발간한 『日本人の活動に關する歷史的調査』 제18장 「교통통신의 발달」에서: 1920년에는 679대에

<표 1> 종류별·사용자별 차량 수(1932년 6월 말 현재)

승용	화물	특수	기타	계
3,024	1,404	189	191	4,808
관용	자가용 승용차	노선 영업	임대	계
608	984	2,381	835	4,808

자료: 『朝鮮に於ける自動車運送事業に就て』, p.116.

이르고 이후 다소의 기복은 있지만 매년 대개 현 보유 차량 수의 2할 이상의 증가 추세를 계속하여 1940년경에는 1만 대를 훨씬 넘었으며, 이후 종전까지 거의 이 숫자가 유지되었다. 1만 대 가운데 승용·화물의 비율은 각 반수이며, 그중에는 소수의 소형자동차(오토바이)도 포함되었다.

광복 후의 자료 중에서: 첫째, 조선은행 조사부가 1949년에 발간한 『경제연감』에는 광복 직전인 1945년 4월 현재의 자동차 수와 광복 후인 1948년 12월 말 현재의 자동차 보유 대수를 비교하면서 1945년 4월 현재의 자동차 대수를 소개하고 있다(관청용 971대, 자가용 승용차 1,924대, 영업용 3,211대, 특수용과 기타 1,220대, 합계 7,326대). 또 1958년에 교통부의 지원하에 행정신문사에서 발간한 『교통총람』에서는 역시 1945년 4월 현재의 자동차 보유 대수를 소개하고 있다(승용차 1,311대, 화물차 3,639대, 승합차 1,156대, 소형 989대, 특수 231대, 합계 7,326대).

이상의 극히 부실한 통계들을 통하여 대략 다음과 같은 사실을 알 수 있었다. 첫째, 일제시대 조선의 자동차 보유 대수는 1935~1940년까지 급격히 늘어나서 8,000~1만 대까지 이르렀으나, 1940년 이후는 각종 물자의 결핍, 특히 강철·고무·석유류의 결핍 때문에 그 수가 급격히 감소했으며 8·15 광복 당시에는 7,300대 정도가 되어 있었다. 둘째, 총 보유 대수 가운데 약 반수는 화물자동차(트럭)였고 나머지 반수는 승용차 및 승합자동차(버스)였다. 셋째, 자동차 보유 대수 가운데 소형에는 사이드카 또는 오토바이가 포함되어 있었다.

광복 후~1950년까지

1945년 4월 현재 조선의 자동차 보유 대수가 7,326대라고 한 것은 분명히 전 조선의 보유 대수를 말한 것이지 38선 이남의 보유 대수가 아니었다. 그리고 조선은행 조사부가 발행한 『조선경제연보』 1948년도 판에는, 출처는 밝히지 않았으나 1945년 당시 남조선의 자동차 보유 대수가 4,500대였다고 기록하고 있다. 그 밖에 일본군 군용차가 몇 천 대 있었을 것이나 그에 관한 기록은 전혀 남아 있지 않다. 문제는 보유 대수가 아니다. 대부분의 차량은 기름이 없거나 고장 중이라서 그대로 서 있어야 했으며 극히 일부의 차량만이 운행되고 있었을 것이다. 아마도 총독부의 최고 간부나 각 도 지사의 출퇴근용 승용차, 군수물자의 단거리 수송용 트럭 정도만이 운행되고 있었던 것으로 추측되는 바이다.

이러한 상황은 8·15 광복이 되면서 크게 달라진다. 1945년 9월 8일에 인천에 상륙한 미군들은 성능이 월등하게 뛰어난 많은 자동차를 가지고 들어왔다. 그들의 입장에서는 일제가 남기고 간 자동차들은 그저 굴러다니는 고철에 불과하였다. 농담과 익살을 좋아하는 미군들은 일제시대의 차량들은 숫제 갖다 버리라고 하기가 일쑤였다고 한다.

광복이 되자 서울 거리를 휩쓴 것은 벅찬 환희와 함께 일시적인 혼란이었다. 질서는 잡히지 않으면서 도시 안에는 반가움과 기쁨이 넘쳤고, 사람들은 마구 돌아다녔다. 시내에는 교통지옥이 불어 닥쳤다. 몇 대밖에 안 되는 전차만 가지고는 도저히 교통수요를 감당할 수 없었다. 누군가가 달구지를 끌던 말을 가지고 마차를 만들어 영업을 해 보았더니 장사가 된다는 것을 알게 되자 여러 사람이 뒤를 따랐다.

해방된 서울거리에 역마차가 등장한 것은 1945년 10월부터의 일이었다. 지붕을 덮은 상자형으로 뒷바퀴에 비해 앞바퀴가 훨씬 작앉으며, 말 두 필 또는 네 필이 끌었다. 앞에 앉은 마부가 '뚜우' 하는 나팔을 불어 경적을 울리며 6~10명의 손님을 태우고, 차장 구실을 하는 다른 한 사람이 돈을 받았다. 말방울이 딸랑딸랑 울렸다. 1946 년께에는 서울역에서 보신각 앞까지 30전씩 내고 역마차를 타고 다니며 우미관에서 영화 구경을 하는 나들이를 했다고 한다. 당시 역마차를 타려면 20분~30분을 기다려야만 했다. 청량리 방면 역마차의 운행구역이 동대문을 중심으로 정해져 있었는데, 청량리~동대문, 동대문~화신 앞, 화신 앞~서울역까지가 각각 한 구역이었다. 1947년 6월에 가서 서울역~노량진, 화신 앞~서대문 사이로 연장되었고 나중에는 청량리 밖 망우리까지도 다녔다. 당시에 운행된 승합마차는 200대 가량이었고 나중에는 구간 요금을 50원씩으로 올려 받았다고 한다. 그때 하루 평균 3만여 명을 수송했다는 기록을 남겼다. 마차 한 대가 200명을 실어 나른 셈이다. 통금시간(1946년 10월 21일부터 오후 10시~오전 6시까지)이 다가오는데 가파른 길에서 말이 헐떡거리면 승객들은 내려서 마차를 밀고 올라갔다는 것이다.

8·15 광복을 맞은 서울 거리에 새 가요가 하나 등장하였다. "해방된 역마차에 태극기를 날리며 ……"라는 가락이었다. 작사자는 조명암이었고 작곡자는 OK가극단을 주재한 김해송이었으며, 노래는 당시 22세였던 장세정이 불러 히트곡이 되었다. 경쾌한 가락이 온 서울 장안에 울려 퍼졌다. 6·25 전쟁으로 작사자 조명암이 월북했고 김해송은 죽었다(김해송은 「목포의 눈물」을 불렀던 이난영의 남편이었고 김시스터즈의 아버지였다). 월북자가 작사·작곡한 노래는 금지곡이 되어 부르지 못하게 되었기 때문에 반야월이 「울어라 은방울」이라고 고쳤으며 가수 장세정이 미국으로 이민을 갔기 때문에 만년소녀라는 애칭을 가진 신카나리아가 이 노래를 불렀다. "초록포장 둘러치

고 역마차는 달린다"라는 노래를 지금 60~70세 된 노인층 치고 안 들어본 사람이 없을 것이다.

그러나 점점 질서가 잡혀가고 시내버스가 운행을 시작하면서 마차 영업은 쇠퇴해 갔다. 말 한 필에 1,300원이 들었고 말이 먹는 사료도 만만치가 않았다[대맥 5홉, 대두(콩) 3홉, 마른 풀 1근, 밀 1되, 소맥 껍질 4되, 연맥(귀리) 3되 등이었다]. 마차 한 대를 제조하는 데 30만 원이 들었고 중고품도 15만 원이 들었다. 역마차업은 점차 재미를 보지 못하게 되어 한 대씩 한 대씩 자취를 감추었다. 필자가 서울에 올라온 때가 1950년 봄이었는데, 그때는 이미 한 대의 마차도 볼 수가 없었다.

미군 진주를 전후해서 일본군이 저장해 둔 휘발유가 유출되기 시작했다. 그리고 얼마 안 가서 들어오게 된 미국인 상인들 중에는 기름장사들도 섞여 있었다. 수요에 따라 석유가 무제한적으로 공급되었다. 그러자 우선 목탄차가 자취를 감추었다. 그리고 일본군들이 떠나가면서 적잖은 수의 노후차를 버리고 갔다. 미군부대에서도 지프·트럭·3/4톤 트럭 같은 노후차가 흘러나왔다. 1948년 대한민국 정부 수립에 맞춰 모두 떠나간 미군들은 그들이 한국 내에서 썼던 노후 차량의 거의 전량을 불하하고 간다. 이때 미군들이 불하하고 간 차량의 수는 적지 않았을 것이다. 미군들이 불하하고 간 것은 지프와 트럭이 주였고 버스는 극소수에 불과하였다. 원래 미군들이 가져온 군용 버스의 절대 수가 적었기 때문이다. 그래서 순전히 수공업으로 버스를 조립·생산하게 되었다. 이 점에 관하여 오원철은 다음과 같이 설명하고 있다.

그래서 국내에서 버스 조립이 시작되었다. GMC의 하체(frame)에

GMC 엔진을 올려놓고 외피만 버스로 만드는 작업이다. 소위 보디(Body)작업이다. 순전히 수공업적으로 했다. 5~6명이 한 조가 되어 엉성한 도면에 따라 철판을 두드려 만들었다. 한 대의 '보디'를 완성하는 데에 약 1개월이 소요되었다. 특별한 건물이나 시설도 없었다. 공터만 있으면 천막을 치고 만드는 것이었다. 수공구와 용접기만 있으면 시작하는 것이었다. 장소를 옮겨 가며 버스를 만들어주는 '집시형 보디 작업반'도 생겨났다. 군용차라서 GMC 엔진의 힘이 좋고 하체 동력전달장치가 튼튼해서, 완성된 버스는 일정 때 나오던 버스에 비해 성능이 우수했고 좌석 수도 많아졌다. 일본제 버스는 자연히 도태되어 갔다(오원철, 『한국형 경제건설』 제4권, 35쪽).

이와 같은 버스 제작 작업으로 승용차(지프)·승합차(버스)·트럭의 균형이 잡혔다. 그리고 미군정이 관청에서 쓰던 차량은 그대로 그 관청에 물려주고 떠난다. 관용·자가용 승용차·영업용의 균형도 잡힌 것이다. 1953년에 발간된 『한국연감』 창간호에 의하면 1946년의 차량 수가 9,106대, 1947년 1만 3,453대, 1948년 1만 4,708대, 1949년 말 1만 6,351대라고 집계되어 있다. 『자동차 및 궤도연보』(교통부, 1964)에 의하면 1949년 12월 말 현재의 등록 대수 1만 6,351대 가운데 승용차 3,880대, 화물차 9,675대, 승합차 1,002대였고, 그중 1,312대의 승용차, 2,715대의 화물차, 998대의 승합차가 영업용이었다. 또 1949년 말 당시 서울시내 택시업자는 54명이었고 면허 대수는 1,098대, 시내버스는 업자 수 25, 모두 503대가 주요 노선에 운행되고 있었다고 한다. 또 전국의 화물자동차 업자는 1946년에는 64명이던 것이 해마다 늘어나서 1949년 말에는 222명이 되었다고 한다.

6·25에서 자동차 국산화까지

한국전쟁에서 시발자동차까지

그들은 1950년 6월 25일 새벽 4시, '폭풍'이라는 암호를 신호로 38도선 전선에 걸쳐 일제히 기습 공격을 감행해 왔다.

그날 오후 필자는 혜화동 로터리에서 큰 소리로 노래를 부르며 북쪽으로 가는 국군 장병들의 차량 행렬을 볼 수 있었다. 그 차량들은 모두 긴급 징발된 민간인 트럭이었다. 그리고 고급 장교들이 타고 뒤따라가는 승용차들 역시 긴급 징발된 민간인 차량임을 알 수 있었다. 즉, 6·25 전쟁으로 많은 수의 자가용 승용차·영업용 차량들이 군에 징발된 것을 내 눈으로 확인할 수 있었다. 그리고 나중에는 인민군들의 군수물자·식량 수송 차량도 볼 수 있었는데, 그것은 전쟁 직후 군에 징발되었다가 국군이 후퇴할 때 버리고 간 트럭을 수리한 것이었다. 필자는 전쟁 발발 50일 후인 8월 15일에 서울을 탈출하여 도보로 경주까지 가면서 숱하게 많은 민간인 차량, 트럭, 지프의 잔해를 볼 수 있었다. 잔해라고는 하지만 좀 크게 고장이 났을 뿐 약간의 수리만 하면 얼마든지 움직일 수 있는 그런 차량들도 포함되어 있었다.

전쟁으로 민간인 차량은 모두 징발되어 자취를 감춘 것으로 알았는데, 1·4 후퇴 때 서울에서 내려오는 부잣집의 이삿짐은, 비록 소수이기는 하나 여전히 민간인 영업용 트럭에 의해 운반되고 있는 것도 목격할 수 있었다. 당시 필자가 느낀 것은 자동차란 고장과 수리를 되풀이하면서 결코 완전히 죽어 버리지는 않는 불사조와 같다는 것이었다.

1·4 후퇴 때 당시 서울에서 버스 사업을 하던 업자들은 징발당하고 남은 버스에 가족을 싣고 부산으로 피난을 갔고, 그렇게 피난을 간 업자들이 갖고 온 차들을 모아 부산에서 다시 버스 영업을 시작했다고 한다. 그때 모여진 버스의 합계가 60대였다고 한다. 3년간 계속된 한국전쟁으로 민간인 자동차 총량의 75퍼센트에 해당하는 1만 2,000여 대가 피해를 보았다고 한다. 윤준모의『자동차 70년사』는 그 근거로 "승용차 77퍼센트, 버스 67퍼센트, 화물차 66퍼센트, 소형 및 특수차량 78퍼센트가 풍비박산이" 되어 버렸는데, 그 후의 긴급 원조자금으로 "자동차 882대를 들여오지 않았다면 특히 버스업계는 재기 불능의 상태에 놓이게 되었을 것이다"라고 기술하고 있다.

　한국전쟁은 일본의 자동차업계에 오늘날과 같은 번영을 가져온 한 계기가 되었다. 잡지 ≪문예춘추≫에 연재(2003~2004년)되는「더 하우스 오브 도요타」에 의하면, 부채 때문에 빈사 상태에 있던 도요타 자동차회사에 주일 극동군 사령부에서 "화물자동차 및 3/4톤 트럭의 주문이 쇄도하여 미처 칠도 할 겨를이 없이 날개 돋친 듯 팔려 나갔으며, 중공군이 개입했을 때는 차의 값도 묻지 않고 빨리 보내 달라는 독촉이 빗발치듯 했다"고 한다. 겨우 시작품 생산 단계였던 일본 자동차 업계는 한국전쟁이 가져다 준 특별 수요 덕에 훗날 세계시장에 웅비하게 되는 굳건한 기반을 닦을 수 있었던 것이다(≪문예춘추≫, 2003년 9월호, 494쪽).

　한국전쟁이 살려놓은 것은 일본 자동차업계만이 아니었다. 한국의 자동차업에도 큰 발자취를 남기게 한다.

　한국전쟁은 한마디로 수송전쟁·병참전쟁이었다. 무기·탄약·피복·식량 등의 물자가 부산·인천부두에 매일 산더미같이 양륙되었고, 미군을 위시하여 세계 각국에서 모여 온 UN군은 미·영 양국에서 지원한 자동차로 그 물량을 수송해서 전쟁을 치렀다. 그리하여 격전이 치러진 곳마다 파괴된 자동차, 고장난 자동차가 방치되어 있었다. 전쟁이 끝난 강산을 메운 것은 자동차의 잔해만이 아니었다. 석유를 싣고 온 드럼통 또한 온 나라 안을 메웠다. 당시 한국의 모든 가정마다 드럼통 한두 개 없는 집이 없을 정도였다. 폐차나 노후차만이 아니었다. 정전협정을 전후하여 한국을 떠난 각국 군대는 말끔한 새 차도 불하하고 떠난다. 미군 차의 차축과 엔진에다가 망치 하나로 드럼통을 두드려 맞춰 버스나 트럭을 만들어내는 기술은 이미 1940년대 후반부터 쌓아 온 노하우였다. 망치 하나로 자동차 차체를 만들어내는 이른바 망치꾼들은 피난 중에는 부산에 집결하였고 휴전이 되면서부터는 서울을 비롯한 전국 각지에 퍼졌다. 그것은 엄청난 힘이었다. 윤준모의『자동차 70년사』에서는 그것을 "폐허에서 두드려 만든 의지의 자동차들"이라고 표현하고 있다.

그 숱한 망치꾼 대열 가운데 약간 규모가 커서 기업의 형태를 띠는 것이 있었다. 기아산업(起亞産業)이 순전한 국산품 자전거 삼천리호를 생산한 것은 1952년 3월부터였다. 우리의 기술만으로 바퀴 달린 차량을 생산할 수 있다는 것은 큰 자랑거리가 아닐 수 없었다. 삼천리호 자전거는 온 나라에 널리 보급되었다.

1955년 2월 1일 충남 공주 출신의 김제원·창원(金濟源·昌源) 형제가 부산에서 신진공업사라는 간판을 걸고 자동차공업회사를 발족시킨다. 약간 규모가 큰 부속품 제조공장이었지만 그것은 그동안 계속되어 온 망치산업에서의 탈피를 예고하고 있었다.

서울 왕십리 밖에서 자동차 정비업을 하던 최무성(崔茂盛)에 의해 4기통짜리 엔진이 제작되어 시발자동차라는 지프형 승용차를 제작한 때는 1955년 8월이었다. 마침 국산장려회가 주최한 광복 10주

년 산업박람회에 출품하여 최고상인 대통령상을 받았다고 한다. 엔진은 미군 지프의 엔진을 모델로 국산화하였고 차체는 철판을 두드려 조립한 수공업 형태의 승용차였다. '처음으로 출발한다'는 뜻으로 시발(始發)이라는 이름을 붙인 이 차는 그

손으로 두들겨서 만든 국산차 제1호 시발

것이 비록 미군 지프 엔진을 그대로 모방했다 할지라도 국산 승용차 제1호라는 의미에서 매우 큰 뜻을 가지는 것이었다.

5·8 라인이라는 괴물

1960년대에서 1970년대에 걸쳐 이 나라 제조업정책의 제1인자였고 1971년 11월 이후 대통령 경제 제2수석비서관으로서 중화학공업정책을 선도하게 되는 오원철이 공군 소령으로 제대하여 시발자동차회사의 공장장이 된 때가 1957년이었다. 그가 공장장이 되면서 최무성 사장으로부터 받은 첫 번째 지시가 "시발차를 하루 한 대씩 생산토록 하라"는 것이었다고 한다. 당시 국산자동차 제1호로 크게 각광받던 시발자동차의 하루 생산능력이 겨우 한 대였다는 것으로 미루어 보아서 당시는 자동차가 그렇게 늘어난 것 같지 않게 보일지 모르지만 실상은 그렇지 않았다. 전국의 정비업체들이 꾸준히 생산하고 또 생산함으로써 자동차 수 역시 꾸준히 늘어나고 있었다. 당시의 통계를 보면 1954년에 1만 5,950대, 1955년에 1만 8,356대, 1956

년에 2만 5,823대로 증가하고 있다.

자동차 증가에 따라 휘발유 소비량도 늘어만 갔다. 1955년에 3,365만 갤런이 소비되던 것이 1956년에는 5,817만 갤런이 소비되었다. 이러다가 우리나라가 가진 외화(달러)는 석유류 수입으로 바닥이 날지 모른다는 여론이 제기되었다. 어떤 선을 탔는지는 알 수 없으나 그와 같은 현상이 이승만 대통령에게 보고되었다. 그런 보고는 으레 과장되기 마련이었다. 긴급 국무회의가 소집되었고 "내일 아침을 기준으로 전국의 자동차 수를 통제한다"고 의결되었다. 1957년 5월 7일자 제40회 국무회의에서였다. 5·8 조치 또는 5·8 라인이라 불린 교통부 장관 행정조치의 내용은 다음과 같았다.

첫째, 1957년 5월 8일 현재의 자동차 등록 대수 2만 8,933대를 넘지 않도록 자동차 수를 통제한다.
둘째, 운수업체의 신규 사업면허도 중지한다.

관용·자가용 승용차·영업용을 막론하고 모든 차종의 차량이 늘어날 길이 막혀버렸다. 폐차가 되기 전에는 새로운 증차가 불가능해졌다. 당시 운수영업으로 면허된 것은 버스 135개 업체에 4,582대, 택시 339개 업체에 4,603대, 트럭 416개 업체에 1만 18대였다. 기존업자들은 수가 난 반면 실수요자, 자동차 생산업 종사자, 신규사업 희망자들은 설 자리를 잃었다. 손님이 탔는데 딴 손님을 또 태우는 소위 택시 합승제도라는 것도 이때 생겨났다고 한다(합승제도는 지금은 거의 없어져 가고 있지만 사오 년 전까지만 해도 널리 유행했던, 한국에만 있었던 묘한 제도였다).

당시 시발자동차회사의 공장장이었던 오원철은 그때의 사정을 다음과 같이 회고하고 있다(오원철, 『한국형 경제건설』 제4권, 47~48쪽).

황색딱지라는 것이 공공연히 거래되었는데, 자동차를 한 대 제작할 수 있는 허가서였다. 폐차를 하면 폐차한 대신 황색딱지를 한 장 받는다. 이 딱지를 갖고 가면 시발자동차 한 대를 만들어 주는 것이다. 이 딱지 값이 컸다. 시발자동차 한 대 값이 약 400만 환인데 딱지 값이 100만 환이었다.

시발자동차회사도 가만히 앉아 있을 수만은 없었다. 폐차가 되고 난 후 가지고 오는 황색딱지만 가지고는 회사를 유지할 수 없었기 때문이다. 그래서 정부에 매달렸다. …… 황색딱지를 떼어 주는 교통부 육운국에 가서 "대통령이 최고상까지 준 시발차인 데, 그래도 명목만이라도 유지해야 하지 않습니까" 하며 굽신거 리고 애원하고 술도 사주어야 했다. 최고상을 받은 덕분인지 그 결과 증차 황색딱지를 조금씩 얻어오게 되었다. 폐차를 메우는 황색딱지나 증차를 하는 황색딱지나 똑같은 노란색 종이였다. 기 분이 좋으면 장수가 좀 많았고 무슨 사정이라도 있으면 줄어들었 다. 장기적 계획도 없었다. 몇 달에 한 번 주는 것인데 주는 사람 마음대로였다. 증차 계획은 물론 장관 결재가 나야 하고 대통령의 재가도 있어야 했다.

생각해 보면 실로 답답한 시책이었다. 그런 시책이 1960년의 4· 19까지 계속되었고 과도 정부·제2공화국시대까지 없어지지 않았으 며, 군사 정부가 들어서고도 1년이 더 지난 1962년 4월 26일 오후의 각의에서 그 철폐가 의결되었다. 5·8 조치가 실시된 지 5년 동안 인 구 증가로 자동차의 대수 변경이 불가피해졌고, 앞으로 생산된 국산 자동차는 휘발유 절약형 차종일 것이니 차량의 대수 증가가 진행된 다 할지라도 외화 소비는 크게 문제되지 않는다는 등의 이유가 제시 되었지만, 그것은 어디까지나 이유에 불과했다. 5·8 조치 철폐 후 차 량 수는 크게 늘어났고 그만큼 유류 소비도 증가하였다. 한 예로 1964년 5월 6일자 ≪동아일보≫는 "말뿐인 달라 절약, 5·8 라인 철폐

후 늘기만 한 차량, 자가용 승용차만 2,343대”라는 제목으로 차량의 급격한 증가 현상을 소개하고 있다.

그러나 비록 유류 소비로 외화 사용이 늘어난다 할지라도 차량의 대수 증가는 부득이한 현상이었고 그것은 당연히 자동차 부품공업의 발전을 가져왔다. 오원철은 시발자동차 생산에서 “피스톤은 서울피스톤에서, 피스톤 링은 유성기업에서 사다 썼고, 스프링은 대한철강, 하부 휠은 하동환(河東煥) 제작소 등에서 구입했다”라고 기술하고 있다.

「자동차공업보호법」과 새나라자동차

5·16 군사 쿠데타로 군사 정부가 수립되고 초대 상공부 장관에는 정래혁(丁來赫) 육군 소장이 취임했다. 그는 여러 가지 시책을 점검하던 중에 자동차공업의 문제점도 챙겼다. 승용차는 시발자동차가 제작하여 큰 문제가 없었으나 버스나 합승차는 문제투성이였다. 기본 설계도 없이 대여섯 명의 보디공들이 천막만 쳐놓고 망치를 두드려 제작하고 있었으니 위험천만이었다. 시골 언덕길에서 브레이크 고장을 일으켜 낭떠러지에 굴러 떨어져 큰 인명피해가 나기도 했다. 이런 보디공장이 전국에 150개 정도나 있었다고 한다. 정래혁 장관은 “인명에 관계되는 자동차 조립을 이런 상태로 내버려 둘 수 없으니 우수한 공장 몇 개만 남겨 놓고 모두 폐쇄하라”는 명령을 내린다. 전국에 걸쳐 수없이 많은 기존 공장들을 모두 폐쇄하려면 우선 그 근거 법령이 마련되어야 했다. 10개 조문으로 이루어진 「자동차공업보호법」이 1962년 5월 31일자 법률 제1079호로 제정·공포되었다.

① 자동차공업 경영 희망자는 상공부 장관의 허가를 받아야 한다.
② 자동차공업 경영자는 자동차 및 그 부분품의 품질기준 적합
여부에 관한 검사를 받아야 한다.
③ 자동차공업 경영자는 원가계산제도의 조정을 받아야 한다.

이러한 엄격한 규제를 받는 한편으로 외국산 자동차의 수입 제한, 시설재 및 부분품의 관세 면제, 지방세법상 자동차세 및 취득세 감면 등 엄청난 특혜도 받을 수 있는 그런 법률이었다. 그리고 그런 특혜성 법률이었기 때문에 1967년 12월 31일까지 5년간만 적용되는 한시법이었다.

문제는 어떤 기업체가 그런 특혜를 받을 수 있는 몇 개의 공장 안에 포함되느냐였다. 서울대 공대의 김희철(金熙喆) 교수와 한양대 공대의 강명순(姜明順) 교수를 팀장으로 전국을 두 개 영역으로 나누어 면밀한 조사를 실시한 결과, 서울 셋, 부산·광주·경기·포항·제주에 한 개 등 모두 8개 업체가 선정되었다. 진정·압력·모략이 뒤섞인 가운데 선정된 8개 업체 중에는 시발자동차·하동환자동차·신진공업사(부산)·국산자동차(경기) 등 자타가 공인하는 업체는 빠짐없이 들어가 있었다.

당초에 이 법이 의도한 대로 갔으면 한국의 자동차공업은 더 순조로운 발전을 했을 것이나, 그와 같은 흐름에 찬물을 끼얹는 사건이 일어났으니 바로 새나라자동차 도입이었다. 새나라자동차 도입 사건은 이른바 4대 의혹 사건 가운데 하나로서 국회 국정감사를 받았기 때문에 극히 부실하기는 하나 보고서가 남아 있고, 또 『한국 군사혁명사』 제1집에는 상공부의 업적으로 그 내용 가운데 일부가 소개되어 있다(『한국 군사혁명사』 제1집 상, 1160쪽). 위 두 가지 자료를 기초로 그것이 도입된 경위를 고찰하면 다음과 같다.

1961년 10월, 당시 중앙 정보부장이었던 김종필(金鍾泌)이 대통령 특사 자격으로 대만을 방문했는데, 그 방문 중에 자동차공업의 발전상을 보고 크게 놀랐고 우리나라 자동차공업도 하루 속히 발전시켜야겠다는 결심을 했다고 한다. 그로부터 두 달 뒤

국산 세단 제1호 새나라자동차

인 1961년 12월경에 한일회담 교섭차 일본에 갔을 때 제일교포인 야스다상사 박노정(朴盧楨) 사장을 만나 의견 교환을 한 결과 박노정은 전무 안석규(安奭圭)를 한국에 파견하였다. 한국에 온 안석규는 전 중앙정보부 차장보인 석정선(石正善)을 만나 그의 지원을 받아 새나라공업(주)을 설립하였다. 이렇게 설립된 새나라공업(주)은 우선 대만의 유륭(裕隆)자동차회사의 예에 따라 일본의 닛산을 찾아가 블루버드 1,200cc 400대를 완제품 상태에서 면세 도입하였다. 400대 중 150대는 외국인 관광용, 나머지 250대는 일반 관광용이라는 명목으로 면세 도입했으나, 1962년 5월 12일부터 16일까지 서울에서 개최된 아시아영화제를 빌미로 그 모두가 일반 택시로 둔갑해 버린다.

① 400대의 닛산 블루버드 완제품을 면세 도입하여 일반 택시로 판매하는 과정에서 생긴 매매차익을 착복한 일, ② 1,442대의 소형 승용차, 29대의 소형 화물자동차, 합계 1,741대분의 부분품을 면세 도입하여 조립·판매하게 한 일, ③ 새나라자동차 공장 부지의 선정과 구입을 인천시장으로 하여금 알선케 한 일, ④ 자동차 원자재 수입에 관세를 면제해 주는 등 각종 특혜를 규정한 「자동차공업보호법」을

입법하도록 압력을 가한 일 등 일련의 일이, 김종필이 중앙정보부장 재직 시에 저질러졌다는 증권 파동·워커힐·회전당구기(파친코) 도입과 묶여져서 이른바 4대 의혹 사건이었다.

새나라자동차 도입에는 여러 가지 문제점이 있었다. 첫째가 국산자동차인 시발을 죽여 버린 것이었다. 두드려 만든 시발에 비해 산뜻한 세단형 택시가 인기를 끈 것은 당연한 일이었다. 300만 환까지 하던 시발 값이 1962년 5월 초에는 120만 환으로, 7월 초에는 5만 원~8만 원으로 폭락했다(1962년 6월 10일 제2차 화폐개혁. 10환을 1원으로 10대 1 평가절하). 1963년 1월에 서울 시내를 다니는 2,700대 택시 중에 새나라는 1,050대로 늘고 시발은 1,700대로 줄었다. 그런 현상을 소개한 윤준모는 "양장미인 새나라만 빛나고 시발은 고철화의 내리막길로 몰락한다"라는 표현을 쓰고 있다(윤준모, 1975: 198).

두 번째 문제는 닛산 블루버드의 SKD(semi knockdown) 도입이었다. "SKD로 자동차를 수입했다는 말은 …… 엔진은 미션까지 부착시킨 상태로 통째로 수입하고, 차축이나 조향장치, 차체 정도만 분해해서 수입한다는 것이다. 물론 차체에는 유리까지 끼워서 들여왔다. 그러니 자동차를 생산한다는 것은 나사나 끼워 맞추는 정도의 작업으로 공장 장비라고는 기중기와 수공구 정도만 있으면 되는, 공업이라고 할 만한 작업 거리가 안 되는 것이다. 이는 공업이 발달되지 않은 최후진국이 쓰는 방법이다." 말하자면 자동차 뭉치를 수입해서 볼트·너트만 조여서 자동차를 조립하는 것이다. 일본의 파랑새가 한국에 와서 새나라로 둔갑한 것이었다.

셋째는 SKD 수입 자체가 내포한 문제점이었다. 우선 통째로 들어오니 국산부분품은 하나도 쓰지 않게 되었다는 점이다. 다음에는 완제품 수입에는 포장비가 들지 않는데 SKD 수입에는 포장이 필요했으므로 포장비만큼 더 비싸게 들여와야 했다는 점이다.

　마지막으로 이렇게 수입해 들여오는 경우에도 「자동차공업보호법」이 규정한 특혜 조항의 혜택을 받았다는 점이다. 보호법 제7조는 "자동차의 제조 및 조립에 필요한 시설제 및 부분품은 …… 각령의 정하는 바에 의하여 관세를 면세할 수 있다"라고 규정하였고, 동 8조에는 "허가를 얻은 자가 제조 및 조립하는 자동차에 대해서는 지방세법이 정한 자동차세와 취득세를 …… 감면할 수 있다"라고 규정하였다. 새나라자동차공업(주)도 상공부 장관의 허가를 받아 설립했으니 이런 특혜 조항이 적용된 것은 당연한 일이었다(당시의 사정은 잘 알지 못하나 앞에서 소개한 국정감사 보고서 등을 보면 보호법 특혜 조항 자체가 새나라를 위해서 입법된 것 같은 느낌을 주고 있다). 결국 새나라자동차가 SKD로 도입하는 부품 일체에 대해 관세가 면제되고 새나라가 판매하는 완제품에 대해서는 내국세인 지방세도 감면해 준다는 것이었으니 국내 여론이 들끓은 것은 당연한 일이었다.

　결국 새나라자동차는 1962년에 1,710대를 조립·판매했고 이듬해인 1963년에는 1,063대를 조립하여 모두 2,773대가 제조·판매되었다. 당시로서는 엄청난 이익이 발생했다. 그러나 그것이 마지막이었다. 1963년 말에는 우리나라 외화가 바닥이 나버려 자동차 부품을 수입할 외화가 없었고, 또한 들끓는 여론으로 새나라자동차는 문을 닫게 되었다. 이때 박노정 회장이 모든 도장(이사직)을 갖고 일본으로 떠나 버려 새나라자동차는 마비가 되어 버리고 말았다. 1963년 7월의 일이었다(오원철, 1996: 91~95).

생산 일원화에서 사원화까지

정계와 업계가 뒤엉켜 자동차공업이 방황하고 있는 가운데서
도 정부(상공부)는 자동차산업 육성의 꿈을 버리지 않았다. 원래 「자
동차공업보호법」을 입법했던 당무자들은 그런 특혜 입법을 통해 5
년 이내에 자동차를 완전 국산화하겠다는 다짐과 아울러 그렇게 막
대한 지원을 약속했던 것이다. 그들은 행정적인 측면에서는 자동차
공업 일원화를 추진하였다. 1964년 7월 12일, 자동차공업 심의위원
회는 국내 자동차공업 체계화를 위해 자동차공업 일원화 방안을 의
결하고 경제 각의를 거쳐 대통령 재가까지 받아 최종 확정하였다(9
월 12일).

일원화 방침에 따라 한일은행 관리하에 있던 새나라자동차는
공매에 붙여졌고 새나라자동차를 인수한 사람은 자동차산업을 독점
하게 되었다. 결국 우여곡절 끝에 새나라자동차는 한국 자동차공업
국산화를 처음 시도했다고 주장하는(?) 신진자동차(김창원)에 양도되
었다. 다년간 신문사 경제부장 등을 역임한 박병윤은 그의 저서『재
벌과 정치』에서 새나라자동차 인수 과정을 평하여 "아슬아슬한 정
치 곡예 끝에 새나라자동차를 되물려받았다』고 기술하고 있다(박병
윤,『재벌과 정치』, 224쪽).

새나라(공장 시설과 부지 등)를 인수한 신진은 바로 일본의 자동
차 재벌 도요타와 자본재 도입 및 기술제휴를 맺고 유명한 코로나를
조립하여 판매하기 시작했다.

당시 중앙정부가 지향했던 자동차 일원화 방침은 한 개의 조립
업체를 모기업으로 지정하고 기존의 다른 부품업체를 계열화한다는
것이었다. 이 계획은 국내의 수요가 그렇게 많지 않은 상태에서 여

러 조립업체가 난립하여 경쟁하게 되면 자동차 국산화는 언제 실현될지 모를 일이므로 자동차 국산화를 빨리 실현하기 위해서는 한 개의 조립업체를 정점으로 다른 부품업체를 수직 계열화하여 금융 지원으로 육성하지 않으면 안 된다는 것이었다. 그런데 당시의 신진공업은 정부의 그와 같은 방침에 호응치 않고 일본 도요타와의 CKD 생산만을 고집하였다.

CKD(complete knockdown)라는 것은 자동차 부품을 부품 상태에서 완전 분해하여 도입해 와서 조립공장에서는 용접·도장·조립 등을 하는 생산방식이었다. 그러므로 조립공장 측의 의지만 있으면 개별 부품을 하나씩 하나씩 국산화해 갈 수 있었는데 신진은 그와 같은 노력을 게을리 한 것이다. 일본의 부품을 되도록 많이 들여와서 조립·판매하는 편이 이윤도 많이 남고 제품도 안전하고 견고하다는 생각이었다.

앞에서도 언급했듯이 정부가 1962년에 특혜 조항을 많이 삽입한 「자동차공업보호법」을 제정한 것은 5년 이내에 자동차국산화를 실현한다는 의지를 지니고 있었는데, 새나라와 새나라를 인수한 신진이 호응해 주지 않는다면 그런 의지는 수포로 돌아갈 수밖에 없는 일이었다.

도요타 제품을 CKD 방식으로 들여와 조립·생산하게 된 신진은 순식간에 떼돈을 벌어 재벌 반열에 올라서게 되었다. 1966년 2월에 한국자동차판매회사 설립을 시작으로 신진학원 설립, 한국기계 인수, 경향신문 인수 등 눈부신 속도로 영토를 확장해 나갔다. 또 당초 4억 원에 불과했던 신진자동차의 자본금은 불과 3년도 안 되어 32억 원으로 늘었고 1968년 1월부터 8월 사이의 이익금은 17억 원이나 되었다. 결국 자동차 판매에서 폭리를 취한 것이라는 결론 이외에는 설명할 길이 없었던 것이다(이종재, 『재벌이력서』, 196쪽).

그러나 그와 같은 재리(財利)의 길을 신진에만 독점케 할 리가 없었다. 또한 CKD 방식에 의한 일원화 방식은 신진과 제휴한 일본의 도요타에게 한국 자동차공업 이익의 대부분을 귀속시키는 결과만 가져오고 있었으니, 국내의 여론이 그대로 방관하고 있지 않았던 것이다.

전남 광주에 자동차공업회사를 설립해야 한다는 것을 들고 나온 이문환(李文煥)의 인적상황을 백방으로 추적하였으나 그가 호남 출신이라는 것, 나주비료의 중역을 지냈다는 것 이외의 상황은 끝내 알 수가 없었다. "호남 지방에도 고용을 증대시키기 위해 자동차공장을 세워야 한다"는 명분을 앞세운 이문환의 진정공세는 주무부처인 상공부는 물론이고 청와대·감사원·국회·검찰 등 장소를 가리지 않았고, 그것이 효과를 얻어 마침내 1965년 7월에 회사 설립이 인가되고 이듬해(1966년) 12월에는 외자도입심의회에서 외자 도입 인가까지 통과되었다. 그동안 주무 부처인 상공부가 강하게 표방해 온 일원화 정책이 채 3년을 넘기지 못하고 이렇게 무너진 데는 국산화를 정부 시책대로 추진하지 않고 CKD 생산을 고집해 온 신진 측에 큰 책임이 있었다. 그동안의 일원화 정책이 신진에 대한 특혜라는 여론이 들끓고 있었던 것이다. 그동안 신진이 그렇게 고자세로 일관한 데에는 배후에 대통령 비서실장 이후락(재임기간 1963.12~1969.10)과 중앙정보부장 김형욱(재임기간 1963.7~1969.10)이 있었기 때문이라고 전해지고 있다.

회사 설립이 되고 외자 도입 승인을 받기는 했으나 이문환에게는 재력의 뒷받침이 없었다. 그리하여 처음에는 프랑스 르노자동차와의 제휴를 시도했다가 차관 등의 조건이 맞지 않아 지지부진하다

가 자동차 생산에 들어가기
도 전에 부실기업으로 정리
되어 1969년 12월에 동국제
강으로 경영권이 넘어가고
말았다. 아세아자동차에서는
주인이 바뀌고 나서야 첫 번
째 제품인 피아트(Fiat) 124 승
용차를 생산하게 되었다. 첫

광주에서 생산된 피아트 124

해인 1970년에 1,467대가 생산되었고 국산화율은 30퍼센트였다. 아
세아자동차의 출현으로 우리나라 자동차 공업은 2원화가 되었다. 그
러나 2원화로 끝나지 않았다. 일원화의 둑이 무너지자 너도나도 뛰
어들기 시작하였다. 3번 타자가 현대자동차였다.

건설업을 모체로 한국 제일의 재벌이 되어 있던 현대가 「자동차
공업보호법」의 시한 만료를 기다렸다는 듯이 현대자동차공업회사를
설립했다. 1968년 10월에 회사를 설립한 현대는 미국 포드와 기술제
휴 및 부품공급계약을 맺고 코티나 조립에 착수했다. 현대자동차(주)
가 코티나 승용차를 시판한 것은 1968년 11월부터였고 다음 해 1월
에는 D-750 트럭도 생산 판매했으며 5월부터는 포드 20M도 생산하
기 시작한다. 초창기의 국산화율은 30퍼센트 정도였다.

기아의 창업자인 김철호(金喆浩)는 1905년 경북 칠곡군 가산면에
서 태어났다. 향리에서 초등학교를 나온 후 일본 오사카에 가서 삼
화제작소 견습공부터 시작한 탓으로 수레바퀴공업에 일생을 바친다.
1944년에 귀국한 후 남대문로 5가에 경성정공(주)이란 간판을 내걸
고 영등포구 문래동 5가에 공장 부지를 마련한다.

그가 순 국산으로 삼천리 자전거를 생산·시판한 때는 이미 부

산 피난시대인 1952년이었다. 삼천리 자전거를 시판하기 직전부터 상호를 기아산업으로 바꾸고 있다. 1961년 10월에 CKD 방식으로 기아혼다 C-100이라는 오토바이를 생산하기 시작했고, 1962년 1월에는 역시 CKD 방식으로 기아마스터 K-360, 1963년에는 T-1500이라는 삼륜차를 생산했다. 그러나 당시 기아의 오토바이나 삼륜차는 그렇게 많은 양이 판매되지 않았다. 삼륜차의 경우 K-360은 최대적재량이 300kg밖에 안 되어 손수레만도 못했고, T-1500은 최대적재량은 2톤이나 되었는데 적재함이 작아서 부피가 큰 것은 실어 나르지를 못했다. 이삿짐 운반은 마차보다도 못했다고 한다.

제1차 삼륜차 산업인 K-360과 T-1500의 부진을 거울삼아 1966년부터 시작한 제2차 삼륜차 생산에는 보다 신중을 기하여 T-1500보다 길이 약 80cm, 너비 약 15cm를 더 키워 역시 CKD 방식으로 생산했다. 1967년 1월에 첫 제품인 기아마스터 T-2000을 내놓았는데 이번에는 대히트였다. 기아마스터의 기적이 일어난 것이다. 출시되자마자 수요가 폭발하여 날개 돋힌 듯 팔려나갔다. 1967년에 1,200대, 1968년에 2,602대, 1969년에는 4,138대가 팔려나가 1973년까지 모두 1만 5,952대 판매라는 놀라운 실적을 기록한다. 기아라는 이름의 재벌이 탄생한 것이었다.

기아가 엔진과 주물에서 도장·조립까지 자동차 제조에 관한 일관공장을 짓기 위해 경기도 시흥군 서면 소하리에 대지 23만 평 건평 1만 6,000평 규모인 공장의 기공식을 거행한 때가 1970년 11월 10일이었다. 이 사실은 매우 큰 의미를 지니는 것이었다. 즉, 다른 자동차회사에도 이제는 SKD나 CKD로 자동차를 조립하는 시대는 지나가 버렸다는 사실을 똑똑히 인식시키는 일이었기 때문이다. 소하리 공장이 준공된 때가 1973년 6월이었고 그해 11월에 기아의 창업주 김철호가 사망한다. 향년 68세였다. 소하리 공장에서 국내 최초로 가솔린 엔진(AV) 2000cc를 생산한 때는 1973년 7월 4일이었고, 같은 날 4륜 화물차 타이탄 E가 생산되고 있다. 이 시점에서 한국의 자동차공업은 완전한 사원화가 되어 있었다.

브리사와 포니: 새 신화의 창조

정부(상공부)가 기아산업에게 4륜자동차 생산을 허가할 때 조건을 하나 달았다. 5톤 이하짜리 화물차만 생산할 수 있다는 조건이었다. 아마 기아까지 승용차 생산에 뛰어들면 과당경쟁이 일어날 수 있음을 우려했기 때문이기도 하고, 기아마스터 등으로 화물차에 강한 기아의 특성을 살려 화물차에만 진력해 달라는 뜻도 있었을 것이다.

박정희 대통령이 기아의 소하리 공장을 예고 없이 방문한 것은 1974년 4월 5일이었다. 식목일 행사에 참석했다가 갑자기 결심했다고 하며 공장에 당도했을 때의 수행원은 겨우 김정렴 비서실장, 박종규 경호실장 두 명뿐이었다고 한다. 불시에 소하리 공장을 방문한 이유는, 한국 최대 규모의 제조업 공장, 한국 최초의 엔진 생산 공장 등에도 관심이 있었겠지만 무엇보다도 김철호 사장의 출생지가 대통령 생가와 가까워(직선거리로는 10km 정도밖에 되지 않는다) 평소에 남다른 관심이 있었기 때문일 것이다.

공휴일(식목일)이라서 거의 모든 직원이 출근하지 않았는데, 마침 출근해 있던 김선홍 기술상무의 안내로 공장 구석구석을 돌아보다가 문득 "국민차는 언제쯤 생산되느냐?"고 물었다. 기아는 아직 승용차 생산은 불허가 상태에 있었으니 "각하! 아직 제작 허가가 나오지 않고 있습니다"라고 대답할 수밖에 없었다. 박 대통령이 김 비서 실장에게 "어떻게 된거요?"라고 되물었고, 김 실장이 "상공부와 협의해서 곧 조치하겠습니다"라고 답변했다. 기아에게 승용차 제작 승인이 난 것은 그로부터 약 한 달 후였다고 한다. 가솔린 엔진(PC) 1000cc는 이미 1973년 12월에 개발되어 있었다. 이때 기아산업에 승용차 생산이 허용된 이유는, "창업자 김철호 회장이 타계했을 때 상속세 납부가 매우 성실했다 해서 박 대통령으로부터 칭찬을 받은 적이 있었는데, 기아산업의 그와 같은 성실성이 높이 평가되었기" 때문이라는 견해도 있다고 한다(박병윤, 1982: 227).

기아가 브리사(S-1000) 승용차를 생산·시판한 때는 1974년 10월이었다(S는 Sohari 및 Seden의 머리글자였으며 1000은 1000cc급의 배기량을 의미했다). 기아는 1974년 브리사(Brisa)를 생산하면서 엔진·추진축·클러치 등을 국산화하여 63.01퍼센트의 국산화율을 달성하였다. 다음 해인 1975년에는 77.83퍼센트, 1976년에는 89.47퍼센트까지 국산화율을 높였다. 우리나라 자동차 국산화의 공적은 기아산업, 특히 그 창업주 김철호에게 돌려야 하는 것이다. 1974년에 617대를 생산하여 그중 22대를 판매했으며, 1975년에는 1만 202대를 생산하고 1만 757대를 판매하여 브리사 시대를 열었다. 1973년부터 시작된 제1차 에너지 파동으로 휘발유 값이 급등하여 1000cc 이하의 배기량을 가진 브리사가 큰 인기를 끈 것이다. 결국 브리사는 1983년까지 모두 3만 1,017대가 생산되어 내수 판매 2만 9,432대, 수출 1,526대의 영업 실적을 올렸다. 1976년 말 당시 서울 시내에 운행되던 택시의 총수는 1만 1,930대로 집계되었는데, 이 가운데 브리사가 6,090대로 51.2퍼센트를 차지하였으며, 코티나가 2,602대로 21.8퍼센트, 시보레 1,583대로 13.3퍼센트, 포니 991대로 8.3퍼센트, 코로나 570대로 4.7퍼센트,

피아트 67대로 0.5퍼센트를
각각 차지하였다고 한다
(『기아 50년사』, 214~216쪽).

한국 국민차 1호 포니(사진은 포니 2 모델)

기아에서 브리사 생산
판매에 사운을 걸고 있을
때 그동안 포드사와 제휴하
여 코티나, 포드 20M 등을
생산해 왔던 현대자동차에
서는 정주영(鄭周永) 회장의 진두지휘 아래 새 공장 건설에 박차를 가
하고 있었다. 1970년에서 1973년 1월까지 계속된 포드와의 장기 협
상이 결렬되었기 때문이다. 현대는 완성차 생산을 주장했고 포드는
전문화된 부품생산기지가 될 것을 권유했다고 한다. 정주영 회장이
내건 새 공장 건설 기본 방침은, "①고유 모델의 승용차를 개발하
여 수출 주력상품화한다. ②외국 기업과의 자본제휴는 하지 않는
다. ③종합 자동차공장을 건설하되 완전 국산화한다. ④국제경쟁력
이 가능한 대규모로 한다" 등이었다.

현대자동차는 1974년 6월 마침내 국산화율 80퍼센트의, 최초의
한국형 국민차 포니 개발에 성공한다. 포니는 일본 미쓰비시로부터
기술을 도입하고 이탈리아 이탈디자인(Ital Design)에 디자인을 의뢰해
개발한 것으로, 같은 해 10월 토리노 세계자동차박람회에 선을 보이
자 국내외 언론과 관계자들로부터 뜨거운 호응을 받았다. 1975년 11
월 종합자동차공장 완공과 함께 대량생산에 들어간 포니는, 한국인
의 취향과 체격, 도로 사정에 맞게 설계된 본격적인 국민차였다. 아
울러 내구성이 강하고 가격경쟁력까지 갖춘 경제형 승용차였으므로,
이후 마이카 시대의 기틀을 다지는 동시에 자동차산업을 수출전략

산업으로 발전시키는 원동력이 되기에 이른다. 조랑말을 의미하는 포니(Pony)라는 단어는 바로 한국 자동차산업의 혁명을 가능하게 한 주역의 이름이었다.

기아의 브리사가 1만 757대 판매라는 기록을 세운 해가 1975년 이었다. 바로 다음 해인 1976년에 첫선을 보인 포니는 시판 첫해에 1만 726대를 판매함으로써 (그해 6,916대를 판매한) 브리사를 가볍게 제쳐 버렸고, 1977년에는 1만 9,847대, 1978년에 3만 8,411대, 1979년 에는 4만 6,971대를 판매함으로써 1970년대의 4년간(1976~1979) 10만 대 판매라는 기록을 세워버린다. 바로 기적이 일어난 것이었다.

이합집산, 영고성쇠의 역정

주 4원칙에서 신진의 몰락까지

자동차 공업의 이합집산, 영고성쇠는 실로 다양다기하였다. 자 동차산업이 다른 기업들에 비해 덩치가 큰 만큼 이합집산의 영향도 컸음은 당연한 일이었다.

이 업계 최초의, 그리고 그 영향이 컸던 것은 신진과 도요타의 결별이었다. 신진이 도요타와 기술제휴한 때는 1966년 1월, 신진이 새나라자동차를 인수한 직후였다. 도요타와 제휴한 신진은 그해 5 월 하순부터 코로나 승용차를 CKD 방식으로 생산·판매했다. 그 후 1967년 5월 1일부터는 중대형의 크라운 승용차를 시판하였고, 같은 해 12월에는 6톤짜리 카고 및 덤프트럭 생산, 1968년 4월에는 8톤짜 리 카고 생산, 4개월 후인 1968년 8월에는 파브리카 승용차 및 10톤 트럭 생산, 1969년 4월에는 미니 버스 생산, 역시 4개월 뒤인 1969년 8월에는 신진 지프 생산 등, 1966년 초에서 1970년 말까지의 5년간은 바로 신진-도요타 밀월시대였으며, 한국 자동차업계에서는 사실상 신진자동차의 독보시대가 계속되고 있었다.

도요타의 가토 부사장 일행이 이락선(李洛善) 상공부 장관을 찾아간 때는 1970년 12월 7일이었다. 그 자리에서 가토가 통고한 내용은 "도요타는 중국에 진출하기로 결정했다"라는 것이었다. 이 말은 바로 "도요타는 앞으로 한국과의 관계를 끊겠으니 그렇게 알라"는 말이었다. 그 밑바탕에는 이른바 '주 4원칙(周 4原則)'이라는 것이 있었다. 주 4원칙은 1970년 4월 19일에 있은 일본·중국 무역회담에서 당시 중국의 주은래 수상이 천명한 네 개의 원칙인데, 그 내용은 다음과 같다.

① 한국과 대만을 돕는 자나 상사와는 교역하지 않는다.
② 한국과 대만에 다액의 자본투자를 한 자나 상사와는 교역하지 않는다.
③ 베트남·라오스·캄보디아에 대한 미국의 침략에 무기·탄약을 제공하고 있는 자와는 교역하지 않는다.
④ 일본에 있는 미·일 합작기업 및 미국 회사의 자회사와는 교역하지 않는다.

이것은 곧 한국 등 반공국가와는 교역을 하지 않겠다는 것이었고, 동시에 한국 등 반공국가와 교역을 하고 있는 회사도 교역 상대로 하지 않겠다는 내용이었다. 다시 말하면 한국과 교역을 하고 있는 일본 회사는 상대를 하지 않겠다는 정책이었고, 중국과 교역하고 싶으면 한국과는 손을 끊으라는 협박이었다. 그러므로 중국에 진출하겠다는 도요타의 통고는 바로, 도요타는 신진과의 제휴관계를 끊을 뿐만 아니라 한국 내의 어떤 회사, 어떤 기관과도 단교하겠다는 의사를 통고해 온 것이었다. 국제간 상도의(商道義)를 무시한 정말로 무례한 통고였지만, 그동안 국산화율을 높이지 않고 CKD에만 전념해 온 신진에게는 응당 돌아가야 할 징벌이기도 한 것이었다.

1966년에 도요타와 제휴한 이래 한국 자동차제조업 시장에 군림하다시피 한 신진은 갑자기 홀아비 신세가 되었다. 신진은 서둘러 파트너를 찾아야 했다. 부랴부랴 미국으로 건너가 세계 제1위의 자동차 메이커인 제너럴모터스(GM)와 손을 잡고 GM코리아라는 합작회사를 설립했다.

그런데 GM과 신진의 합작계약은 신진이 너무 서둘러 얼떨결에 맺어 버린 결과로 엄청난 불평등계약이 되어 버렸다. 즉, GM코리아(GMK)는 자본금 4,800만 달러를 GM과 신진이 50대 50의 비율로 출자하고 각종 차관 5,000만 달러로 자동차 부품을 들여와 승용차를 비롯한 각종 차량을 조립하여 판매하기로 했는데 합작계약의 주요 내용을 보면, ① 경영권을 미국 측 투자자인 GM에서 장악하고, ② GM 자신이 참여한 합작사업임에도 불구하고 기술지도에 대해서는 엔진, 기타 부품, 승용차, 트럭 등 차종에 따라 평균 매상의 3퍼센트에 해당하는 로열티를 지불하며, ③ GM 측은 경영권을 장악하고 있음에도 불구하고 경영지도료라는 명목으로 매년 75만 달러씩을 GMK로부터 징수토록 되어 있었다.

특히 GM의 경영권 장악은 신진에게 치명타였다. GM은 좁은 한국 시장을 상대로 신제품을 개발하기보다는 세계시장을 상대로 한 마케팅 전략의 일환으로 GMK의 경영정책을 수립했다. 그 대표적인 사례가 시보레 1700의 도입이었다. 세계시장에서 발붙일 곳을 잃어 버린 실패작을 들여와 GMK는 멍이 들어 버렸고 신진의 붕괴가 시작되었다. 신진의 경영이 부실화되자 결국 대규모 출자은행이었던 산업은행이 신진자동차 출자분을 인수하게 되었고 회사명도 새한자동차로 변경되었다. 1976년 11월 17일이었다. 이로써 10여 년 이상 우리나라 자동차업계에 군림하던 신진자동차는 영영 그 자취를 감추게 되었다. 산업은행은 1978년 7월 자신이 갖고 있던 새한자동차의 주식을 대우중공업에 넘겼다. 대우자동차(주)의 출발이었다.

1976년 포니의 수출을 계기로 자동차가 수출산업의 주역이 될 수 있다는 새로운 가능성을 엿본 우리나라는, 1977년 11월에 자동차를 수출전략산업으로 선정한 데 이어 1979년 1월에는 10대 수출전략산업으로 지정함으로써 세계화를 향한 새로운 국면을 맞이하게 된다. 이 시기는 고유 모델 개발을 통해 기술을 축적하고 수출산업화의 기틀을 마련했다는 데에 중요한 의미가 있다.

주요 자동차업체가 앞을 다투어 기술연구소를 설립하는 등 독자적인 기술 기반 구축을 위해 인력 양성과 기술 개발 활동에 박차를 가하였는데, 1990년대 초에 이룩한 고유 모델 엔진의 개발이 시작된 것도 바로 이 시기였던 것이다.

2·28 조치에서 봉고신화까지

1970년대 초부터 집중 육성되기 시작한 한국 자동차산업은 이후 업계의 노력과 정부의 지원하에 부품 국산화율을 95퍼센트까지 끌어올리는 등 괄목할 만한 성장을 이루게 된다. 자동차 생산 대수도 1977년 8만 4,000대에서 1979년에는 20만 2,000대로 크게 증가하였고, 수출 역시 1978년 2만 대를 돌파한 이후 해외시장 다각화를 모색하고 있었다.

그러나 이러한 성공은 정부와 기업 모두에게 과도한 육성 의지를 불러일으켜 마침내 과잉투자를 초래하게 된다. 자동차업계의 시설투자는 1977년 240억 원을 기준으로 1978년 140퍼센트, 1979년 87퍼센트 식으로 급성장하게 되는데, 이러한 과잉투자는 1979년 전 세계적으로 불어 닥친 제2차 석유파동으로 국내외가 극심한 불경기의 늪에 빠지는 중요한 요인이 된다. 이른바 제2차 석유파동과 10·26, 12·12 등의 정치 파동이 같은 해에, 그리고 거의 때를 같이하여 일어났다는 데 자동차업계의 비극이 있었다.

당시의 연표를 보면 정부(동력자원부)는 1979년 6월부터 에너지 절약대책을 발표하고 있고, 그해 7월 9일에는 석유류 가격 59퍼센트, 전기료 35퍼센트를 인상하고 있다. 이른바 제2차 석유파동이란 것이었다. 전국의 네온사인이 꺼져 버렸고 금요일 오후만 되면 주유소마다 기름을 넣기 위한 차량들이 길게 줄을 지었다. 토·일 양일간은 주유소가 문을 닫았기 때문이었다.

석유파동이 아직도 계속되고 있던 그해 10월 26일, 박정희 대통령이 서거하였고 12월 12일에는 군사 쿠데타가 일어나 소위 신군부세력이 사실상 집권하게 된다. 1980년 5월 17일에 전국적으로 계엄령이 선포되었으며, 정계·노동계 등의 요인과 학생·노조 간부 다수가 부정부패·사회 혼란·소요 조종 등의 혐의로 체포·구금되었다. 5월 18일에 광주민주화운동이 일어났으며 그것이 진압되자마자 국가보위비상대책위원회(약칭 국보위)가 구성되었다. 이때가 1980년 5월 31일이었으며 국보위란 바로 입법부·행정부를 겸하는 기구였다. 9,000명에 달하는 각급 공직자가 숙청·추방되었고 폭력배 등 6만여 명이 검거되어 그중 상당수가 삼청교육대로 보내져 강제 훈련을 당했으며, 170여 개의 정기간행물이 폐간되는 등 언론 통폐합도 이루어졌다. 동아일보사가 운영하던 동아방송(라디오)이 탈취되어 KBS로 이관되었고 중앙일보사의 자매회사였던 동양방송(TV, 라디오)도 탈취되어 KBS 제2방송이 되었다. 필자는 그와 같은 일련의 현상을 '신군부에 의한 공포정치'라고 정의하고 있다. 자동차업계에 불어 닥친 8·20, 2·28 조치도 신군부 공포정치의 일환이었다.

에너지 파동에다 정치 변혁까지 겹쳤으니 국민경제가 도탄에 빠지고 자동차 수요가 격감한 것은 당연한 일이었다. 즉, 1976년에서 1978년에 걸쳐 매년 10퍼센트 이상을 기록했던 경제성장률은 1979년에 6.4퍼센트로 떨어졌고 1980년에는 -5.9퍼센트로 곤두박질쳤다. 아울러 휘발유 소비를 줄이기 위한 시책으로 차량등록세 신설, 자동차세 인상 조치 등이 있었으니, 자동차 수요가 극도로 위축되어 자동차업체의 매출액이 크게 감소될 수밖에 없었고 자동차 생산 대수도 1979년의 20만 2,000대에서 1981년에는 12만 8,000대로 절반 가까이 줄어들게 된다.

1980년 8월 20일, 국보위 상공분과위원회는 경기 침체의 타개책으로 중화학 분야 투자조정조치라는 것을 발표했는데 그 내용은 경기 부양에 파급 효과가 큰 자동차산업을 크게 개편하는 것으로, ① 현대자동차와 새한자동차를 통합하고 현대자동차에서 경영을 맡아 승용차를 전문 생산하고, ② 기아산업은 승용차 생산을 포기하고 1톤 이상 5톤 이내의 트럭과 버스를 전문 생산하며, ③ 5톤 이상의 트럭과 버스는 자유경쟁의 원칙에 따라 현대-새한자동차와 기아산업이 계속 생산한다는 것이었다.

그러나 ①번에 제시한 현대와 새한의 합작에 대해 새한의 합작선인 미국 GM 측에서 쉽게 납득할 리가 없었다. 결국 현대-GM의

협상은 결렬되었고 8·20 조치는 실현하기 어렵게 되었다. 그렇게 현대자동차와 새한자동차가 줄다리기를 하는 동안 업계는 중병을 앓게 되었고 6개월이란 세월을 앓고 보니 빈사 상태가 되어 있었다(오원철, 1996: 282~283). 이렇게 8·20 조치가 난관에 부딪히자 정부는 1981년 2월 28일자로 자동차공업 합리화 조치라는 것을 내놓았는데 그것이 바로 2·28 조치였다.

2·28 조치의 내용은, ① 승용차 생산은 현대자동차와 새한자동차로 이원화하여 경쟁체제를 유지하고, ② 기아산업과 동아자동차공업을 통합하여 차종별 전문 생산체제를 강화하며, ③ 이륜차 생산은 대림공업과 효성기계공업으로 이원화한다는 것이었다.

그런데 8·20 조치라든가 2·28 조치라는 것은 "수요는 한정되어 있는데 생산업체가 난립하여 과당경쟁을 함으로써 생산 과잉이 되고 부실기업화하고 있다. 그러므로 그와 같은 폐단을 줄이려면 업체를 통합하여 제품을 특화해야 한다"는 것이었다. 일리는 있는 이야기이지만 다른 한편으로는 지극한 편견이었다. 회사마다 시설이 달라서 평면적으로 통합을 해 보았자 생산되어 나오는 것은 한 가지 차종일 수 없고 두 가지 또는 세 가지일 수밖에 없기 때문이다.

결론적으로 현대자동차와 새한자동차는 2·28 조치로 별로 불이익을 입지 않았다. 두 회사 모두 트럭 생산의 비중이 그렇게 크지 않았기 때문이다. 결국 크게 타격을 입은 것은 기아산업이었다. 자동차공업 합리화 조치는 이름만 합리화 조치였지 내용은 기아에 대한 승용차 생산 금지 조치였다. 이 방안으로 기아와 동아는 쓸모없는 합병 논의만 되풀이했다. 그와 같은 통합이 사실상 불가능하다는 것을 알게 된 정부가 "통합을 백지화한다"고 통보한 때가 1982년 7월 24일이었다.

자동차 통폐합 조치 파동으로 가장 큰 피해를 입은 회사는 기아산업이었다. 『기아 50년사』에 의하면 1980년 당기손실금이 237억 원이나 되었고, 1981년도 경영에서는 피나는 긴축과 감량의 축소 경영으로 오토바이 사

신화를 낳은 봉고 코치

업을 위시한 5개 계열기업을 처분하였음에도 불구하고 경영 실적은 당기손실금 266억 원으로 나타났다. 1980년의 적자를 합치면 누적 적자가 503억 원이나 되었던 것이다.

기아는 승용차 생산은 하지 못했으나 종업원들이 일치단결해서 회사 재건에 나섰다. 그리고 봉고 승합차를 세상에 내놓았다. 봉고 승합차는 트럭을 겸한 승합차로서 12인승에 디젤엔진을 사용하여 세금도 싸고 기름값도 쌌다. 당시 국민의 시대적 욕구를 충족시키는 신형 차종이었고 그래서 판매량이 늘어났다. 1981년 말에 선을 보였는데, 1981년에 1,022대가 팔렸고, 1982년에는 1만 1,311대, 1983년에는 1만 7,141대를 판매했다. 그럼에도 수요는 계속 늘어나 1987년에는 3만 464대를 생산했다. 그래서 기아는 회생하게 되었고 세상에서는 이를 가리켜 기아의 봉고 신화라고 했다.

기아그룹의 좌초

기아자동차가 광주에 본거를 두고 있던 아시아자동차를 인수한 때는 1976년 8월이었다. 당시 아시아자동차의 부채 규모는 125억 5,000만 원이었다.

창업자 김철호의 대를 이어 제2대 회장에 취임해 있던 김상문(金相汶)이 기아산업의 자본과 경영을 분리하여 전문경영인에게 기업을 맡기고 자신은 경영진에서 물러나겠다는 뜻을 밝힌 때가 1981년 10월 2일이었고, 기술이사 출신인 김선홍(金善弘)이 제7대 사장에 취임하였다. 김선홍은 서울대학교 공대 기계공학과 출신이며, 1958년 4월 공채 1기로 기아에 입사하여 상무, 전무이사를 거쳐 입사 23년 만에 최고경영자의 자리에 오른 것이었다.

김선홍 체제 아래에서 2·28도 겪었고 봉고 신화도 이룩하였으며, 기아는 승승장구하며 성장할 수 있었다. 당시의 신문·방송·경영전문지 등 거의 모든 매스컴은 여러 측면에서 기아의 기사회생을 다각도로 분석·보도하였다. 1980년도 적자 237억 원, 1981년도에 적자 266억 원이던 것이 1982년도부터 흑자로 전환하여, 1982년에 단기순이익 39억 원, 1983년에는 순이익 291억 원의 실적을 올려 기아는 그해 100대 상장기업 중 순이익 1위에 올랐다. 이어 1984년도에도 단기 순이익 234억 원을 달성하여 3년 동안의 흑자 누계가 564억 원에 이르러 전문경영인 체제의 성공으로 크게 찬양되었다.

『기아 50년사』를 뒤져보면 그 후에도 기아는 월드카 프라이드 생산, 다목적 패밀리카 베스타 생산, 2000cc 급 승용차 콩코드 생산, 첫 독자 모델 승용차 세피아 생산, 3,000cc 급 승용차 포텐샤 생산, 수출 전략 차종 아벨라 생산 등 승승장구하는 모습만을 그리고 있다. 그런 기아가 언제부터 헤어날 수 없는 적자 기업으로 전락한 것일까?

1997년 들어서는 대기업의 몰락이 연이어 보도되고 있다. 건설업으로 성공하여 철강기업으로 전환한 한보그룹의 도산이 첫 번째였고 뒤이어 특수강으로 이름을 떨쳤던 삼미그룹이 좌초한 데 이어 소주업계의 대표주자 진로그룹의 좌초, 면방과 라면 등으로 유명한 대농그룹의 좌초, 이어서 전문경영인 그룹의 대표주자였던 기아그룹의 좌초가 보도되었다. 1990년대에 들어서면서 기아그룹은 재계 서열 제8위에 올라 있었고 1996년의 매출액은 12조 원에 달하고 있었다. 실로 엄청난 성장이었다. 산하에 28개의 계열사가 있었고 해외 법인만 10여 개에 달하고 있었다. 그런 대기업이 무슨 이유로 좌초해야 했던가? 그 이유를 이한구는 『한국재벌형성사』에서 다음과 같은 다섯 가지로 요약하고 있다.

> 첫째, 1976년에 산하 기업으로 편입한 아시아자동차가 만성적인 적자 상태에 있었다.
> 둘째, 건설업 경기 퇴조로 산하 기업인 건설업체 (주)기산의 1조 2,000억 원이 넘는 자금이 건설 현장에 묶여 있는 상태에 있었으며, 역시 산하기업인 기아특수강은 1995~1996년 동안 무려 1,600억 원의 적자를 기록하였다. 특수강 수요의 부진이 주원인이었다는 것이다.
> 셋째와 넷째, 경영층간의 알력과 강성 노조이다. 오랫동안 소유와 경영이 분리된 채 공기업 형태로 운영되어 온 탓에 기아는 국내 여러 재벌들에 비해 노동조합의 힘이 막강하였다고 한다. 그리고 오랜 전문경영인 체제하에서 경영층간의 갈등은 강성 노조와 함께 기아그룹의 자체적인 구조조정 작업을 힘들게 하였다.
> 다섯째, 이상과 같은 상황에서 대규모 부실채권을 우려한 금융기관들이 기아그룹에 대한 대출금 회수에 나섰고, 급기야는 그룹 전체를 회생할 수 없는 처지로 몰아넣었다.

기아가 최종적으로 좌초한 날은 1997년 7월 15일이었고, 그룹 전체가 금융권에 진 부채의 총액은 은행·제2금융권을 합쳐 총 9조 4,000억 원이 넘었다.

2005년 현재에도 기아자동차(주)라는 상장법인은 현존한다. 그러나 주주 및 경영주가 1997년 이전과 다르다. 매경출판(주)이 발행한 『회사연감(상)』 2003년 판에 의하면 기아자동차 주식회사의 종업원은 3만 204명이며, 주주는 현대자동차(36.3퍼센트), 우리은행(12.8퍼센트), 현대캐피탈(9.7퍼센트)로 구성되어 있다. 대표이사는 두 명이며 그중 한 명은 현대자동차(주) 오너인 정몽구가 겸하고 있다. 즉, 기아자동차(주)는 현대자동차(주)의 자회사가 되어 있는 것임을 알 수가 있다. 창업자 김철호의 공적을 생각하면 실로 애석한 일이다.

대우의 석권과 몰락

GM과 동등하게 새한자동차 지분의 50퍼센트를 갖고 있던 산업은행 측 지분을 대우가 인수하여 한국 경제계의 풍운아 김우중이 자동차 제조업에 참여한 때는 1978년 7월이었다. 5년 후인 1983년 1월에 새한은 대우자동차(주)로 상호가 변경되었고, 1992년에는 대우가 GM 측 지분 50퍼센트를 전량 인수함으로써 대우의 독자경영 체제가 되었다. 이미 대우가 경영에 참여한 1980년대 후반부터 승용차 르망, 경차 티코, 중형차 프린스 등을 생산·시판함으로써 그 존재를 과시해 왔던 대우자동차는, 독자경영 체제로 들어가자 바로 국내 무대를 벗어나 유라시아 대륙을 석권하기 시작한다. 대우자동차(주)의 연보를 보면 다음과 같다.

- 1992년 8월 우즈베키스탄과 자동차 생산 합작계약, 1996년 7월 우즈베키스탄 공장 가동 개시.
- 1993년 9월 중국 계림객차와 합작계약, 1995년 8월부터 중국 버스 공장 생산 개시.

- 1994년 7월 인도 DCM사와 합작계약, 1995년 8월부터 인도 자동차공장 생산 개시.
- 1994년 1월 루마니아 국영 자동차공업과 합작계약, 1996년 3월부터 루마니아 공장 생산 개시.
- 1995년 8월 폴란드 국영 자동차공장 FSO사 지분 인수, 1996년 5월 폴란드 공장(FSO) 가동.

중국과 인도, 우즈베키스탄에 이어 루마니아, 폴란드로 진출하여 기업의 경영 영토를 확장해 갔으니, 그것은 바로 칭기즈칸의 행로와 동일한 것이었다.

실크로드의 중간 기착지 우즈베키스탄의 카리모프 대통령은 김우중 회장을 칭기즈칸에 비유해 '킴기즈칸'이라고 불렀다. 그러나 이것이야말로 김 회장의 미래를 예견한 말인지도 몰랐다.

이 유목군단은 어느 날 갑자기 역사의 전면을 질풍처럼 내달렸다가 종말에 대한 예고도 없이 너무도 허무하게 역사의 뒤안길로 사라져 버렸다. 인간 김우중과 그의 군단이 해냈던 유라시아 진군 또한 유목군단의 그 운명을 바로 밟아나갔다.

중국, 인도, 우즈베키스탄을 거쳐 루마니아와 폴란드로 밀고 들어갔던 그의 행군로는 놀랍게도 한때의 몽골제국과 너무도 닮아 있다. 그것은 문명의 변방이었고 변방을 통해 문명을 포위하는 전략이기도 했다(한국경제신문, 『대우, 자살이냐 타살이냐』, 201쪽).

카리모프 대통령의 말 그대로 김우중 회장은 칭기즈칸의 진군로를 따라 동유럽으로 진군해 들어갔다. 자동차를 앞세워 전자, 중공업, 건설, 금융을 선단으로 묶은 대우군단의 전진이었다. 우즈베키스탄, 중국, 인도, 루마니아를 거쳐 폴란드에 닿은 때가 바로 1995년

8월이었다(한국경제신문, 2002: 204).

그러나 그와 같은 글로벌 확장은 상호간에 한 치의 오차나 차질도 없는 전체적인 전진이 전제되어야 했다. 김 회장은 "앞으로 동구권은 서구권에서 짜놓은 부흥계획에 따라 연 10퍼센트 이상씩 성장해 갈 것이다. 그러면 자동차 수요도 그에 따라 올라갈 것"이라고 예측하였다. 그러나 신흥 시장은 예상했던 만큼 빠르게 성장하지 않았다. 1997~1998년 두 해 동안 해외 공장의 가동률은 고작 30~40퍼센트에서 맴돌았다. 그렇다고 남아도는 기계와 인력을 놀릴 수도 없었다. 손해를 보면서라도 차를 만들어 팔 수밖에 없는 상황은 대우자동차의 재무 상태를 점점 더 악화시켜나갔다. 대우그룹이 침몰한 때는 1999년 7월 19일이었다. 21조 원 이상의 부도를 내고 한때 한국 재계 서열 제2위까지 올랐던 대우그룹이 침몰하고 김우중 회장은 해외로 도피한다.

대우그룹 몰락 후 대우자동차는 산업은행의 관리를 받다가 2002년에 다시 GM에게 소유권이 넘어가 현재는 GM DAEWOO라는 이름으로 자동차를 생산하고 있다.

르노 삼성의 출범

1994년 11월, 부산시 강서구 신호동에 세워진 (주)삼성자동차만큼 구설수에 오른 기업은 없었을 것이다. 그중 대표적인 것 몇 개만 옮겨보면 다음과 같다.

- 국내 업체간 과다한 출혈경쟁을 유발하고 공급 과잉, 중복 투자 같은 부정적인 요소가 너무나 많다.
- 거대 재벌의 끈질긴 로비와 부산지역의 정치 정서를 총동원하

여 김영삼 대통령의 결재를 얻어냈다.

- 55만 평 공장 부지를 조성하는 데 6,000억 원이 들었다. 그것은 현대자동차 아산공장이나 기아자동차 화산공장의 총 부지비용이 1,000억 내지 1,500억 원이었다는 점과 비교하면 네 배나 비싼 비용을 지불한 것이다.
- 갯벌 위에 지은 공장은 주변 땅이 계속 가라앉는 바람에 플로팅(공중에 떠 있는) 공장이라는 별명이 붙었다.
- 공장설비 완공에 1조 8,000억~2조 원을 쏟아 부었다. 부산지역을 고집한 대가 치고는 너무나 비쌌다.
- 삼성이 닛산과 체결한 계약은 삼성에 불리하고 닛산에 유리하다. 삼성은 닛산에 1차 기술도입료로 19억 엔을 일시불로 지불했다. 여기에다 삼성차 한 대가 굴러 나올 때마다 1.6~1.9퍼센트의 로열티를 따로 지불한다.
- 삼성자동차는 매출 규모보다 오히려 적자가 많은 철저한 부실경영회사이다.

이상이 1990년대 당시 삼성자동차에 퍼부어진 구설이었다. 국내 최대 재벌인 삼성이 주력업종인 전자나 물산 외에 자동차까지 운영하는 데 대한 구설치고는 좀 지나친 감이 없지 않았다. 삼성은 그와 같은 구설수들을 참아가면서 SM5 승용차를 묵묵히 생산하고 있었다.

그런데 삼성자동차에게 매우 불리했던 것은, 1997년 12월부터 한국 경제가 IMF 관리체제에 들어가 온 나라가 엄청난 긴축경제를 감수하게 되어 자동차 신규 수요 같은 것은 완전히 사라졌다는 점, 둘째, 1998년 12월부터 이른바 빅딜 선풍이 불어 닥쳐 대우가 가진 전자공업 기능과 삼성의 자동차산업 기능을 서로 맞바꾼다는 계획이 진행되었다는 점이다. 아마 삼성자동차는 빅딜 선풍이 불고 있던

1998년 12월경부터 문을 닫고 휴업 상태에 들어간 것 같다. 삼성자동차가 다시 문을 연 것은 2000년 9월 1일부터의 일이고, 그때의 상호는 르노삼성자동차(주)였다. 프랑스의 자동차제조업자 르노와의 합작이 이루어진 것이다.

르노삼성의 연보에 의하면 2001년 5월 4일 SM5 10만 대 생산 돌파, 2002년 1월 31일 월 판매 9,000대 돌파, 동 5월 31일 월 판매 1만 대 돌파, 동 7월 10일 SM5 20만 대 판매 돌파, 동 9월 12일 SM3 판매 개시 등으로 이어지고 있다. 조용한 그리고 꾸준한 생산 활동이 계속되고 있음을 알 수가 있다.

자동차의 생활화, 생활의 자동차화

자동차가 먼저인가 도로가 먼저인가라는 문답은 마치 닭이 먼저냐 달걀이 먼저냐와 마찬가지이다.

경부고속도로에서 시작하여 호남·남해·영동고속도로로 이어진 박정희 대통령의 고속도로 건설은 전두환·노태우 정권 때도 그대로 계승되었고, 김영삼·김대중 정부에서도 꾸준히 계속되었다. 한 가지 예를 들면, 지금부터 30년 전에는 자동차로 영동지방인 속초·강릉·삼척으로 갈려면 대관령을 넘는 것밖에 다른 방법이 없었다. 그런데 지금은 진부령·미시령·한계령·대관령·조침령·구룡령·삽당령·백봉령으로 이어지고, 조금 규모가 작은 것으로는 진고개·닭목재·댓재·화방재·피재로 이어진다. 30년 전에는 한 개뿐이던 길이 지금은 열두 개, 열세 개의 길이 되었으니 편리하다 못해 오히려 헷갈리기까지 한다.

도시 내부도로도 사정은 동일하다. 1960년대 후반의 불도저 시장 김현옥, 1970년대의 두더지 시장 양택식, 황야의 무법자 구자춘을 비롯하여 지난 30년간 이 나라 방방곡곡의 시장·군수치고 도로·교량에 심혈을 기울이지 않았던 행정인은 단 한 사람도 없다. 어찌 행정인 뿐이랴. 여야 국회의원, 도·시·군의원, 건설업자, 남·여 노무자까지 수많은 사람들이 이에 심혈을 기울였다. 그동안 얼마나 많은 돈과 피와 땀이 도로·교량 위에 뿌려졌는지 생각해 보면 실로 아득하기만 하다. 도로·교량의 양으로만 따지면 한국은 일본보다도 훨씬 밀도가 높은 나라이고, 세계 각국을 통해서도 그 예가 드문 나라에 속할 것이다. 간혹 지방에라도 갔다가 돌아오면 마치 도로왕국을 헤매다 온 것 같은 기분이 된다. 그러나 그렇게 도로를 만들고 또 만들어도 자동차의 증가에는 따라가지 못한다고 한다.

전국의 자동차 보유 대수가 10만 대를 넘은 때가 1969년이었다. 그때의 국민 일인당 소득수준은 200달러를 겨우 넘었을 정도였다. 1985년에는 100만 대를 넘었다. 일인당 소득수준이 2,000달러를 넘었고 온 국민이 1986년과 1988년의 양대 행사를 향해 들떠 있을 때였다. 그리고 12년이 더 지난 1997년에는 보유 대수 1,000만 대를 넘는다. 그런데 일인당 소득수준은 가까스로 1만 달러를 넘고 있었다. 1970년대에는 연간 증가 대수가 만 대 단위였다. 그것이 1980년대가 되면 십만 대 단위로 뛰어 오르고 1990년대가 되면서 특히 후반기부터는 백만 대 단위로 늘어가고 있다. 2000년 말 현재 전국의 자동차 총수는 1,205만 9,861대로서, 국민 네 사람당 한 대가 넘는다.

30년 전만 하더라도 큰 부자, 권력자, 도미 유학 귀국자가 아니면 자동차를 타고 다니지 않았다. 당시의 자동차는 바로 부(富)와 신분의 척도였다. 그러나 지금은 그렇지가 않다. 너도나도 자동차를 가지고 있다. 1996년의 조사에 의하면, 집은 없어도 살 수가 있지만 차가 없으면 살지 못한다는 사람이 50퍼센트를 넘었다. 지금쯤 조사를 하면 배우자는 없어도 살 수 있지만 차 없이는 못 산다는 사람이 50퍼센트 정도 되지 않을까 생각한다. 필자와 같은 직장에 다니는 어떤 젊은 여직원은 독일제 승용차 폭스바겐을 몰고 다닌다. "유지비가 많이 들지 않느냐"고 물었더니 "팔다리와 같은데 유지비가 대수냐"라는 대답이었다.

며칠 전 어느 신문을 보니 어떤 섬에는 지금 자동차가 넘쳐 주차난은 물론이고 길이 막혀 통행도 불편하다는 기사가 보도되었다. 아마 앞으로도 차는 점점 편리해지고 운전도 훨씬 더 쉬워져서 너도나도 차를 타는 그런 세상이 될 것이다. 머지않아 '80세 노부부가 각각 차 한 대씩'이라는 미래가 다가올지 모를 일이다. 그런 미래를 좋다고 해야 할지 한심하다고 해야 할지는 쉽게 판단이 되지 않는다. 필자는 아직도 자동차 없이 걸어 다닌다.

■ ■ ■ 참고문헌

공병호. 1980. 『한국기업흥망사』. 명진출판.
기아자동차(주). 1994. 『기아 50년사』.
박병윤. 1982. 『재벌과 정치』. 도서출판 한국양서.
상공부 편. 1988. 『자동차산업백서』. 상공부.
손정목. 1996. 『일제강점기 도시사회상연구』. 일지사.
오원철. 1996. 『한국형경제건설 제4권』. 기아경제연구소.
윤준모. 1975. 『한국자동차 70년사』. 교통신보사.
이종재. 1993. 『재벌이력서』. 한국일보사.

이한구. 1999. 『한국재벌형성사』. 비봉출판사.

장경훈. 1978. 『서울특별시 운수행정약사』. 교통공론사.

한국경제신문 특별취재팀. 2002. 『대우 자살인가 타살인가』. 한국 경제신문사.

한국군사혁명사편찬위원회. 1963. 『한국군사혁명사 제1집(상)』.

한국자동차공업협회. 2001. 『한국의 자동차산업』.

현대자동차(주). 1987. 『현대자동차 20년사』.

_____. 1997. 『도전 30년 비전 21세기』.

_____. 『자동차산업』. 1990년 판~2003년 판.

≪자동차생활≫, 1990~1995년분.

眞鍋半八. 1933. 『運搬具の統計的考察』. 朝鮮總覽 朝鮮總督府.

柳川勉. 1925. 『朝鮮の交通及運輸』. 朝鮮事情社.

プリヂストン廣報室. 1986. 『乘リ物はじまり物語. 東洋經濟新報社』.

貴島克己. 1933. 『朝鮮に於ける自動車運送事業に就て』. 南滿洲鐵道(株).

朝鮮總督府. 1928. 『朝鮮土木事業誌』.

관보·연감·통계연보·연표·신문 등

■ 지은이

손정목

1928년 경북 경주에서 태어나 경주중학(구제), 대구대학(현 영남대학교) 법과 전문부 (구제)를 졸업하였다. 고려대학교 법정대학 법학과에 편입하자마자 6·25 전쟁이 발발 하여 학업을 포기하고 서울을 탈출, 49일 만에 경주에 도착하였다. 1951년 제2회 고등고 시 행정과에 합격하여 공직 생활을 시작하고 1957년 예천군에 최연소 군수로 취임하였 다. 1966년 잡지 ≪도시문제≫ 창간에 관여, 1988년까지 23년간 편집위원을 맡았다. 1970년부터 1977년까지 서울특별시 기획관리관, 도시계획국장, 내무국장 등을 역임하 였다. 1977년 서울시립대학(당시 서울산업대학) 부교수로 와서 교수·학부장·대학원 장 등을 거쳐 1994년 정년퇴임하였다. 중앙도시계획위원회 위원, 서울시 시사편찬위원 회위원장 등을 역임하였다. 한국의 도시계획 분야에 큰 발자취를 남기고 2016년 5월 9일 향년 87세를 일기로 타계하였다.

저서
『조선시대 도시사회연구』(1977),
『한국개항기 도시변화과정연구』(1982),
『한국개항기 도시사회경제사연구』(1982),
『한국 현대도시의 발자취』(1988),
『일제강점기 도시계획연구』(1990),
『한국지방제도·자치사연구(상·하)』(1992),
『일제강점기 도시화과정연구』(1996),
『일제강점기 도시사회상연구』(1996),
『서울 도시계획이야기 1~5』(2003),
『손정목이 쓴 한국 근대화 100년』(2015)

1982년 한국 출판문화상 저작상,
1983년 서울시문화상 인문과학부문 등 수상

한국 도시 60년의 이야기 1

ⓒ 손정목, 2005

지은이 ∣ **손정목**
펴낸이 ∣ **김종수**
펴낸곳 ∣ **한울엠플러스(주)**

초판 1쇄 발행 ∣ **2005년 8월 10일**
초판 7쇄 발행 ∣ **2022년 10월 5일**

주소 ∣ **10881 경기도 파주시 광인사길 153 한울시소빌딩 3층**
전화 ∣ **031-955-0655**
팩스 ∣ **031-955-0656**
홈페이지 ∣ **www.hanulmplus.kr**
등록번호 ∣ **제406-2015-000143호**

Printed in Korea.
ISBN 978-89-460-4302-2 04910

* 가격은 겉표지에 있습니다.